永不嫌遲

在任何年齡突破自我的力量

格溫多琳·邦茲 Gwendolyn Bounds 著

廖綉玉 譯

推薦序

改變，從「讓自己動起來」開始

蔡國成

如果你的日常運動僅限於趕捷運、爬樓梯，回家只想癱在沙發上，那麼《永不嫌遲》這本書就是爲你而寫！

二〇〇七年，我很榮幸踏入版權代理這一行。每天在無止盡的電子郵件、會議、協商中穿梭，對接上百家出版社，忙到連喝水的時間都沒有，更別提運動了。爲了多回幾封信，甚至常常忍著不上廁所。剛入行時，我還年輕，新陳代謝良好，加班、吃宵夜、週末運動不熱身，總覺得有用不完的精力，彷彿身體能無限透支。但時間久了，痛風、暈眩、腰痛、手指關節痛接踵而來，身體開始發出抗議。

某一年健康檢查，尿酸、血脂、膽固醇全面飆高，紅字密布的報告讓我猛然驚覺：「這樣下去不行！如果不改變，我的身體遲早要罷工！」於是，我開始運動。從最簡單的慢跑和爬山開始，當時跑步的速度還是七分速、六分速，爬的也是最親民的郊山。沒想到，這一跑、一爬，我竟然愛上了運動。現在，我可以在兩小時內跑完半馬，自二〇二〇年以來已經攀登三十幾座百岳，騎腳踏車環島，還泳渡日月潭。每次書展見到客戶，他們都驚訝地說：「你真的快五十了？怎麼看起來還像三十多歲！」甚至有朋友半信半疑：「如果你說三十五，我可能也信！」

這一切的改變，都從「讓自己動起來」開始。

當我讀到格溫多琳．邦茲的《永不嫌遲》英文書稿時，內心產生強烈共鳴，馬上寫了一篇中文書訊，促成了如何出版社拿下版權、出版這本書的機緣。

作者在一次聚會中聽到一位老人問小女孩：「你長大後想做什麼？」這個簡單的問題讓她驚醒——因爲邁入中年的她，早已不會被問這樣的問題。一成不變的工作與生活，讓她的熱情逐漸消磨殆盡。正是這個念頭，促使她做出改變——她決定參加斯巴達障礙跑，找回身體對運動的渴望與本能。

別擔心，這本書不是要你明天就去報名鐵人三項，也不是要你立刻變成馬拉松選手，而是透過作者的親身經歷，讓你發現運動其實沒那麼難。只要願意跨出第一步，身體就會回饋你意想不到的驚喜。

現在的我，每到週末不是在爬山、溯溪，就是在思考下次要去哪裡慢跑。運動不僅讓我身體更健康，也讓我的心態更放鬆、思考更敏捷。最重要的是，我不再被過勞的身體反噬，不用擔心哪天又哪個部位要「進廠維修」。

如果你已經習慣久坐辦公室、回家癱在沙發、週末只想追劇，那麼這本書會是你最好的動力來源。格溫多琳·邦茲從一個連做五次伏地挺身都吃力的上班族，蛻變為參加世界各地斯巴達障礙跑競賽的高手。她做到了，我們也可以。

一切，眞的「永不嫌遲」。

（本文作者爲博達著作權代理有限公司英文版權代理）

推薦序

學會相信過程和充滿勇氣

癒女 Yasu

我是三十五歲因爲一場斯巴達變成運動狂的影像編導，大學畢業後從記者拚到製作人的媒體圈工作狂。

和作者一樣，明明在媒體洪流中獲得事業上的成就，但心裡總有一把火沒有被點燃。爲了練斯巴達，一切從頭學習，練跑步、爬單槓、吊環、翻牆，重訓，把手練到破，蹲在健身房哭，質疑自己爲什麼這麼晚才發現自己原來喜歡運動……閱讀的過程中好幾度哽咽，想起自己在這個三十五歲的第二人生所有的點滴，困在斯巴達的賽道中哭，日復一日訓練的過程，他人的質疑或鼓勵。

可是就如這本書的書名一樣，謝謝作者再次提醒我，「不論想做什麼，只要能開始永遠都不算晚」！

斯巴達的世界裡沒有「破ＰＢ」這個字，因爲每一場都是不一樣的賽道、氣候，不同的關卡設計，而每一場比賽都是參賽選手自己的極限。

也很慶幸我在運動的第二人生中所有的學習和感觸，幫助我在人生道路上，更相信過程和充滿勇氣。

（本文作者為超級 E 人影像編導、知名運動型 & Vlog YouTuber）

推薦序

再多的想像，都不如付諸行動！

何孟秋

閱讀時，比賽的各種片段在腦海一一湧現……從初次參賽、亞錦賽時在炙熱天氣下奮戰，美國世錦賽時忍受湖水的冰冷刺骨，以及去年年末的沙漠世錦賽雙腳陷入流沙，無助艱辛歷歷在目。

只要不停下來，就會離終點更近一步。感同身受作者的每個心境，這路上不僅看見了沿途無數風景，也一次次突破了內心的界限。

（本文作者爲台灣斯巴達障礙賽大使）

國際好評

有趣的探索貫穿全書，帶領我們踏上充滿冒險的旅程，見證邦茲的轉變，這必定會吸引有類似經歷的人……這是一本鼓舞人心的指南，作者以親身經歷引領我們如何發掘人生的「第二次機會」。

——《柯克斯書評》

關於如何在事業上取得成功的書籍有很多，但很少有人會在屆臨人生終點線時努力尋找新目標、人生意義和生活靈感，本書將指引你如何在中年時開發新挑戰，並且堅持不懈、取得勝利。

——道格拉斯．費爾茲，《另一個腦》作者

本書蘊含了許多智慧，更是一部引人入勝的精采故事。對於即將步入中年的人來說，想必都能感同身受邦茲的夢想、疑惑和焦慮不安，而她處理這些問題的方式會讓你從椅子上跳起來，甚至跌入泥濘，在有刺鐵絲網下匍匐前進。

——艾力克斯．哈欽森，暢銷書《極耐力》作者

無論你幾歲，本書都會激勵你做出出格的積極改變——去做你認爲做不到的事情，並且克服眼前與未來的許多困難。更重要的是，還提供你做出這些改變所需要的資訊。讀完本書後，從中得到的啓發和建議，會讓你成爲全新的自己。

——麥可．伊斯特，暢銷書《勇闖阿拉斯加33天》、《大腦不滿足》作者

本書以原始的能量和熱情捕捉到了重塑人生的本質。透過邦茲生動描述內在韌性與力量的故事，間接證明了任何人在任何年齡都可以實現成就和自我發現。對於所有處於十字路口的人來說，都是必讀之作！

——里奇．第凡尼，退役海豹部隊指揮官、《潛質》作者

「只要你還活著，現在起步還不算晚！」邦茲講述了一個引人入勝、貼切的，關於堅韌、重塑自我和追求個人成就的故事。她應對中年挑戰的旅程將激勵所有年齡層的讀

者超越極限、接納改變，並且發現新的可能性。書中充滿了智慧和實用建議，對於任何想要擺脫年齡束縛、重新定義生活的人來說，都是必讀之作。

——喬．德．塞納，斯巴達障礙跑競賽創辦人

在一個被孤立、疏遠和冷漠所困擾的世界裡，本書讚揚了運動的價值在於它有一種歸屬感、親密感和掌控感，不僅對身體和思考有益，對靈魂也有益處。邦茲激勵我們並向我們展示如何在任何年齡獲得這些回報。

——布萊德．史托伯格，《一流的人如何擁有動態穩定力》、《踏實感的練習》作者

本書證明了在任何年齡都有可能重塑自我，同時也爲你提供所需要的工具。邦茲不僅改變了她自己，克服恐懼、迎接一次次的冒險，而她那令人難以抗拒的故事也將改變你的生活。

——裘安．利普曼，《下一篇！：生活和工作中的重塑力量》、《堅持》作者

邦茲的自我發現之旅，接納了我們許多人內心深處的壞蛋，即使你不這麼認爲，但凡是體驗過沙發的吸引力和中年萎靡不振的人都會想要深入了解這本書。

——馬修．福特曼，《*Running to the Edge*》作者

誠實、謙遜，而且非常有趣，本書將激勵任何人突破自我極限，無論是在操場上吊單槓，或是在地球一隅挑戰最瘋狂的耐力比賽。

——傑森．蓋伊，《紐約時報》暢銷書《*I Wouldn't Do That If I Were Me*》作者

這是一部由科學、哲學和個人回憶錄組成的滋養靈魂的結晶，它會引發每一位中年人共鳴，並開始思考：「我就只能這樣了嗎？」（劇透：當然不是，現在翻開書，「到終點線就懂。」）

——傑夫．貝爾科維奇，《繼續比賽》作者

一部令人嘆爲觀止的「弱雞天才」之作……作家兼（意想不到的）動作英雄邦茲爲此深入痛苦的深淵，並寫了這本關於如何在泥漿、汗水和痛苦中激發內在力量的引人入

勝回憶錄……對於那些曾經好奇生命中是否還能榨出更多活力的人來說——基本上是每一個人，都應該讀一讀這書。

——史考特．基尼利，紀錄片《受難狂歡的崛起》導演

一個扣人心弦的運動故事：螢幕前的中年工作狂改變自己的身心——搬運沙袋、投擲標槍、爬過鐵絲網、跳過火坑——以贏得金牌。但更重要的是，這是對我們如何接納老化，以及可以做些什麼來面對不可避免的時間流逝的嚴肅科學探索。本書充滿了戲劇性，同時也給出如何挑戰先入之見、過上最好生活的合理建議。

——斯特凡．法蒂斯，紐約時報暢銷書《*Word Freak*》和《*A Few Seconds of Panic*》作者

無論你的年齡或體力如何，這本書都極具激勵作用。邦茲提供了一種務實、不計一切後果的方法，讓你過上不設限的生活，這種方法令人上癮，以至於我在讀完書和出門跑步之間猶豫不決。

——迪娜．卡斯特，越野跑者、雅典奧運女子馬拉松銅牌得主

邦茲抓住了中年時發現「心流」的強大誘餌，並且大膽地去做曾經難以想像的挑戰。本書可以幫助我們拋開恐懼、忘記愚蠢的感覺、嘗試新事物、重新認識「我是誰，我能做什麼？」幫助我們從現實的重擔（很容易就累積了）中走出來，走向令人驚嘆的境界。

——奇普・康利，暢銷書《中年的選擇》作者

邦茲四十五歲，身高一七八公分，體重五十五公斤，做不了五個伏地挺身，但是她擁有鋼鐵般的意志，直到現在依然如此。在本書中她帶領我們踏上一段自白之旅，她所描述的情感和思考會讓你感同身受，跟著一起痛苦，甚至想要效法她完成晚年時回憶起來最值得驕傲的挑戰。

——凱・里斯達爾，美國國家公共廣播電台《Marketplace》主持人

〈作者序〉意外插曲，還是必經之路？

二〇二一年十二月四日，阿拉伯大沙漠。

看不到終點的空漠競逐

紅黃間雜的沙牆一路延伸到蔚藍的天空，這座巨大的沙丘十分陡峭，我伸長脖子想要看清前路。汗水滴進我的眼裡，我眨了眨眼，凝神仰望，然而站在沙丘底部，在刺眼的陽光下，根本看不到頂。腦海中不斷浮現一個念頭：終點到底在哪兒？

我可以看到躺在沙丘上微幅彎曲的黑色繩子，那是比賽主辦單位爲參賽者吊掛的救命索。只要抵達繩索處，沙丘頂就近了，兩隻手交替抓握繩子把自己往前推進就會到頂。不過，得先掌握約一百二十公尺遠處的黑繩，而眼前是一道讓人望而生畏、傾斜五十度的沙坡。

我停下來，繫緊攀爬所需的水袋背心，享受短暫的休息，此刻我仍站在距離紐約的家大約一萬一千兩百多公里的中東土地上。從下往上看，那些已經到達繩索處的選手看起來就像是爬上土堆的大螞蟻。大多數剛開始攀爬的人都是手腳並用，因爲沙丘的坡度太陡，沒有人能站直行走而不向後倒的。呻吟聲往下飄來，選手每走一步都深陷沙中，沒戴手套的人都能透過皮膚感受到黃沙的灼熱。我用兩塊防曬係數五十的防曬布包覆雙手，非常慶幸自己在離開國門的最後一刻買了它們。

我們已經跑完這場障礙跑世界錦標賽中的半馬項目，大約十四公里半。這場比賽結合了越野跑、狩獵採集式障礙競技等，旨在考驗力量、耐力、靈活度、速度。目前爲止，我們已經克服二十項障礙，包括在有刺鐵絲網下爬行、投擲標槍、在沙丘上上下下搬運沉重的沙袋及碎石桶、攀爬五公尺長的繩索、翻越牆壁、攀吊過高低不一的單槓。

比賽場地是在沙丘連綿不絕的世界最大沙漠，面積約六十五萬平方公里，沙丘頂像是鋪了一層蛋白霜，底層有鹽沼分布。這裡是魯卜哈利沙漠，又名空漠，覆蓋整個阿拉伯半島南部地區，橫跨沙烏地阿拉伯、葉門、阿曼、阿拉伯聯合大公國（競賽主辦國，以下簡稱阿聯）。有不少史詩級電影都在此地取景，包括《星際大戰：原力覺醒》的賈庫行星與《沙丘》的厄拉科斯行星。我們在新冠疫情期間前來參賽，跨越國界時正好遇上新變種病毒 Omicron 突起，還沒開始競賽跑就先面臨頻繁的快篩障礙。然後，大約在六週後，我們大多數人回到家時，阿聯的首都阿布達比，也就是比賽的主場地成爲親伊朗的葉門叛軍飛彈襲擊的目標，更威脅癱瘓該國的經濟重鎮杜拜。時過境遷，想必我們這些選手只記得看不到盡頭、豔陽高照、熱氣蒸騰、起伏不斷，景色單一又朦朧的沙漠風景。

這場競賽的選手分別代表六十二個國家，在最後三公里，我與一名來自西班牙巴塞隆納的男子及一群瑞典籍的健談者一起，透過共通的英語在喘息間交流彼此的不適，「這眞是狗屁」這句話普遍獲得認同，但最大的共識應該是彼此沉重的呼吸、在黏如糖蜜般的沙子裡持續前進，鞋子裡充滿了沙子，拉扯著腿筋與跟腱。

根據我迄今爲止的重要人生場景，我不應該出現在這裡。不久前，我參加過的最重要的運動賽事是一場五公里的慈善路跑，而且我連一個引體向上都做不到，朋友和家人對我的形容詞中根本不會有「運動員」。身爲美國知名媒體之一的高階主管，我整天坐在辦公桌前，用沒長繭的雙手敲打鍵盤，雙腿伸展的最大程度是從這個會議室趕往另一個會議室。

我五十歲了，就競技運動界來說，可以說是老驥伏櫪。

此刻，我站在第二十一項障礙「攀登懸崖」的起點。從這裡距離終點線僅剩不到六公里，還得克服十一項障礙，已經有不少選手被送進越野休旅車充當的臨時救護站，他們的身體在靠近北迴歸線、毫無遮蔽的沙漠中受摧殘、脫水，要完賽想必是不可能了。我的腳趾持續疼痛，沙子不斷從綁腿下滑進鞋子裡，上頭長了水泡還沾滿血。而且我很肯定，在數公里前，當我從滑溜的障礙「奧林匹斯」摔下來時，尾骨可能再次骨折了（第一次骨折發生在二十五年前的除夕夜，當時我在充溢啤酒的舞池階梯上滑倒，堪稱是另一種非常不同的障礙）。每走一步，就感到傷口的疼痛加劇，我指望著腦內啡的分泌與比賽前塞進短褲口袋裡、已經被汗水浸濕的兩片止痛劑幫我撐下去。斯巴達障礙跑，沒有年齡限制也沒有高齡優待措施；不論你是四十五歲、五十五歲或六十五歲，所攜帶的重物重量以及長跑距離都跟二十五歲的同性別選手一樣，評分方式也一樣，最後再依跑完的時間評分。雖然這一場分齡組競賽，選手完賽時間會與同齡人比較計分，但此時此刻每一位參賽者都與前一天爭奪現金獎勵，甚至有企業贊助的職業運動員參加的菁英組一樣，大家都在同一個賽道上比賽。

在這個當下，有兩個選擇：爬上懸崖，或是找到其中一輛越野休旅車，退出比賽。

我從綁在水袋背心兩側的補水瓶中啜飲水分和電解質，然後大步走上沙丘。頓時，我的雙腳被流沙吞沒，在踩不到底的沙地上前行，再走幾步就能加入人蟻陣列，我的雙手伏在地上，即便戴著手套仍能感受到地面的熱氣。我身旁的女士已經把裝滿沙子的鞋子脫掉，並試圖只穿襪子登頂。更多的呻吟聲飄過耳際，我的聲音也夾雜其中。我低著頭，一步一步地向上走，但每走一步，深陷沙地的腳就又向後滑動一些。**同在此地的選手們都被困在各自的意識界與意志力搏鬥，除了繼續攀登或放手滑回起點，沒有別的出路。**

我在攀爬中途短暫抬頭，感覺卡在脖子上的馬尾辮像潮濕又布滿沙礫的麻花甜甜圈。我仰望這片阿拉伯大沙漠，距離我理解的世界和我愛的人們如此遙遠，眼前的風景既殘酷又美麗。這種牴觸在蹊蹺中帶著安慰，因爲這簡直不可能發生，我卻眞實地踩在這片土地上，而我的故事也將在比賽的最後階段，別開生面。

這一刻……在這裡所經歷的一切已經成爲我人生重要的一頁。

我們都朝向同一目標前進

有次我和朋友在紐約一家餐廳吃早午餐，當時我還不到三十歲。由於隔音效果很差，在幾乎沒隱私的情況下，我們一邊喝著水果酒、吃著蛋捲，一邊連珠砲似地講述近期的工作發展、戀愛對象、新公寓……偶爾會飄來隔壁桌的對話；這群人既不年輕也不算老，互相講述自己看醫生的經驗，交流與視力、膝蓋、心血管等一系列病況惡化的故事。當我喝著飲料，事不關己地聽著同伴描述未來的展望，心裡想著自己應該沒有以身體退化爲主要聊天話題的一天。

然後，彈指之間就過了十七年，我坐在哈德遜河谷的一張餐桌旁，連我在內一共有六個人，年齡從四十出頭到六十多歲，其中一名男子不久前做了血管繞道手術，另一名成員被宣告罹癌，然後一位女性在我們下午徒步健行後冰敷膝蓋一小時。我們每個人都滔滔不絕地訴說如何因應工作上的無趣及年邁父母，抱怨沒時間去做自己眞正想做的事……突然間，我想起了那些在紐約喝著水果酒，制定天馬行空宏大計畫的時光。

且慢，我心中閃過一絲疑惑，我何時調到隔壁桌了？

我寫這本書時，曾上網搜尋「中年同義詞」，並思考了一些結果，但幾乎沒有什麼啓發性。「危機」、「崩潰」、「看起來不只四十歲」、「壓力大」，這些字詞像警告標誌一樣出現在我面前。我接著搜尋「健康與中年」，結果出現了讓人哭笑不得、指日可待的疾病清單，包括關節炎、冠狀動脈心臟病、糖尿病、高血壓、高血脂、痛風、精神障礙、中風、泌尿生殖系統疾病……我不知道最後一個是什麼病，而且我一點都不想找出答案。

看了這一串中年相關詞彙，你是不是開始感到好像有一名隱形殺手正等著……耐心地……在我們的人生樂章鳴鼓大噪時，他就在暗處等著。這名殺手在我們無極限探索未來的童年時期等待時機，在我們競逐提升自我的青壯年期等著；**我們選擇一份職業並且變得擅長、賺到錢、找到伴侶、建立家庭、買房、度假、儲存老本……儘管每個人追求或設定的目標並不一致，但普遍來說，各自的人生樂曲都是朝著某個目標發展。每當清晨醒來時，你就會明白，其實我們都朝著「這個」目標前進。**

當競逐的動力減緩，我們開始感到所有的學習及完成各項事務的腳步越趨停滯，而且周而復始：起床、工作、吃飯、家庭、帳單、家務、睡覺……身心變得越來越脆弱。我們醒來及試著入睡時，都能感受到這一點。我們對此感到不安，覺得無聊，卻忙得沒時間了解，然後開始覺得不對勁了，就像從E大調降到E小調。這些敘述的白噪音告訴我們，過了某個年齡後，再挑戰極限沒有意義，野心勃勃的時代已經結束；某些消遣只適合年輕人，我們不應該嘗試新事物，尤其是困難的事，因爲測試我們極限的日子已經過去了，而且根本沒有足夠的時間做到好。身處其中，我們很難聽出或確定不對勁之處。「有什麼意義呢？」殺手悄聲地說。

不但如此，我們的身體也處於危險中，也許一場意外就能導致好幾個星期停止跑步、踢足球、騎自行車或——（請填入最喜歡的活動），而且在缺乏強而有力的復健目標（我沒加入團隊，也沒參加比賽，不管怎樣，我已經太老了，不能做這件事）下，再也回不去了。隨之而來的是身體的變化：每年體重增加個一、兩公斤，肌肉量減少，呼吸適能下降，醫生警示膽固醇與血糖升高，直到體態不再苗條健美。

現在，**當我們對未來及潛在的榮耀憧憬逐漸減弱，轉而陷入修復與管理衰退的低迷狀態，正是處於最危險的境地**：我們面臨不再尋求新的熱情，以及拋棄過去熱愛的危機之中，轉而相信自己已經是老人了，認爲身體已經無法得到眞正的救贖，完全陷入並且屈服於「這個年齡就是這樣」的困境。一旦這樣的聲音響起，就是中年殺手宣布勝利的時刻了。

然而，在接下來的內容，你會像我一樣發現到，**只要運氣夠好，更重要的是有意願，就有辦法反擊**。這是顚覆中年的身體與靈魂作戰的一種方法，但這並不意味著忽視發生在我們身上的現實，包括「我們都會死」這個不可逆的事實。容我再強調一次，對我來說，事實證明了「調節」並不是一件小事。

中年殺手悄然而至

我們終將離開這個地球，而我們無法完全控制這個時刻何時發生與如何到來。從反面來看，這也意味著**我們可以對如何度過餘生做出不同的選擇，可以重新思考我們自己是誰，以及能成爲怎樣的人**，這關乎開發我們內心尚未啓迪的潛能，並且學會擅長全新的或是困難的事，甚至變得專精。**最關鍵的是，理解年齡可以成爲這趟旅程中的祕密武器**。

首先，「中年危機」一詞是相對新穎的說法，誕生於現代。古希臘哲學家亞里斯多德從理論上說明中年是人生的黃金時期，這是能力達到完善及徹底精通的時期。身體在三十至三十五歲完全發育，心智則在四十九歲時發展成熟。直到一九六〇年代中期，中年才眞正被明確定義爲「危機」時期。如今人們認爲中年大約指四十多歲到六十歲出頭，而這取決於你問的對象。儘管「危機」這個流行詞一直存在，但現有更多的研究確定了喚醒中年身心潛能的關鍵策略。首先，嘗試一些具有挑戰的新事物，有助於避免與無聊相關的許多健康問題，包括焦慮、憂鬱、犯錯的風險。如果這項新挑戰包括體能活動，就更好了，因爲「年紀太大而無法從鍛鍊獲得眞正回報」的假設已被多次推翻，即使對於眞正的老年人來說也是如此。事實上，你對老化的看法也十分關鍵，中年展開新計畫可以深刻地改變我們身體與情緒的一些負面變化，將其轉向正面變化。有研究表明，**以正面觀點看待老化可以延年益壽**。

從小我就屬於身材瘦長、容易被欺負、在體育課或運動賽事呆坐冷板凳的孩子，成年後也從沒完全適應自己的身體狀況。但是我對抗這名中年殺手的策略是，使出名爲障礙跑競賽的耐力冒險運動反抗，它就像催化劑，讓我擺脫日益安於現狀，有時甚至是自滿的行事作風。我在四十五歲左右，自認很清楚自己擅長與不擅長的事，所以我的生活方式就是：偏向容易的事，避開困難的事。我喜歡文字，喜歡串聯文字，並藉此過著體面的生活，也因此會將重心放在這裡。另一方面，我幾乎不再期待自己的身體有任何值得關注之處，我對身體的失望歸咎於基因與命運，直到發現了障礙跑競賽，特別是全球性的「斯巴達障礙跑」。透過它，我接受自己的缺陷，這不僅成爲強化我衰老身體的催化劑，更是強化心智與靈魂的催化劑。

障礙跑競賽對人體的各方面要求嚴格，包括跑步耐力與速度、靈活性、穩定性、強大的握力、核心力量、上半身與下半身的力量，如果你忽視其中任何一項，就無法克服途中一系列的障礙與挑戰。你看過《極限體能王》嗎？障礙跑競賽的內容包括節目中的某些部分，比方穿過泥漿、岩石、沙地、水、樹林，有時還有山脈，距離長達數公里。它與職業足球員、經驗豐富的鐵人三項運動員、馬拉松冠軍，甚至奧運短跑選手只有專攻項目出色不同，是一種檢驗綜合體能的全能性賽事。過去十年來，障礙跑競賽被稱爲世界上發展最快的運動之一，已有人認眞討論將它納入二〇二八年洛杉磯奧運的現代五項。單一個週末，特定的斯巴達賽事就可能有六千到一萬兩千名選手同時競爭。

找到「重新振作」的指引

我的大部分人生中，很難想像我會參加這種活動，就像駕駛太空船去火星或在葛萊美獎上演唱一樣，都不在我的人生計畫中（客觀對比，我的大學體育課選修保齡球）。然而，當中年殺手找上我，我踏上這段感覺不太眞實的旅程，成爲競賽選手，且這項消遣經常讓我精疲力竭。我投入如此新穎、看似遙不可及的運動，避開了中年危機暗藏的許多傷害，也得到了一個平息童年創傷的機會。事實上，**吊著單槓擺盪、攀著繩子觸頂**

的簡單動作，就跟任何治療師一樣都能讓情況好轉。

簡單來說，在我這樣的年紀，很多事情似乎都走向終點，而我在比賽中找到新契機，看到了對活過半世紀的我來說仍然成謎的一些地方，包括俄亥俄州起伏的平原、西維吉尼亞州茂密的森林、北加州的荒野山脈、夏威夷的茂密雨林。它最終也帶領我遠離家鄉，跨越地球，來到中東的廣闊沙漠。我在那裡比賽，在高溫下，在看不到盡頭的沙丘中接受六小時的精神考驗。同樣重要的是，**我在快要五十歲時重新成爲學生，學會重新思考自己的習慣**，包括回覆電子郵件的方式，以及與社群媒體的相處之道，並且懂得檢視處理問題及與他人衝突時的應對方式等。我以嶄新視角看待舊事物，我希望從日常工作中獲得更多，我不再那麼焦慮，創意來得更快；我醒得更早，減少喝酒，對別人與自己都更有耐心。

然而，最具啓發意義的變化是，再次成爲學生讓我意識到標示著「我」的檔案不是鎖定的，而是可以新增或修改的，**我意識到即使到了中年，仍能重新定義自己是誰，重塑認知中自己做不到的限制**：「我不是藝術家」、「我不強壯」、「我沒有競爭力」、「我沒有創意」。現在，**我們可以開始做的，就是加上「還」，舉例來說，就是「我還不是運動員」**。

雖然我們每個人對抗這名殺手的策略可能不同，但我期望本書可以成爲任何人的範本。我寫《永不嫌遲》是因爲如果我們夠幸運能活到中年以後，那麼大多數人都會面臨身分認同危機，在這個時刻，定義我們自我意識的核心開始不可逆轉的改變，無論它是工作、婚姻、身爲父母或爲人子女的角色，或是其他東西。這種顛覆當然可能在中年前就開始，但隨著時間重塑我們的身體、思想、周圍環境，這種顛覆會變得更劇烈。這是存在於各種經濟階層的生存挑戰，而且在這個數位優先的現代化社會裡，這種顛覆因爲快速變化而加劇，機器逐漸取代原被定義爲富有成效與有價值的人。而能以意想不到的新答案回答「我是誰？」這個問題，就像是在多個層面上爲自己的未來做好準備。

我也經歷過那種身分危機的時刻，但我有狗屎運；更準確地說，正如你很快就會看到的，**我幸運地敲了一下電腦鍵盤，偶然找到了「我的武器」**。**我花了五年的時間才完全明白，如果這件事沒有發生，我可能失去的東西、可能不會得到的東西**，這種體認促使我嘗試將所學提煉成這本書，以做爲其他人的指南及工具箱。我身爲記者，遵循直覺，從各種專家身上獲取知識，這些書頁交織著科學家、老年學家、軍事領袖、哲學家、醫師、暢銷書作家探討動機、恐懼、轉變、績效的智慧。當你跟隨我的旅程，會找到發現「重新振作」的指引，重新規畫你的日子以專注於重要的事情；學會忘記及重新學習，並準確定位追求精通的年齡「平衡點」。

最終，本書證明如何整合所有內容並採取行動。首先，是的，這是一個故事，但它也是行動與改變的藍圖。

對任何人來說，中年殺手的祕密襲擊都具有潛在的好處。**當你意識到自己很可能距離終點比起點更近，它就能讓你的目標更清楚**。我沒有足夠的時間，我學會了利用與調整所謂的「固定智力」：我一生累積的大量經驗、事實、技能、我天生的核心特質。每個人都可以利用時代賦予我們的優勢，無論我們追求什麼，也無論我們在追求精通的道路上走了多遠。你無需征服世界上所有的高峰，無需贏得奧斯卡獎或世界冠軍，也無需成爲專家（如果你能做到，我會深深敬佩你），就能以改變人生的深刻方式突破極限。我發現，我至少還有時間變得擅長做某件完全陌生而困難的事情；而且從某些標準來看，我暫時是自己這個年齡組深具競爭力的人。更重要的，透過突破身體及思想的界限，我能推回椅子，離開那張只專注討論衰老的桌子。儘管已無法回到喝著水果酒的理想年少這個有利位置，但最終還是到達了一個視野更佳的地方。

這不是因爲我有運動天分，事情正好相反，一開始促使我參加比賽的原因是：有一天早上醒來，**我意識到自己正走向死亡，而我仍有一些尚未開發的潛能**。

〈目錄〉

第二篇 偉大的副歌

第一篇

變調的人生進行曲

如果想要進步，就要甘於接受別人覺得你又蠢又笨。

——愛比克泰德，哲學家

I 找到救贖的人

二〇一六年，夏天。

週六早晨，壁掛式冷氣的扇葉啓動時，發出輕輕的喀嗟聲。第一縷粉紫色的晨曦悄悄爬過山丘，溜進窗戶將我喚醒。我在涼爽的床單上伸展雙腿，睡意朦朧的眼睛望著山林。每年的這個時節，樹木蓊鬱而生氣蓬勃地伸展著墨綠色的葉子遮住哈德遜高地的山脊線。當這片風景在冬季褪去漂亮的外衣時，山丘呈現出柔和的曲線，宛如一名側臥的女子。

我通常會花數分鐘盯著林線，確定今天要做的事。但這天早晨，我一醒來就覺得有事情不對勁。昨晚在不安中入睡，焦慮的原因正從現已模糊的睡夢中掙扎著浮出。

我快速審視過去一週發生的事。我在《華爾街日報》擔任記者與編輯近二十年後，轉職到《消費者報告》，負責監督該雜誌與網站評價及評論產品。這是歷史悠久的非營利組織創辦的雜誌，致力改善保障消費者飲食、駕駛、購物的法律。我的一天都在龐大的實驗室網絡度過，工程師和科學家在這裡鑽研洗衣機、智慧手錶、汽車、吹雪機等各種產品的性能，兢兢業業地處理業務上面臨的各種新的威脅，但是當前困擾我的事情並非工作。

我的大腦不斷地審視。一如往常，週末有許多待辦事項要做：做家事、跑跑腿、寫電子郵件、打電話給住在北卡羅來納州的父母；心裡想著我或許應該試著投入某種運動，也許是短距離慢跑……這個週末就和大多數週末一樣。

我打著呵欠，然後想起來了。那個晚餐聚會上的小女孩。

你「還」想要做什麼？

前一晚，我參加了朋友家的小型聚會，東道主育有即將邁入青春期的兩個孩子，分別是一男一女，他們在餐廳與客廳輕快穿梭，與成年人短暫互動後，回到自己的窩擺弄小玩意兒。某一刻，一名快七十歲的男子一邊品嘗著琴酒，一邊嘗試與那位女孩攀談並拉扯著她的袖子。

「小姑娘，」他很慎重地問候，頓時讓女孩猜疑得瞇起眼睛，隨之本能地拉回袖子，但他卻更堅定地緊抓不放，「小姑娘，所以，你長大後想做什麼？」

我一邊偷聽，一邊啜飲著酒。女孩的表情變得放鬆，眼神明顯閃閃發光。這是安全的問題、一個有趣的問題！她踮著裹在圖案襪裡的腳尖輕快蹦跳，各種可能的機會鼓舞著她，她興奮亂跳，一股腦地摹畫著未來圖像。

「嗯，我想我可能會當獸醫，因爲每次在路上看到死掉的鳥，都想幫助牠們，但爸爸說我必須上學很多年才能達到這個目標。所以，我想也許我會當畫家，因爲我的美術成績很好，我可以給你看我畫的獨角獸與毛毛蟲婚禮。噢！而且我比哥哥更擅長電腦，所以我可以去蘋果電腦上班，那會很好玩。」

她不斷地說著，我看見老人水汪汪的眼睛充滿了後悔。我很同情他問了這個問題。我喝光杯中的酒，然後站起來環視房間，尋找妻子麗莎。我對上了她的目光，看見她向我投來的求救眼神後，加入她及兩位客人的談話，他們剛剛打破了「不談政治」的不成文社交規則，針對即將到來的二〇一六年大選展開辯論。

當我開始尋找機會轉移話題，那名老人的聲音在我腦中迴響。

所以，你長大後想做什麼？

頃刻間我陷入沉默，忘了自己的目的，直到麗莎用手肘輕輕推了我一下。她參加這場談話已經有一段時間了，想要退出。我重新集中注意力，繼續搜尋能讓我們優雅脫身的暗示，但情況再度發生。

所以，你長大後想做什麼？

這句話在我腦海裡縈繞不去。

你長大後想做什麼？

瞬間，我忽然明白了。

不會有人問我這個問題了。

再也不會了。

距離我的四十五歲生日還有兩個月，根據平均壽命，這明確宣告我已經徹底長大了，而且，讓人難以相信的是，至少一隻腳已經牢牢踏進中年人的陣營。我一向不太在意這個數字，二〇〇一年九月十一日早晨，世貿中心遭到攻擊，雙子星大樓在我眼前倒塌，我從曼哈頓下城的公寓逃出來，自從倖存以來，我才明白除了過生日之外，還有更糟糕的選項。

然而，儘管如此，那位少女列舉的這些事情聽起來都很有趣，她可能選擇它們，可能致力達成那些人設，因爲她有時間、足夠的時間，去成爲自己想成爲的人。

我已經擁有許多身分，但還有更多未曾擁有的身分。我一直覺得自己還年輕，如果願意的話，未來還有機會擁有更多身分。但如果我已經年紀太大了，無法再擁有新身分，該怎麼辦？

我喝了一大口香檳，這種自我防衛足以平息我的胡思亂想。我想著：加油，振作起來，那就是人們會問少年、少女的問題，沒關係，我們離開這場談話吧。

於是我就這麼做了，牽強的找藉口說我們要去廚房協助宴會主人（她當時在廁所）。然而，接下來我一整晚都懷著恐慌的心緒，還把這種感覺帶回家。

現在回想起來，在這個晴朗的早晨，我不安地動著雙腿，使得身旁麗莎有節奏的呼吸暫停了一會兒。我強迫自己停下來，靜止不動，並細數所有我知道的真實美好的事物：我愛戀並仍愛著十一年前認識並結婚的那個人；我的工作很辛苦，但整體來說，它有目標且有意義；父母還健在，身體健康；我還活著，已經接受沒有孩子的事實，或許不是完全接受，但不至於因此破壞其他一切美好的事物，我的生活充滿了朋友的孩子。我列舉出許多美好事物，然後告訴自己，我很忙，非常忙！忙著管理自己謹慎打造的成年生活，包括通勤、房屋修繕、遛狗、假期規畫、志工服務，即使我願意，也沒有空間或時間擁有新身分或做更多事情。

然而，昨晚的不安……並未消失。筆記型電腦就在床邊的地板上，我前一天深夜回覆一些電子郵件後，把它放在那裡。我拾起它，然後像每天早晨一樣，親了一下十四歲的金毛獵犬朵莉柔軟的額頭，接著走進客廳，瀏覽新聞一會兒，煮一壺咖啡，意識到我因為香檳與那場談話而有點宿醉。

你能做到的最困難事情是什麼？

我再度打開電腦，然後點選開啓一個空白的谷歌頁面。我不確定自己認為谷歌能為我做些什麼，**當我開始敲出「你能做到的最困難事情是什麼……」這句話時，其實並不清楚自己在找什麼**。這只是一個不成熟的想法，但谷歌的演算法已經準備好為地球上其他七十四億人提出的常見搜尋字詞提供建議，而且世人顯然想知道相同的事情。我看到一個搜尋建議的下拉式選單「你能做到的最困難體力活動是什麼？」然後無意識地點選它，因為我心裡沒有真正的最終目標。

搜尋結果包括 Livestrong.com 的這篇文章〈十大最艱難的耐力挑戰（你其實做得到）〉，我知道波士頓馬拉松與鐵人三項運動等，那是嚴酷的職業級體育活動，遠遠超出我的能力範圍，另外還有一種稱爲「斯巴達障礙跑競賽」的運動，這個我從未聽聞。出於好奇，我點選了連結並開始閱讀，然後繼續點選，閱讀更多內容。斯巴達障礙跑競賽顯然是某種極限耐力運動，一些人在網路上稱之爲「受難狂歡」，包括在山裡跑上跑下、攀繩、拖運一桶桶碎石與沉重的沙袋、拖動水泥塊、在有刺的鐵絲網下爬行，他們稱這些瘋狂的事情是「障礙跑競賽」。這顯然是興旺的生意，但我這個身材瘦削、體重五十五公斤、身高一百七十八公分，在健身房裡努力將十磅重的器材彎舉超過十次，但仍會想起童年時體育課選隊員時所遭遇恥辱的人根本無法理解。

儘管如此，它還是成功吸引我，讓我淡忘前夜糾纏我的記憶。

我倒出更多咖啡，然後在這個奇異未知的斯巴達障礙跑競賽資訊越陷越深。長長的搜尋清單中，二〇一四年《戶外探索》雜誌的一篇報導跳了出來，標題是〈DNF：斯巴達障礙跑競賽失敗的眞實故事〉。我不知道「DNF」的意思，但我是眞正的A型過高成就者，對那些描寫失敗的故事感興趣。該篇報導的作者史考特·基尼利是作家兼導演，製作斯巴達障礙跑競賽紀錄片《受難狂歡的崛起》（*Rise of the Sufferfests*）時，試著在馬里布參加競賽，最終被稱爲「波比跳」的體罰擊垮了，這種體罰是對未通過障礙的懲罰，他在一次繩索攀爬中嚴重失敗、導致摔進下面泥濘的溝渠後，在距離終點線不遠的地方退出了。那顯然就是「DNF」的意思：未完成（Did Not Finish）。

在我看來，基尼利就像瘋子，儘管如此，我還是將他文章的最後一段讀了兩遍，其中蘊含著我尚未知道自己可能想要的未來承諾。

「身爲電影製片人，我不只想成爲支持障礙跑競賽，並讓大眾關注那些透過障礙跑競賽找到救贖的人，也想成爲那些人的其中一員，我希望變得……強壯、健康、準備就緒。」

找到救贖的人……我想成爲那些人的其中一員……強壯、健康、準備就緒。他的話就像充氣城堡裡的孩童一樣，在我的腦海裡轉來轉去，與那名老人的問題相互碰撞。所以，你長大後想做什麼？

我喝完杯中最後的咖啡，吃到一些咖啡渣，皺起眉頭，再埋頭「斯巴達」主網站，將名爲「當日訓練」的內容放大，它是免費內容，只需要登錄個人的電子郵件地址。

我暫停片刻……輸入我的電子郵件地址，然後按下 Enter 鍵。

你懂的，就是看看而已。

2 童年的弱雞障礙

我童年時，印象最深刻的記憶就是躲避球地獄。

即使到現在，我仍能將自己帶回一九七九年，八歲的我背靠著學校體育館的水泥牆，祈禱時間過得快一點。這是上學日最糟糕的時刻：體育課。鬆垮的運動短褲遮不住我的筷子腿，平時已經夠糟了，但今天更慘，是躲避球課。那些身材比較壯的孩子以時速一百萬公里的速度，朝著我輕如小鳥的身軀投擲那顆堅硬的球。我討厭跑步，因爲我的左腳踝太弱了，快速移動時，左腳會奇怪地向內移。父母要我別擔心，我只是「發展遲緩」，但我聽到他們在電話裡小心翼翼地向學校體育組組長雪麗．福勒教練詢問他們是否應該擔心。

我很想趕快回到學校圖書館，我在那裡可以閱讀少女偵探崔西．貝爾登（Trixie Belden）系列小說，我讀得很快，老師給了我許多 m&m's 綠色巧克力豆（我最喜歡綠色）當做特別獎品。體育館裡，沒人會給我獎品，有的只是羞辱。

首當其衝的羞辱就是選隊儀式，先指派兩位隊長，再由隊長選出隊員，當隊長一一篩選時，我的臉龐越來越熱，直到剩下兩人未獲選，就是不受歡迎的我和一個戴著黑色厚眼鏡、患有氣喘的矮個子男孩；他還因爲呼吸方式，被同年級的學生殘酷地取了「達斯．維達」的綽號。我對成爲徹底失敗者的恐懼凌駕於我可能具有的革命情感或正義感，我唯一能想到的就是：請不要讓他們在選擇我之前先選達斯．維達。

經過長時間的停頓後，A隊隊長克里斯救了我，他的肌膚曬成小麥色，金髮碧眼，發達的肌肉讓人群起效尤，在午餐時吃得更多了。「好吧，」他說，「我們選溫蒂。」我有點慚愧自己被喜悅淹沒並迅速匆匆跑到他身邊，讓達斯．維達拖著腳步走向剩下的默認選項B隊，他的名字甚至沒被提及。無論如何，我沒時間想太多關於他的事，因爲他的隊長正撿起那顆可怕的球，而我的下一步就是躲到克里斯的妹妹露易絲背後，她是競技游泳運動員，而且總是第一個獲選爲隊員，是我認識的女孩當中最強壯的，也是我的朋友，如果她能阻擋的話，就永遠不會讓球擊中我。

我只要躲在露易絲背後二十分鐘，然後就能得到更多的m&m's綠色巧克力豆。

強壯、健康、準備就緒

我曾聽說，如果你能把小時候遭到取笑的事情做得出色，那麼它就會成爲你的超能力。

當我讀到《戶外探索》刊載的故事時，基尼利使用的「強壯、健康、準備就緒」這些字眼會引起深刻的共鳴是有原因的。事實上，從童年躲避球的痛苦經驗開始，我的身體從未帶給我打從我還是個小女孩時，就被教導它應該會賦予我的能力。我出生的第二年，尼克森總統簽署〈教育修正案第九條〉：「沒有人會因爲性別因素，在接受美國聯邦政府補助的教育課程或活動中被排除參與、否定其權益或遭受歧視。」開啓了女性在運動中獲得平等地位的新頁。在我進入青春期時，校園裡最受歡迎的女孩通常都參加了競技運動，並且獲得了不分男女的加油打氣聲；她們的肌肉發達，身體靈活，並因此而受到崇拜。

相較之下，我從躲避球課勉強入選的瘦小孩子，變成在籃球場或足球場無所適從而陷入混亂的人。此外，因爲我發育緩慢，也成爲更衣室眾人折磨的對象。其他女孩開始穿胸罩時，我也這麼做，拚命想融入，儘管嚴格來說這可能沒必要。不幸的是，我分配到的置物櫃緊臨著「野獸」的櫃位，這是我私下對一位發育良好且強壯金髮女孩的暱稱，她是有天賦的運動員，有個就讀另一所學校且年紀稍長的男友。野獸將體型條件當成社交武器。有一次她掐住我的喉嚨，將我壓在置物櫃上，試圖逼迫我幫她偷取某位老師的成績簿，好讓她改掉自己的分數。我在更衣室裡脫掉襯衫時，一直背對著她，但那似乎沒意義：某天，當我盡可能快速地匆匆套上運動服時，野獸笑著大聲說：「你幹嘛要費事地穿那件胸罩？」從那之後，我都在廁所換衣服。

在競爭激烈的運動場上，我往往是最後一個被選上的隊員，可能是因爲學校很小，需要找人湊數。啦啦隊發現我很難保持四肢協調，特別是拿起彩球後，我更加不知所措；至於足球和籃球，我通常負責暖板凳和協助把汽水放進冰桶；我在壘球比賽表現得比較好，但不過是沒有身材魁梧的人試圖撞倒我罷了。

儘管晚熟的我開始發育後，情況有所改善，但這種身體的不安全感仍伴隨我至成年。我在二十幾至三十幾歲時，只要在海灘和游泳池畔露出四肢，那股不安全感就會湧現，甚至在我穿上漂亮手工婚紗的那一天，也擔心人們可能認爲它不夠合身。從小就認識我的人要是聽到我有這種感受，應該會很驚訝吧。

事實上，我並不是唯一自小時就會掩飾不安全感的人，我相信許多人都是如此的。

男人多半能理解這種感受，但就女人來說，這種感覺特別強烈。我在世界各地旅行時，在生活其他層面感受到的幸福及力量總是被身體的虛弱感抵消，尤其是夜晚獨自走在街上或在陌生城市跨進計程車時。

那是外在的我，外人所能見到的部分，但在內心深處，我的身體也不配合。我清楚記得自己明確想生一個孩子的那一天。當時是夏天，麗莎與我開著車。當年我三十五歲，與麗莎交往的第一年，她讓人覺得「至死不渝」的承諾眞的可能發生。我們彼此曾與其他男人和女人交往，經過多年的嘗試及錯誤、反悔的訂婚、破碎的心，我們找到了彼此。一切讓人感覺新鮮又陌生，在史他汀類藥物、肌少症、骨質疏鬆症、中風、長照資源及其他描述中年人很快會遇到的複雜詞彙還沒出現在我們的生活時，我們看到的只有可預見的未來及美好的事物：一起旅行、翻修房屋、新工作、孩子（我對此深信不疑），就連廣播電臺播放的肯尼．薛士尼歌曲〈夏日時光〉都很新奇且充滿希望，歌詞描述汽車儀表板上的兩雙赤腳及年少愛情，不就是我們現在的感受嗎？搖下車窗，麗莎的雙腳踩在儀表板上，紅褐色長髮拂過她的臉龐，我們跟著一起哼唱，在酒精、微笑、夏天催化下如癡如醉。

突然，這首歌變成深入探究的音調，速度放緩了，肯尼的聲音甚至變得更睿智了些。

越多事情改變，

他們越保持不變。

「超棒的過門。」麗莎在音樂聲中大喊。

「什麼意思？」我用喊的反問（我們兩個都懶得把音量調低）。

「兩次副歌之間做爲情緒緩衝的部分就叫過門，」她喊道，「那永遠是最棒的部分。」

偉大的過門

麗莎長期擔任娛樂記者，先是在《電視指南》，後來在《福斯新聞》，她對音樂（及大多數流行文化）的了解遠超過我，所以我相信她的話，沒提出問題。後來，我了解到過門是歌曲的過渡部分，它讓歌曲變得更多元，增加新的速度或音調的變化，寫得好的過門吸取了前面的精華，與後面構成和諧。

事實證明，她只是向我指出一件強大的武器，我最終將用它來對抗中年殺手，但當時我們都沒意識到這一點，因爲那時我們還在寫副歌。

這趟旅程的三年後，我們準備生孩子，做了研究與訂定醫療計畫，我的身體也準備好了。我們透過精子銀行找到一位長相好看的匿名捐贈者，並支付費用將多個希望之瓶運往紐約。這時我已三十八歲了，儘管清楚有點晚了，但我認為靠意志力能使這一切發生，畢竟在我這個年紀的許多人都做到了。我的成功指標與職業息息相關，導致我盲目地以為努力與渴望足以實現這個身體的ＫＰＩ（關鍵績效指標，這是為了那些夠幸運而不受這個縮寫束縛的人所做的說明）。

因此，儘管我知道其中的挑戰，但當我躺在醫師診間的診療床上，抬頭望著從天花板垂下的紙質掛飾，而她正施展醫療魔法，把那個長相好看的捐贈者基因放進我的身體時，我從未想過失敗。那天早上我們離開診所時，第一個小瓶子空了，我眞的認為自己已感覺到有個新生命在我體內誕生，就像一道光芒照亮我的身體，指引計程車司機看到在雨中攔車的我們。我非常確信，導致後來護理人員打電話告訴我，妊娠驗血結果為陰性時，我都認為她弄錯了。

麗莎與我坐在紐約中央公園的長椅上，眼前人潮洶湧，充滿自帶鎂光燈的好萊塢式家庭：嬰兒車裡的寶寶、追逐足球的孩子、背後拖著絨毛玩偶的小女孩在骯髒的人行道上揉眼睛。手機裡傳來「很遺憾」這句話時，我背對著麗莎，本能地不讓她聽到這個消息。

「你確定嗎？」我輕聲問道，眼前場景的燦爛光芒逐漸暗淡至黑暗。

在那名護理師說了第一聲「遺憾」，以及後續的第二通、第三通電話後，我接受手術治療子宮內膜異位症，我的醫師認爲這個病可能會讓事情變得複雜。然後，第四通、第五通、第六通、第七通電話都接到同樣的消息後，我們決定休息一下，讓我的身體停止生殖治療。最後我們考慮了領養，在無能爲力下，我很快埋首桌前加倍努力，因爲我相信只有工作上的付出不會背叛人。數個月過去了，我們詢問領養事宜，一年過去了，然後又一年，直到有一天，我們默默地將這首歌的歌詞收進心裡貼著「遺憾」標籤的盒子。偶爾，我們會偷偷拿出來討論要不要再試一次，但時間流逝得越多，年紀越大，就越清楚永遠不可能再試，但就算我停止嘗試懷孕快十年了，我們仍在爲希望之瓶支付保管費。相反的，我們很艱難地與生命中不存在的事物達成和諧，並承諾專注於眼前所擁有的。大多數時候我們都能遵守諾言，並在沒能遵守諾言時努力互相體諒，然而我內心的渴望在無法預測的時刻變得強烈，例如通勤時，在地鐵上看到一個孩子擺弄著手套，讓我再度想起身體的缺失，幾乎失控。

就這樣，我更進一步退回創作故事的核心舒適圈，我讓慣性接手主導，花很多時間坐在電腦前盯著螢幕看。

狗屎運？其實是必然

我進入障礙跑競賽世界的旅程是在電腦螢幕前開始的，而這並非巧合。

當我回顧三十幾到四十出頭的歲月，看到自己盯著螢幕，包括我在《華爾街日報》曼哈頓辦公室的電腦、我的手機，臉書當時成爲同類第一個擁有十億用戶的線上服務。電視螢幕上，我與《早安美國》主播羅賓．羅伯茲及黛安．索耶、CNBC、DIY Network等電視網以三分鐘插播方式聊聊我對房地產及住宅裝修的報導。

我也看到自己坐在小辦公室桌旁、在地鐵上、在美甲院修指甲、在電影院裡、在餐廳裡、在汽車或火車上，每天從哈德遜河谷的家出發，花近四小時通勤。早在二〇〇一年世貿中心恐怖攻擊摧毀我位於紐約市中心的公寓，在那個充滿混亂、煙霧、死亡的早晨留下無法磨滅的印象後，我就搬到了這裡。

從年輕到邁向中年，從擺脫紙媒到進入數位世界，我一直坐在螢幕前努力確保未來職涯。《華爾街日報》推出一系列直播新聞與生活影片節目，並委任我擔任主持人，我坐著的時間就更長了。每天早晨，我坐在椅子上，充滿自信的造型師瑪麗亞會幫我梳妝，接著我坐上高腳椅閱讀讀稿機，並試圖找到我的「主播聲音」。麗莎是經驗豐富的電視主持人，她試圖提供協助，但我一向難以輕而易舉地發出主播的聲音。儘管如此，我還是假裝得很好，直到《消費者報告》找上我，我放棄了鏡頭前的工作，領導他們龐大的編輯團隊，很快就發現到領導者必須參與許多會議；更多的會議，意味著坐的時間更久，盯著螢幕的時間更長。

經過這一切，運動的重要性被拋到我的職涯後方。我斷斷續續上過健身房，偶爾慢跑，大部分時間從事足夠的體力活動，運動就像是完成另一件代辦事項。隨著現代科技發展，手機變成了全天候攜帶的螢幕，我所做的一切都與它們相關，包括電子郵件、天氣預報、新聞、娛樂，甚至透過鮮少使用的健康應用程式虛擬健康檔案來運動。我偶爾會試著反擊，希望能找到童年以來就躲著我的未開發運動基因。我曾短暫參加過拳擊課程，嘗試過擊劍，甚至好幾次騎自行車達數百公里，為慈善機構募款。我顯然渴望得到一些我本能地相信運動能帶給我的東西，但我的自覺還不足以弄清楚那是什麼。人們不是天生就會任何運動，所以我總是繼續前進，回頭埋首工作，職場的能力與勝利更容易獲得，我坐的時間更長，看的螢幕更多。

一旦我停止嘗試懷孕，這種職業惰性與個人惰性的循環只會加深。日復一日醒來與入睡，在這段期間做我擅長的事，避開那些不擅長的事，並且不做任何事情強迫自己離開舒適圈。

結果，毫不誇張地成了那位中年殺手的目標。

挑戰❶

準備好全力以赴了嗎？

斯巴達障礙跑在選手面前設置的第一個障礙通常是垂直的牆壁，阻擋牆大約一公尺，並不是特別高的牆，但必須越過它才能到達起跑點。這可以說是一種勇氣評估，暗喻著**「準備好了嗎？準備好全力以赴，不惜一切代價去做了嗎？」**

不過這面矮牆並不是唯一的阻礙牆。根據斯巴達障礙跑競賽的總距離，賽道上會設置多面牆，高度在一到三公尺之間，要翻越它們都需要一定程度的力量、敏捷、信心。面對較小的阻牆時，最優秀的運動員往往用強大的臂力將整個身體推向空中，然後翻越或躍過阻擋牆，或者將一隻腳踩在牆上，然後用另一條腿盪過去，動作又快又漂亮。選手面對較高的阻擋牆時，能不能成功跨越取決於力量及協調性，利用引體向上的動作抬高自己，再將胸部靠在牆上，接著移動雙腿。一些超級有自信的選手會直接跑向牆壁，並在行動過程中將一隻腳踩在牆上，運用彈跳力躍上壁架。

如果你的上半身不是那麼強壯，有些技巧可以讓你更輕鬆征服較高的牆壁或其他障礙物，關鍵是你得弄清楚可利用的優勢。就像我在第一場比賽學到的，善用我的長手臂與雙腿，雖然年少時它們讓我顯得笨拙，成年後也因此自卑過。藉由彈力跳，我通常能抓住牆頂，然後在做直臂下拉的同時，雙腿踩上牆面往上走，直到可以將一隻腳勾在牆壁邊緣做支撐，再將身體往上拉。從牆壁的另一邊下來時，我會再度運用長長的手臂讓自己慢慢下降，避免轉動腳踝或彎曲膝蓋。我第一次攀上三公尺高牆時，我第一次真正讚賞了我的身體。

阻擋牆未必是最難的障礙，卻是每場競賽不可避免的一環，設計目的是讓你疲憊不堪，阻礙你的步伐。遇到牆壁時，請不要放棄，**只要開始新的事物，就成功了一半**。

3 陷入不斷傳唱副歌的日常

如果生活像電影，在我初次發現斯巴達障礙跑競賽的慵懶夏日早晨，我會關上電腦，穿上健身服，帶著勢不可擋的洛基式勇氣與承諾，在女神卡卡或碧昂絲版本的〈虎之眼〉主題歌迴盪下展開障礙跑競賽之旅。

但現實是，我將爲你展示我的第一道「牆」。當天我在猛灌咖啡因、瘋狂使用谷歌搜尋後，再度陷入惰性及不斷重複的副歌，六個月過去後，才再次想起斯巴達障礙跑。我與大多數人一樣，雖然沒有孩子，但四十五歲所累積的成人責任幾乎耗盡我的心力，包括工作的責任，我管理著近一百五十人的團隊（有時感覺像是有一百五十個成年孩子），還有對配偶、對七十多歲父母的責任，以及忙得沒時間維繫且越來越窄的朋友圈的責任，甚至是擔任志工的社區組織的責任。然後是烹飪、打掃、預約去做汽車保養、預約去做健康檢查、打電話給水管工、倒垃圾、剷雪、買雜貨、給汽車加油、設法找到那些沒回我電話的水管工、遛狗、清理狗兒的嘔吐物，還有一長串費時的其他成人活動。

儘管有這麼多的活動消耗時間，日子卻千篇一律，就像電影《今天暫時停止》，一樣的工作流程、相同的（更少的）朋友、例行性的外出用餐、相同的餐廳並聊著相同的話、相同的週六家務、相同爲下星期做準備的週日。副歌不再有新鮮感，然後更頻繁地發生如那場晚宴結束後，**我感到時間流逝就像一把插入胸口的刀子令我恐慌**。星期一很快就變成星期五，即使我感覺自己的詞語庫裡還有一些東西、某種燃料，但**這種一成不變無法遏止，讓我無所遁逃**。

我很難想像如何去平復這種感覺，因爲這些都是我的選擇，包括我愛的人、我的家、我賺錢的方式。我選擇了許多東西，也無意放棄它們。儘管對某些人來說，中年就像龍捲風一樣理所當然地降臨，摧毀一切使他們別無選擇，只能重建。也許這樣做有其必要性，但有的人會開心，也有人會極度震驚而受傷，並不是每個人都適合這麼做。我因爲不討厭目前的生活，也不想以任何明顯的方式摧毀它，所以不知道該怎麼辦。這更像是一場漫長的梅雨季，在室內待太久會覺得苦悶，明明不討厭你的房子，卻也不想總是待在屋內。

有鑑於世界的現狀，將我當時的感受描述成危機似乎有些誇大其詞。不過《牛津英語詞典》的確是將「危機」定義爲「即將發生（無論是好是壞）關鍵變化的事態」，而我也將迎來一個轉捩點。

在我開始書寫自己的改變時，覺得有必要更充分的了解敵人——中年殺手，理解它對我們心靈及身體的強力攻擊，以清楚地知道發生在我身上的事情，以及它如何引導我參加障礙跑競賽，再向你解釋可能發生或已經發生在你身上的事。這也是我與一名哲學家交談的過程，此人曾是物理學家，現在是健身及耐力專家，更是高齡化議題的重量級權威。

一切看似進展順利，生活卻出了嚴重問題

我活在世上已經超過兩千個禮拜——這是奧利佛．柏克曼使用的壽命單位，他寫了一本發人深省的作品《人生四千個禮拜》，藉由書名企圖向大眾展示我們活著的時間驚人的短暫，因此我們應該小心謹慎地選擇填補這段時間的事物。

一旦你的四千個禮拜沙漏空了一半，你很自然會開始盤點成就、遺憾、夢想、尚未達成的目標。然後，你很快就會試著想辦法在沙子漏光前完成一切（顯然你永遠做不到）。我一定是在那次聚餐聽了小女孩的話後做了這件事，在大腦深處的處理器計算著

並得出結論：規畫好分配給我的沙子。這種普遍存在的感覺促使許多學者、經濟學家、作家踏上旅程，探索及理解這種情況發生的原因及可以採取的措施。

其中一位是麻省理工學院的哲學教授基倫·賽提亞，我讀了他的著作《中年哲學》後找上他，因為我期望哲學家在這個主題上比我更睿智。二〇一四年，賽提亞寫了一篇關於中年危機的學術論文，探討為什麼人到中年會感覺有些事情極度不對勁，而實際上他們正忙於一生都在積極追求的事——成家立業，同時累積許多有趣的活動和責任。

我想著：太好了，就是他了。

事實證明，他的論文不純粹是學術活動。在談話的尾聲，賽提亞告訴我，他也已經活到了某個歲數，在獲得終身教職與寫第二本書之間感到巨大的空虛，並且深深地困惑何以如此。「我仍然喜歡哲學，喜歡教書，喜愛我的學生，這一切似乎都很值得。然而，在此同時，一再重複做著這些事，寫另一篇論文、教另一門課，感覺十分徒勞。我想，這其中有個『什麼』：**為什麼當你正在做一些值得做且慶幸能做的事情，而一切也都進展順利時，你卻感到生活出了嚴重的問題？**」

賽提亞分享他如何在接下來的幾年間將個人困惑轉化成詳盡研究，他發現雖然久遠如亞里斯多德等哲學家也都在對抗中年的「一成不變」，但他們也將這段時期視為思想的全盛期，是過往所累積的智慧及經驗以最佳方式達到巔峰的時期。奇怪的是，人們對這個時期的強烈不滿，甚至稱之爲「危機」，其實是現代才有的現象。流行語「中年危機」一詞是加拿大精神分析學家艾略特．賈克率先提出的。一九六五年，賈克寫了一篇論文，思考我們在這個年紀可能面對自身的局限、死亡、越來越少的發展性，從而爲「危機」一詞埋下種子。約十年後，記者蓋爾．希伊出版具有重大影響的著作《人生段落：成年生活可預見的危機》（*Passages: Predictable Crises of Adult Life*）時，這個詞在文化詞彙穩穩扎根，從那時起，「中年危機」從各個文化及研究領域獲得滋養而茁壯發展。

舉U型理論爲例，二〇〇〇年代初期，經濟學家大衛．布蘭奇弗勞爾與安德魯．奧斯瓦德發表論文〈生命週期中的幸福感是否呈U型？〉（Is Well-Being U-Shaped over the Life Cycle）；我身爲《華爾街日報》前記者，自然好奇這兩位經濟學家對於「中年危機」所持的觀點。他們的研究表明，中年處於一生心理幸福感曲線的底部，就如字母U所示。根據這項理論，幸福感在年輕時達到高峰，四十五歲左右降至低谷，然後在老年時再回到高峰，而且顯然男女皆適用。雖然這些數據及部分結論在某些學術圈引起爭論，但事實證明，在現代文化精神中，我們普遍認爲中年衰退正在U型底部等著我們。

所以我向哲學教授賽提亞提出問題：我們生活在現代化、極度便利的世界，無論是否合理，是什麼讓我們在中年特別容易感到痛苦和陷溺？我自私地想知道，他是否已經找到一條其他人可以跟著走出 U 型曲線絕望深淵的道路？

社群恐慌症

接下來我在感嘆「欸，是耶！」聲中，心臟被連續重擊。第一擊就讓我充分意識到「社群恐慌症」，也就是害怕錯過，而且他的描述深深觸及我的痛處。從根本來說，這意味著我們越是有感於生活中可獲得的所有選擇，就越視它們為理所當然，當情況並不如此，我們就會感到焦慮。很顯然的，社群媒體加劇了這種感覺，但即使在我們開始瀏覽朋友精心編排的臉書內容，注意到他們似乎過著我們所沒有的幸福生活之前，有線電視頻道的激增與不間斷的新聞循環，就已讓我們對一切可能去做的、可能去看的事情，以及可能成為的人的看法更為敏銳。年屆中年，我們不僅面臨這些選擇的轟炸，還會覺得自己快沒時間去追求它們。

賽提亞解釋：「一項實證研究探討，擁有更多選擇其實會讓人們更不快樂。」

雖然我們的網絡群組可能讓我們焦慮，但我們已經失去傳統家庭的支持，不像過去好幾代人住得近，甚至同住，親族支持方式已不足以因應所有的生活壓力，包括照顧父母，或在沒有足夠醫療保險的情況下處理緊急狀況。因此，到了中年會有溺水的感受。賽提亞進一步說明：「除了要處理孩子和他們所有的問題外，還要處理父母及他們全部的問題。而我們已沒有過去那種親近的大家庭可以仰仗，父母住得遠，你必須往返奔波才能幫到他們，而且你可能也沒有兄弟姊妹和親戚可提供協助，只能投入大量時間與精力解決問題。

無法堅持且結果始終令人不滿的價值標準

另一方面，我們生活在以工作的成果來定義身分的時代，工業資本主義爲我們帶來重大的文化轉變，它提倡「人的價值與生產力有關」。這種觀念一開始只是經濟指標，但在不知不覺間影響了我們生活的其他層面，甚至社交活動與人際關係也以Instagram、X、TikTok、臉書或任何社群平臺的按讚數及追蹤數來衡量。賽提亞總結道「這似乎是爲了引發某種危機而設計，亦即你到中年時會意識到自己是生產機器，你的存在是以你表現出的價值數字來定義，這不僅充滿壓力，而且本質上無法持續。」

賽提亞的說明彷彿向我展示了拼圖的一角。我從二十一歲開始在《華爾街日報》匹茲堡分社擔任產業新聞記者，我的生產力以發表的文章數來衡量，最終變成以製作影片的數量或上電視的次數來衡量，然後是以那些報導或播報受歡迎的按讚數、觀看次數或分享次數來衡量。與此同時，包括父母在內的血親都住在距離北卡羅來納州十至十二小時車程的地方，幸運的話，我們每年會見上兩次面。家庭安全網形同虛設；萬一碰到非常糟糕的事，我們會互相支持，但這會爲我們的生活帶來極大的考驗和磨難，彼此的距離太遙遠，除了傳簡訊或匆匆打個電話之外，無法提供太多協助。我自然也無法倖免於社群恐慌症，尤其是在臉書動態看到高中與大學同學被孩子圍繞的照片時，我都會快速閃過。

賽提亞的理論解釋了爲什麼我們從四十五歲開始，會覺得自己正跌入生活滿意度U型曲線的低谷；你會突然遇到糟糕至極的局面：有太多事情要做，卻沒有足夠的支持，而且透過智慧型手機不間斷傳來不眞實的範本，提醒你沒能達成或是做不到的，導致你沒能成爲你想要成爲的人。

那麼，**怎麼解決？**弔詭的是，**答案似乎很矛盾：接受與行動**。

賽提亞說：「隨著年齡增長，最明顯的改變是人們的問題不在於如何過最好的生活，而是如何充分利用自己所處的複雜情況。」當大多數人都在努力克服生活不總是理想或問題永遠解決不完的事實，要成爲最優秀的人並完成一切便成爲不可能的任務。他並建議：「我開始認爲，願意接受不適及困難，對於思考適當的生活方式至關重要。」

但我很想知道被動接納是否有風險？難道不應該考慮採取行動？「是，或許吧」他承認並表示，他只專注於接受自己走過的所有道路及那些可能錯過的道路。「我沒花太多時間思考『我如何才能做出改變？這是否會讓我沒擁有的生活變得更有力量、更豐富？』我認爲做到這一點需要很大的勇氣。」

最後我再問他，他談到要做出改變，讓生活變得更有力量、更豐富，但我們從何了解這種改變究竟是什麼？畢竟，我是宿醉後偶然搜尋到「參加障礙跑競賽」這個促使我改變的工具，我想應該有其他更好的方法吧？

捲入「有目的」與「無目的」框架

賽提亞認爲，這不是爲了行動而行動，也不是在已經很充實的生活中塞進更多的待辦事項。相反的，**要爲那些帶來持久存在價値的活動或消遣騰出空間，而不是只專注在**

那些一完成就顯得沒什麼價值的活動或消遣上。

這就是「無目的活動」與「有目的活動」之間的差異，這兩個詞源自希臘語「telos」，意思是「目的」。賽提亞解釋，有目的活動是爲了立即或有限的滿足而設計，並不追求明確的結尾，例如吃一頓美食、寫一份報告或度假。相較之下，無目的活動是爲了服務那些提供持續性內在滿足感的重要事情，例如聽音樂或練習飛釣拋投，永遠沒有完成的時候，正是它美妙的地方。到了中年，開始轉向人生終結時，這種**無目的活動可能讓人更加滿足，因爲它們沒有設限**。

聽到這裡，我發現賽提亞非常正確。我參加障礙跑競賽之前，生活主要圍繞著有目的活動：寫這篇報導、爲了這次亮相上電視、與這些朋友碰面吃晚餐、踏上這次旅行……這些都很重要，但它們都有設限而且有目的。直到我踏上掌握障礙跑競賽的旅程，才堅定進入了「永無止境」的無目的境界，並明白那會讓人極度亢奮。與那個六月的週六早晨不同，**我變得總有新東西要學、有某種做法待改進、有某個不同的東西要嘗試**，這確實與受困在U型曲線的低谷或下雨時待在屋裡的鬱悶感大相逕庭。

如果從事無目的活動是對抗中年不安的有力防禦措施，那麼用它來抵消所有坐著及看螢幕的時間，就會是身體最好的防禦措施了。

年屆中年，身體究竟發生了什麼事？

從遠古祖先開始，人類不斷演進，最早我們無論是跑、跳、爬或游泳，都是爲了尋求營養及避開危險的保命措施，但是到了現在，我們已演化到可以坐在安全的地方盯著手機或電腦購買食物。此外，就美國來說，肥胖率持續攀升並困擾著近百分之四十二的成年人；同時我們還必須對抗可笑的、因爲長時間低頭滑手機導致頸椎退化的二十一世紀新疾病「簡訊頸症候群」。數十年來，因爲網路科技的發達，我們的身體正加速變化，「便利」就像是超人的剋星氪星石一樣，也讓我們身體虛弱，甚至罹病。《勇闖阿拉斯加33天》的作家麥可・伊斯特爲此做了貼切的正名，稱爲「舒適危機」。

四十五歲那年，我第一次上網搜尋「你能做到最困難的事情是什麼？」不可否認，我的身體與健康正因這場舒適危機而發生變化，即使當時我還沒有深刻的體悟。現在，我每天早上起床時身體都會有點僵硬，下床時跨出的前幾步就像肌肉緊繃的科學怪人一樣踉蹌，然後發出《掰了，我的大姨媽》作者珍西・唐恩在《紐約時報》一篇文章所稱的「中年呻吟」。不僅如此，去到住在無電梯公寓的朋友家，爬個樓梯都讓我上氣不接下氣；上超市時，提一袋頗沉的日用品就引發下背部及大腿後側某處肌肉痠麻；某個週六下午，陪大學好友的兩個兒子在草地上奔跑，我不但沒贏過腿短的小孩，還因爲跟腱不適痛了兩星期。這些不過是我能感受到的明顯改變，其他還有醫師給的說法，譬如我的血糖值已臨界糖尿病前期（我每年體檢後都會發誓少吃碳水化合物和糖，但頂多兩星期就破功）。此外，我的總膽固醇數值儘管正常，但也在上升中；大腸鏡檢查發現到一些息肉，幸好是良性的。還有，皮膚科醫師爲我除去一些斑點，同時建議我戴上寬沿的帽子並塗抹防曬係數七十的防曬乳。

然而，即使這些警鐘響起，我仍過著既有的生活，隨興吃想吃的食物，躺在陽光下（塗防曬乳沒問題，但我無法忍受寬沿帽），運動健身只是爲了證明我有在維護健身房會員資格，然後跟大多數記者一樣，每週有好幾個晚上喝酒。我並不覺得這樣很糟糕，而且以爲自己的身體比一般人都來得好，因爲我大多選擇吃沙拉和溫蔬菜，根本不去想醫生的警告會有什麼恐怖的後果，遑論花時間去找出問題，繼續陷溺在混沌而忙碌，甚至有點懶的生活。

爲了了解步入中年的身體究竟是什麼情況，我找到跟賽提亞一樣睿智的史蒂芬．奧斯泰德，他是揭開老化之謎的專家，並以不擅長醫學的人也能理解的說明方式而爲人所知。數十年來，他致力研究人類體能下降的原因，以及可能利用哪些措施成功干預衰退。

訪談時，他還是美國老化研究聯合會的資深科學主任。當我問他，中年時最需要關心的身體健康包含哪些時，他明確的回答：「一切。」

我還在消化這個讓人震撼的答案，奧斯泰德就接著說：「你能想像的任何東西，包括肌力、耐力、免疫系統下降、神經傳導速度，甚至心智活動減慢。」他說這些都會下降，隨著時間過去，下降速度會變快。同時他也指出，荷爾蒙會讓情況變得複雜，例如女性進入更年期後，女性荷爾蒙下降會伴隨一系列問題，包括認知變化、體重與體脂增加、骨質密度降低等；男性的話，睪固酮分泌減少可能伴隨活力降低、肌肉量減少、體脂增加、性欲減退，而這些症狀都與老化有關。聽到這裡不免令人沮喪，但總要有個預防措施以因應未來變化吧！奧斯泰德建議**對抗持續衰退的最佳防備，就是「動起來」**。

我們都必須多動

這不僅是從一張椅子換到另一張，或是從汽車換到高爾夫球車，或是每週一、兩次出現在健身房的跑步機上，而是透過顯著增加肌肉及提升呼吸適能的方式運動。**我們必須像看待工作一樣來運動，並且要像泡咖啡、刷牙或納稅一樣定期執行，才會獲得回報。**

當然，如果你渴望五十歲還在山裡跑上跑下、在障礙跑競賽中拖曳一桶碎石，那麼肌力與呼吸適能就很重要了；就算你只是想著跟家人一起健行時，能跟上孩子和孫子的腳步而不使膝蓋受傷，或是到大賣場採購時可以靠自己把一袋袋的重物搬上車，仍需要仰賴肌力和呼吸適能才能輕鬆做到。另外，你有想過如何不發出讓人尷尬的呻吟聲地將自己擠進餐廳雅座或是經濟艙的狹窄座位？在揮動網球拍、拋擲釣魚線、一手拿著沉重的鑄鐵鍋、整理院子的花圃……下背部都不會僵硬嗎？

每個人的健康狀況都不同，選擇鍛鍊肌力和運動的項目也不一樣，問題是你得找出適合你的選項，不管那是什麼，你都要立即開始，即便是中年才起步也不嫌遲，**從一小步一小步累積，一定會帶來改變**。

二十年前的老化研究認爲，人們越晚開始鍛鍊身體，獲得的健康益處就越少，而這項理論已被推翻。奧斯泰德表示，「現已有許多證據表明，運動會帶來巨大影響。透過對動物及人類的大量研究了解到，**中年時開啓一項新計畫，確實能打斷那些不好的、負面的變化，並將它們轉爲正面的變化**。」

爲了方便大家理解，我將分享關於一大盤生牛肉的生動故事。

這是《極耐力：解密心智、身體與人類表現的極限彈性》作者艾力克斯・哈欽森告訴我的，他和我一樣是個記者，也參加障礙跑。我是在經歷一場特別漫長的跑步，感到腿軟，藉由泡澡舒緩而在浴缸裡讀了他的書。爲了找出克服訓練引起的各種不適，以及處理疼痛、疲勞、口渴的最佳方法，我熬夜翻看，然後開始好奇他怎麼看待運動對老化的影響，因此約了他聊聊。

一見面，他就跟我說起他寫的一篇報導，是關於運動暨營養生理學教授盧克．范隆（Luc van Loon）所進行的一項實驗：一群體弱老年人接受爲期六個月的肌力訓練計畫，實驗結果十分激勵人心，每天補充蛋白質的老人增加了一點三公斤的肌肉，讓人印象深刻，體弱的老人竟然可以增加超過一公斤的肌肉，這對多數中年人來說並不容易啊。而另一組臥床的受試者在一星期內就流失一點四公斤的肌肉量，透過他的學生所拍攝照片：畫面中一個大盤子上高高堆著牛肉塊。可以清楚的感受到實際流失多少肌肉量。換句話說，**如果一直久坐，半年增加的肌肉會在短短七天內就消失**。

「這讓我震驚，」哈欽森回憶道，他在《戶外探索》雜誌〈揮汗科學〉專欄介紹了范隆的研究結果，「如果我必須選出老化的頭號敵人，那就是肌少症，也就是肌肉流失。」

現實是，在我們還沒意識到變化的時候，從實驗室測量到的一切已經開始惡化。哈欽森說，一般人在三十多歲時，已經在持續失去肌肉量，到了中年肌肉流失會對生活造成極大影響，然後**當你七十多歲時，會因此限制你獨立生活的能力**。

請遞給我一只壺鈴

最重要的是，現在開始並不晚，但也不算早，而且一旦行動了，就要堅持不懈，盡可能地保持強壯，因爲：

（A）確保執行正常事情時，能獨立行動。

（B）儲存肌肉，以備有朝一日受傷、接受手術或因爲全球流行病等原因被迫臥床一至兩週時使用。

事實上，有越來越多醫院提倡術前復健，建議身體不太健康的人在手術前先鍛鍊肌肉。奧斯泰德表示：「就算是意外受傷，例如突發心臟病或是斷了腿，你的身體狀況越好，就能越快復原。」

這場談話中，讓我印象最深的或許是了解到，科學佐證提升肌力之類的阻力訓練也能減緩認知能力下降。他甚至稱這是過去數年研究規律運動對身體影響的重大驚喜，「實際上，這對大腦極爲有益，**活動筋骨是避免晚年失智的絕佳方法**，」他解釋，「現在我們知道，肌肉在運動時會釋放某些化學物質與荷爾蒙，而它們會進入大腦，幫助維護我們的心智功能。」

現在，多虧了賽提亞、奧斯泰德、哈欽森，我很清楚地掌握到爲什麼我容易成爲中年殺手的目標了。首先是社群恐慌症、持續專注於有目的的有限活動、無法堅持且結果始終令人不滿的價值標準、與家人分隔遙遠距離、惰性、久坐、不停地盯著螢幕、太過安逸、太少困苦……這一切都讓接下來發生的改變更有意義。

4 打開中年重塑之門

夏天很快過去，然後過了秋天再進入冬天，我依舊沒有採取行動調查完全陌生的障礙跑競賽。這年的耶誕節，我們決定在魁北克與我的父母共度，四個人開著兩輛越野休旅車前往加拿大，每輛車都載著一隻上了年紀的黃金獵犬。我的車上載了朵莉，牠已經十四歲了，仍表現得像三歲，在我居住的哈德遜河谷小鎮山上衝來衝去。牠是我在九一一恐攻事件隔年的春天領養的，帶回家時才八週大，我為牠取名朵莉．里維．加里森，是在向芭芭拉．史翠珊於一九六九年演出電影《我愛紅娘》的角色致敬，因為該電影的部分取景就在我們住家附近的加里森鎮。

二〇〇一年，雙子星大樓遭受襲擊時，我就住在曼哈頓市中心的公寓，當時四周煙霧瀰漫、遍地碎石瓦礫、人群慌亂竄逃，我就跟那些隨著建築物倒塌而喪命的幽魂沒兩樣，望著晦暗的天空感到自己三十歲的生命就此結束。那一刻，**我向上帝祈禱，如果我能逃出生天，我會改變，變得更好，變得與眾不同**。在領養朵莉後，我開始學習把別人的需求放在自己的需求之前，這不過是微不足道的第一步。事實上，比起朵莉需要我，我更需要牠。一起生活的第一年，我們住在森林裡的出租屋，白天看得到野生火雞在院子漫步，夜晚則會聽到土狼嗥叫。每當有噴射機飛過我們的屋子，我都會把臉埋進牠的脖子裡，全身顫抖地等待轟鳴聲過去。有時，我會夢見自己被綁在飛機的機頭，越過雙子星大樓的廢墟，擔心撞上那些漂浮在周圍的幽魂而驚慌失措。當我從逼眞的夢中醒來時，朵莉就在我身邊，允許我把頭靠在牠的肋骨上，聽著牠穩定的心跳讓心情平靜下來。許多年後，當我們的未來可能不會出現人類孩子時，朵莉的家庭地位變得更重要了。

帶來慰藉的狗小孩

老魁北克是耶誕時光的縮影，就像查爾斯·狄更斯筆下那樣，積雪的街道蜿蜒於古樸典雅的商店及教堂之間，精心裝飾的路樹把整個城鎮點綴得燈光燦爛。耶誕節前夕，我們入住的旅館精心策畫了耶誕老人乘雪橇到來的活動，背著一大袋禮物一一分給房客的孩子，大人們圍聚在一旁，喝著摻了烈酒的蛋酒與拍照。

歡樂過後，耶誕節當天，所有人都還在打盹時，我帶著朵莉走上稱爲「山脈海岸」

的窄路，我們在中途停下來，在公園裡追逐雪球後，繼續前往魁北克著名的地標、宏偉的芳堤娜城堡飯店。在冰寒的氣溫下爬上陡峭的山坡，朵莉似乎比平常遲緩，讓我想起前一天，我們一家人才走過這些道路，它考驗我母親的膝蓋，儘管她勇敢地堅持下來，毫不放棄或抱怨，但看著她艱難前行仍讓我感到不安。我母親已經七十二歲了，但我還未將「衰老」一詞用在她和父親身上，在我心中他們仍是水肺潛水員、滑雪者、水手，總是不斷地為襲擊北卡羅來納州海濱家園的颶風付出行動、維修、做準備。

朵莉與我在這座傳奇旅館的陰暗處停下腳步，望著遊客將紅色雪橇拖上陡峭的滑雪道，然後跳上雪橇往下猛衝，寒冷的空氣中充滿喜悅的尖叫聲。一如既往，朵莉像裝了雷達般精準地查看每一個動作與聲音，正是這種旺盛的好奇心和獨立性格使我父母開玩笑地說，牠幾乎就像是我親生的孩子，而且還是金毛！最後一句話總讓我們開懷大笑。我是他們的獨生女，沒讓他們含飴弄孫，無論他們對此抱著何種懊悔心情，我都很感激他們沒說出口。

此刻，朵莉靠在我的腿上，我心不在焉地撫摸牠的背，看著牠興奮地享受眼前的歡樂場景，揮動蓬鬆的長尾巴嗖地將映在雪地上的天使翅膀掃到後方。寫作最大的好處是，你可以像理解完整樂譜一樣充分地理解生活，記下開頭與結尾，賦予適當的節拍。這一天是開頭也是結束，是我與朵莉共度的最後一個耶誕節，也是我障礙跑競賽之旅的眞正開始。

我們緩慢地下山，回到旅館房間後，朵莉沒喝水也沒吃晚餐就直接睡覺。我查看了電子郵件，收件匣有一封來自斯巴達障礙跑競賽的行銷信件。自從我登錄電子郵件地址後，就不斷收到他們寄來的信，偶爾我會打開來看，感受一下一最初的吸引力，但一有事分散我的注意力，我就會再次忘記它。這封信宣傳了六月將在紐約舉行的比賽，距離我們住的地方不遠。麗莎出門散步了，我伴隨朵莉躺在地板上舒展四肢，聽著牠比旅館老舊暖氣發出的嗡嗡聲更大、吃力的呼吸聲，那場六月比賽的誘惑逐漸變得強烈。數分鐘後，我翻身趴著，把臉龐埋在旅館的地毯上，這是數千人腳踩過的地方，旁邊是我熟睡的狗兒，而牠正漸漸步入生命的終點，死於我們尚未發覺的癌症。我嘗試做了兩個伏地挺身後，手臂顫抖不已，不得不停下來休息，之後跪著做完最後三個。很明顯的我的體能很糟糕，但是**我做了五個伏地挺身，不知何故，我想像這股力氣能爲朵莉注入力量，讓牠醒來進食，於是我接著再做了十個仰臥起坐。我的障礙跑競賽之旅，就這樣神奇地揭開序幕。**

對抗中年殺手的首選武器

障礙跑競賽在許多方面必須具備全能的心理和身體條件，是對抗中年殺手的首選武器。**它是你可以參與，但永遠不會「完成」的無目的活動**，換句話說，訓練、學習、掌握的過程比任何單一比賽都持久。其次，它需要力量、低強度與高強度運動的週期鍛鍊以達到呼吸適能，還需要某些複雜的協調動作，這些都被認爲是平衡訓練的重要基礎。

這項運動在過去數十年越來越受歡迎，這可能源自於人類的本能需求，包括攀爬、吊掛、擺動、蹲伏、舉起、抓握、跑步。在史前時代，這些動作攸關生存。想想我們小時候不用人教也會做這些事，反而是成年後陷入忙碌，越加仰賴便利設施，身體逐漸忘記如何做到這些事。所以，障礙跑競賽設計的這些動作有其必要性，可以幫助我們因應日常生活的挑戰，例如拿起沉重的雜貨、爬樓梯、把孫子舉高高。

話說，「強壯身體」有必要嗎？

事實上，從古希臘到現代，障礙跑競賽的動作與挑戰都根植於培養最佳勇士的軍事訓練。歷史上，士兵發現自己在戰鬥時要爬過溝渠，翻過牆壁，因此需要功能性鍛鍊計畫，其中包括所謂的「自然行動」，例如攀繩、跑步、跳躍。這是法國海軍軍官喬治·

埃貝爾在一九〇〇年代初倡導的「自然訓練法」，以人造設施重塑自然環境，做爲「變得強壯、有實力」的手段。

二十世紀，障礙跑競賽成爲歐洲及美國軍事訓練的基礎，涵蓋穿過單槓（又稱「猴架」）、在圓木上保持平衡穿越溪流、攀登不穩固的貨網等挑戰。到了一九四〇年代初期，大學、高中、童軍也開始將障礙跑競賽納入體適能要求之一，目的是讓年輕人的身心做好作戰準備。二戰結束後，大眾對這種全能性體能鍛鍊的興趣減弱，大學也開放學生透過羽球、划獨木舟、保齡球（我的選擇）等活動來滿足體育學分。接下來的數十年，電腦科技的快速發展，讓我們坐得時間更久了，有位英國人比利．威爾森（又名「老鼠先生」，陸軍士兵退伍）察覺到機會，於一九八七年，開始在某個村莊空地上舉辦「硬漢」比賽，內容有越野跑之外，也規畫火坑、圓木跳躍、吊橋、泡在水裡等障礙競技。

很快地，美國的企業家紛紛仿效，其中有位斯巴達障礙跑競賽創辦人喬．德．塞納，他舉家搬到佛蒙特州皮茨菲爾德鎮占地三百公頃的農場，尋找能抗衡「舒適危機」的生活方式，舉辦名爲「死亡競賽」的活動。這是一項爲期數天的耐力賽，目的在測試人類潛能的極限，賽前保密挑戰內容，但多年後被公開的競賽項目有，數小時內將乾草紮成大捆，然後用乾草叉把沉重的糞肥裝進獨輪手推車，而且要在規定的時間內推著它們繞田地轉一圈；尋找埋在三十公分厚積雪下方的乒乓球；把四公斤的洋蔥切成碎末，然後吃掉五百公克等。接著在你的身體過勞時，出謎語考驗你的大腦，包括說出美國總統的名字，憑記憶組裝樂高，而且還眞的有參賽者完成比賽。

喬．德．塞納與一位業務夥伴意識到這種比賽的市場有限，於二〇一〇年推出一系列的新賽事，後來這些比賽成爲斯巴達障礙跑競賽。這是專爲大眾及菁英運動員量身打造，在可控制的環境裡進行，總距離分成五公里、十公里、二十一公里不等，其中也會設置二十到三十個難度不一的「障礙」，但比起「死亡競賽」更容易達成，這些障礙是根基於軍事訓練使用的自然動作，包括像體育課有的攀爬繩索、跨欄（越牆），以及拖著一桶碎石或一袋沙子穿過岩石地帶、在帶刺鐵絲網下的泥漿裡匍匐爬行，或是背著一個人通過單槓與吊環等。

我們都需要回歸原始本能的活動

隨著這項運動興起，泥巴硬漢、勇士短跑、崎嶇瘋狂障礙賽、骨蛙挑戰賽、野蠻挑戰賽等一系列品牌戶外賽事與斯巴達障礙跑一夕蔚爲流行。當地組織的小型賽事也開始蓬勃發展，電視節目《極限體能王》以一系列複雜的障礙爲特色，受到大眾歡迎。障礙跑競賽開始出現名人，其中備受關注的是企業律師艾蜜莉亞・布恩，她促使障礙跑競賽聞名於世，登上《戶外探索》及《跑者世界》等雜誌封面，包括銳步在內的多家知名運動品贊助商紛紛登門拜訪。隨著時間過去，致力於這項運動的媒體及網站推陳出新，包括《泥漿路跑指南》、《障礙跑競賽報告》，其中一個是《障礙跑競賽媒體》，由當時三十九歲玩壘球的麥特・戴維斯於二〇一二年創立，戴維斯在前一年完成個人首次的泥巴硬漢障礙跑競賽，當時天氣寒冷，而挑戰項目包含跳入冰水坑，那一刻改變了他的職涯軌跡。不久後，他架設網站和Podcast記錄這項運動紀錄，最終更因此聲名大噪。「我的健康狀況並非不佳，但我一直不夠強健，」戴維斯表示，「從冰水出來後，我的基因發生了變化，我當時想著：『下一次競賽是什麼時候？』三至四小時內，我有了改變人生的經驗。」

當哥倫比亞廣播公司的電視節目《60分鐘》播出報導，稱這種競賽是「來自地獄的比賽」，斯巴達與障礙跑競賽相當於中了主流媒體的頭獎。德・塞納在節目上描述舉辦競賽的動機，他直率的話語貫穿古今，包括古羅馬角鬥士的競技場戰鬥與Netflix影集《魷魚遊戲》的現代敘事弧線。

「如果我們舉辦戲弄人們的活動，那不是很棒嗎？」德．塞納對著《60分鐘》記者微笑說，「那只是讓他們回歸本能，帶出他們內心的野性？然後我們觀察誰倖存下來與誰退出。」

這是一段很棒的原聲片段，充滿虛張聲勢，也是對停止久坐生活方式的挑戰，但支撐這種神氣活現的基礎是一項基本事實，那就是**從許多方面來說，障礙跑競賽可能是現代社會中拯救我們的完美活動。**

「到終點線就懂」的魔咒

我其實不清楚為何會在魁北克的旅館房間裡做了五個糟糕的伏地挺身，當時只感覺自己有點不安，意識到我、我的父母，甚至是我的狗兒的死亡陰影正悄悄從地平線浮現。事後看來，現在我認為當時自己內在的某些東西正占據主導地位，在我把臉埋在朵莉身旁發霉的旅館地毯時，**我本能地認出了一扇通往某種道路的門，它不僅使我更容易忍受這段生活，而且過得比我從前所認知的日子更美好**。它幫助我找到中年「過門」的故事情節，就像雋永歌曲更為多元的強大副歌，增添了新的節奏或音調的轉變，甚至以此為中心打破中年慣性，讓中年殺手更難奪取我的身體與靈魂。

斯巴達勇士賽最著名的行銷台詞是六字誓言：「到終點線就懂。」看似故意含糊其詞，其實是精心設計的玩笑，旨在承諾一個深刻的答案，等待著首次參賽的人。合理推測這些人可能會想知道：爲什麼有人會去參加曾被《60分鐘》稱爲「來自地獄的比賽」，更別提是付費參加？更重要的，爲什麼有人會積極參與這種活動？參加者得簽署免責條款，承認「重傷和（或）死亡……溺水……骨折……體溫過低……動物咬傷和（或）蜇傷……接觸有毒植物……從高處墜落……永久癱瘓」等風險，如果這還不夠可怕的話，風險還包括「因接觸到被糞便汙染的水或泥漿而引發疾病」。

「到終點線就懂。」

好，或許吧，**但首先我必須到達起跑線**。

挑戰❷

對失敗負起責任

多年來，沒通過斯巴達障礙跑競賽的障礙，就意味著你將面臨波比跳的嚴厲懲罰，大多數競賽的懲罰是三十個波比跳。波比跳是許多訓練計畫的主要固定項目，包括健身課程、專業運動、軍隊訓練。斯巴達障礙跑競賽的波比跳既是折磨，也是完美的鍛鍊，因為它涉及複雜的全身運動，包括雙手撐地蹲下、雙腿往後伸展為棒式、完成胸部觸地的伏地挺身，以跳躍方式收回雙腿並觸碰雙手，接著雙手舉高向上小幅度跳躍。

完成這所有步驟算一次波比跳，正如我《華爾街日報》的前同事、體育專欄作家傑森．蓋伊曾簡潔寫道：波比跳是（A）提高心率，（B）真正痛恨生活的理想方式。

請試試十次波比跳，看看你有什麼感覺。你嘗試十次後，**想一想當你在障礙重重的泥濘地形跑了數公里，而且一遍遍舉起很重的東西，你的手臂與雙腿已感到疲倦，還要**

做三十次波比跳是什麼感覺？

波比跳旨在迫使人們對失敗負起責任，你有幸一次次將臉埋在泥土中，然後必須繼續比賽，這比你完成障礙賽來得疲勞多了。

隨著時間過去，斯巴達障礙跑競賽開始逐步淘汰波比跳，轉而採用懲罰圈。理論上，懲罰圈更容易監控遵守的情況，但我開始參加比賽時，波比跳仍然是障礙跑競賽失敗的主要懲罰。除了痛苦之外，我印象最深刻的是，這些懲罰其實是建立在榮譽制度的基礎上。選手通常分為三類：公開組預賽是比較融洽的環境，大部分的選手都會參加，競賽中有時也會互相協助克服障礙，但沒人會去計算你的波比跳次數，你做或不做都行，除了你之外，沒人會知道。然而，在特定的比賽日，許多人會在波比跳的地獄苦苦掙扎，沒有登上領獎臺的誘惑，除了衝過終點線之外，沒有任何榮耀的希望。菁英組與分齡組的預賽必須做波比跳，選手也會爭奪名次，有時菁英組還會爭奪獎金，儘管如此，信任不言自明，因為賽事志工及攝影機很難一直監控每個人。

我對波比跳的厭惡程度與喜愛程度一樣，早期我身為公開組選手，它們對我來說只代表著痛苦。當我變得更好，並開始在分齡組預賽認真爭奪名次，**挑戰失敗倒在地上，**

看著別人從我身邊經過時，我都很想偷偷少跳幾個波比跳，但比起痛苦，我更討厭這種

誘惑。最終，我設計了克制取巧衝動的方法，就是大聲數數，聲音大到令大腦自動遵從。

透過這種方式，我學會即使沒人監視，也要對自己負責。

5 一觸即潰的行動前奏

我在魁北克的旅館房間裡吃力地做完五個伏地挺身後，從地板上站了起來，重新打開電子郵件，報名參加六月在紐約塔克西多鎮舉行的五公里三項衝刺賽。從那天起，我不再刪除斯巴達訓練相關郵件。當你打算接受新事物時，可能會聽到激勵專家宣揚有期限的目標更容易堅持，儘管是陳腔濫調，但它對我十分管用。當然，我可以在毫無準備下參賽，可能過不了大部分的障礙，也可以略過波比跳，並且還有可能衝過終點線。但是，我是好勝的 A 型人，這不是我的作風。而且我看過《戶外探索》雜誌上紀錄片製片從繩子上摔下來，最後蜷縮成一團的樣子，我可不想落得如此。

問題是，我不清楚如何開始，需要做哪些鍛鍊、準備哪些裝備、訓練的次數和時間長度、訓練後吃什麼比較有益處等。一個又一個待解決的問題不斷堆疊，直到斯巴達障礙跑競賽的郵件塞爆我的收件匣，我放棄計畫開始摸索。

把訓練融入生活記事

由於我的日程非常充實，而且我還沒想過有哪些事情不需身體力行，所以我開始在每個工作日的早晨將鬧鐘設定提前四十五分鐘響，嘗試自主鍛鍊。但這些練習對我來說很陌生，清晨五點半，我下床後，撐著惺忪睡眼看 YouTube 影片五到十分鐘，了解正確的「空心支撐」與「熊爬」等，接著走到覆滿寒霜的院子試做影片上的動作，並祈禱鄰居開車經過我家時，不會以爲看到一隻受傷的動物在地上打滾。練習結束後，快速梳洗，再大口喝掉燕麥片和咖啡，然後通勤一個多小時抵達辦公室，並且吃掉第二份早餐（沒錯，我食量變大了）。週末時，我會仿效斯巴達障礙跑的競賽項目進行較長時間的訓練，例如二月某個寒冷的日子，在樹林裡徒步四十分鐘，並且拖著沿途發現的粗木與大石塊。

我沒接受嚴格的訓練，也沒制定明確的方法以追蹤進展，而是把它納入主宰我成年後工作與生活的數位記事本。每天都會點開谷歌日曆的一小格，記錄當天的斯巴達訓練及我遇到的問題，例如二〇一七年的記事：

二月十五日——斯巴達「苦頭」

動態熱身
主要項目（兩組）
空心支撐一分鐘
伏地挺身十下
抬腿十次
登山者式十次
空心支撐一分鐘
棒式一分鐘
波比跳十次
伸展

三月一日——斯巴達「巨石陣」

動態熱身
跑步十分鐘（兩公里，三趟。原本計畫五趟，但時間不夠）
空心支撐一分鐘

伏地挺身十下
石頭硬舉五十下（必須改善技巧）
巨石挑戰五十公尺
五十公尺短跑
五十公尺熊爬
伸展

陳腔濫調嗎？做就對了

此刻回顧最初幾個月的摸索，看到記事格裡塞滿各項細節，我感覺這是自我負責和不搞砸的關鍵第一步。如果我不自主鍛鍊，就無法填滿日誌格子，而且若是留下太多空白感覺很糟，我甚至也把和行動越來越慢的朵莉健行一併記下來。我的鍛鍊毫無策略，也沒試圖讓它變得完美，事實上以我的體能也很難做完每一項訓練。但很重要的，此時**我正在做某件事——戒掉習慣性的拖延**，即時瀏覽斯巴達障礙跑競賽及參賽者的資訊，不再盲目地搜尋很酷的設備以掩飾我身材瘦弱的事實。做就對了，運用我手邊的一切，即使那都是猜測的結果。

記者兼作家湯姆．范德比爾特在著作《學以自用》中，追溯他一年間嘗試成人學習的探索，包括唱歌、衝浪、西洋棋。他在書中提到「我不知道自己在做什麼，但總之我做了」。對我來說，這是有利的訊息，原因有二：首先，它可以釋放並消除人們追求智慧與完美的壓力，這種壓力往往隨著年齡漸長而增加；第二個原因更重要了，它打破了拖延症的障礙。如果你想**嘗試新事物，有時最佳辦法就是直接投入並摸索一段時間**。最終，如果這一切是注定的，摸索將被過程取代，而過程會成為你人生的印記。

換句話說，投入的阻礙太大時，請這樣思考：「如果你在跑步，你就是跑者。」這句話出自約翰．賓漢，他原本喜歡窩在沙發上看電視，後來變成馬拉松跑者。賓漢改變久坐的生活，成為落後的跑者（因此有「企鵝」暱稱），並在雜誌《跑者世界》「企鵝記事」專欄與數本書中記錄他的經驗。

起初的幾個月，在自我訓練的清晨，我開始理解范德比爾特與賓漢的意思。確實，我不知道自己在做什麼，但**「我在做，我正在做運動！」**，我的數位日誌可以證明這一點，我的膝蓋因為在地上爬行所留下的瘀青也能證明。數個星期過去了，我雙手新長出的繭就像個祕密圖騰，工作上會議討論令我感到煩躁時，我會在會議桌下自豪地摸著這些繭。

我還是原來的我，只是更像我了。神奇的是，沒有教練指導，我竟然沒讓自己受傷。我開始想像，也許我能成功完成這次六月的競賽，而且不會讓自己丟臉。

中年無可避免的高牆

當我變得越來越強壯，朵莉卻越來越虛弱。從魁北克回來的六週後，我爲牠例行刷毛時，發現牠左前腋下有個很小的淋巴結，但不像多年前去除的良性腫塊那麼軟。當鎭上的獸醫用針筒從腫塊抽出滿滿一管液體並在顯微鏡下觀察後，向我們保證一切都很好，讓我暫時壓下心裡的不安。直到春天，那個淋巴結明顯長大不少，我們另外向曼哈頓的專家尋求意見，醫師一觸及那個腫塊就直截了當地說：「摸起來的感覺不對。」更多的活體組織檢查揭示了先前那位獸醫疏忽的眞相，那是一種發展迅速的惡性癌，只能做截肢手術。由於牠已經是老狗了，我和麗莎認爲截肢不可行，而考慮讓牠化療和放療，或是不治療。

我們是在開車前往北卡羅來納州探望我父母時接獲這項噩耗，朵莉蜷縮在後座，長達十二小時的車程，在休息站短暫休息時，牠都累得無法下車。我已先知會父母朵莉的病況，但當我們把車子停到屋前，牠一見到我父母就沿著放在越野休旅車後門的小梯子跑下去，翹起尾巴徑直走向他們，完全沒有先前病懨懨的樣子。在牠還小時，這個沿海小鎮就是牠的第二個家，屋子後面的海水散發的氣味永遠都能引起牠的興趣。麗莎與我面面相覷，沒說出彼此的想法：牠並未喪失生存鬥志。那天傍晚，我在晚餐前跑了三公里到一處社區公園的遊憩區，抖一抖因長時間開車而僵硬的雙腿。我沿著球場與網球場周圍慢跑時，發現了緊鄰一排茂密松樹後方的角落有一座鐵架單槓，它很自然地就被我納入鍛鍊計畫。

我們安頓下來後，注意到我母親身體有狀況。她和我父親剛從古巴旅行回來，完成了他們的人生夢想清單中的一項。現在她咳嗽、頭暈、全身長出詭異的疹子，甚至有一晚莫名地失明數小時。我父親是退休的獸醫，他總是將獸醫邏輯用在家人身上。我私下和他討論時，他對母親的狀況感到疑惑且異常擔憂；我母親倒是不在意，她一向沒興趣理會任何會讓她慢下來的事情。

週間，我與麗莎坐下來長談；有共識、想法一致，在壓力時期彼此協調是維繫婚姻之道，我們也不例外。如果朵莉的生命有望延長，就必須盡快開始接受治療。同時，麗莎必須返回紐約工作，她是《路透社》影片製作人兼新聞主播。我也必須回去上班，但我媽的情況令人擔憂，留在老家的話，朵莉接受治療後白天會有人陪伴，而不是在我們都上班時獨自待在家裡。於是，我打電話給《消費者報告》的上司雷歐娜拉·維納，忐忑地解釋我面臨的狀況。我有自己的工作抱負，也堅定認為留下來是正確抉擇，我擔心如果離開，將發生永遠無法挽回的遺憾。這個早晨改變了我對領導與信任的看法。新冠疫情爆發前，遠距工作並不常見，我領導著龐大的團隊，但雷歐娜拉毫不猶豫地說：「我知道你會找到辦法讓事情順利進行。」要我安心留下，直到事情解決。我很幸運有這樣寬容的老闆，而且能透過網路遠距工作，讓我放心不少。

麗莎飛回紐約後，我們為母親預約了醫師，我父親也幫我在卡里鎮找到一家很棒的犬類腫瘤治療醫院，而且開車只要兩個半小時。接下來的一週，朵莉開始接受化療，然後是放射治療，一個療程需要幾個月，每週的其中一天，我和牠會在黎明前醒來、開車去獸醫院，我帶著兩大杯咖啡，牠則空著肚子。牠在接受鎮靜劑注射後躺著，高能量光束射入腫瘤，將牠的皮膚染成紫紺色，我就在醫院候診室透過網路視訊參加會議。朵莉醒來後，會讓牠在停車場吃一點東西，然後開車回到我父母家，繼續投入更多的視訊會議。我看著心愛的寵物接受治療時的痛苦樣子，無法想像如果是孩子生病了，父母的心情會是如何。

數星期過去，我母親的問題找到原因了，是她在前往古巴的遊輪上感染病毒所致，醫師開了各種藥物，我們三人都鬆了一口氣。隨著她的病情好轉，我們也開始養成習慣：我和父親清晨會在公園遛狗，晚上母親狀況好的話，會和我繞著營地的自然保護區散步。一天的工作會議結束後，如果沒和朵莉一起出門，就會幫我爸一起爲植物鋪上覆蓋物或堆放木柴（當我舉起一塊特別重的木頭時，他開玩笑說：「你對我們的女兒做了什麼？」）。這是從我二十一歲離家投入《華爾街日報》匹茲堡分社的首份工作以來，與父母共度最久的一段日子。在我必須飛往華盛頓特區參加工作委員會的會議時，我父母會照顧朵莉。麗莎往返兩地、照顧我們紐約的房子，我們在不順遂的日子裡各盡所能。肯尼・薛士尼〈夏日時光〉歌詞裡光腳踩在儀表板上的無憂無慮日子已經遠離，我們正步入生活的新詩篇、一腳踩進中年的現實。

躲不掉的人生結局

種種原因下，我錯過了六月那場斯巴達障礙跑競賽，原本我以爲這項挑戰在還沒眞正開始前就結束了。從我開始覺得訓練不再是我的選擇，甚至忽視即興訓練，但日誌小方格卻提醒我，我的身體持續改善中，小腿練出小肌肉、手上光榮的老繭及膝蓋上的瘀青，這些在在點燃我心中的一絲火光，我發現我還沒準備好讓它熄滅。

整個夏天，我在上班前獨自跑步，在沿海的大熱天下大汗淋漓。週末，我會在露營區的濕地周圍騎腳踏車，舉起老家的啞鈴或父親工作室的空心磚繞著院子走，在粗糙的蜈蚣草地上做波比跳，有一次我脫掉襯衫洗澡時，發現火蟻在我的肚子上留下一道疼痛的紅色傷痕，朵莉隔著紗門在涼爽舒適的門廊裡警戒地看著我。我持續把每次的鍛鍊記錄在數位日誌裡，其中也夾雜其他記事，包括「朵莉的第五次化療」、「麗莎搭乘的班機在晚上十一點七分抵達。」

朵莉狀況好的時候，偶爾我們會開車去公園遊憩區，我會在那裡吊單槓加強握力，狗兒則在陰涼處耐心等待，我數著秒數告訴自己，只要我多堅持一刻，牠就會多活一天。很快地，十五秒變成三十秒，然後是六十秒。每當我撐不住墜落時，牠都會在我身邊躺一會兒，氣喘吁吁地默默支持我，一起聽著附近海軍陸戰隊基地傳來的訓練爆炸聲，以及公園裡青少年棒球隊的打擊聲。

就這樣，在瞬息萬變下，我的中年進行曲脆弱的第一音符變得清晰，自主訓練逐漸成爲我一天的核心，就像洗澡或工作一樣，即使遇到棘手必須盡快解決的事，我也能彈性處理而不中斷訓練。我教媽媽做斯巴達式動態熱身，包括輕柔的手臂轉圈與頸部轉圈、腳踝繞圈及深蹲（她至今仍這麼做）。我爸爸經常加入我們的行列，朵莉與他們的狗兒博森就躺在我們腳邊，我們伸展、旋轉、深蹲，抵抗老化的威脅。

到了八月，就在我四十六歲生日前夕，我母親身體好多了，朵莉的治療也結束了，我和麗莎決定返回紐約。在蓊鬱蒼翠的橡樹下向父母告別，樂觀地談著聖誕節回來過節，所有人都試圖忍住淚水，但沒有成功。

朵莉又活了三個月，那段時間，牠照舊在哈德遜河裡游泳，在牠喜歡的平坦小徑上緩步行走，睡在自己的小窩。然而，癌症最終擴散到後腿上形成肉眼可見的斑點，我們和紐約的獸醫嘗試幫牠做第二次的放射治療，但這次治療讓牠更不舒服了。十一月二十六日，爲了參加朋友戲劇的首演之夜，我們當晚入住曼哈頓一家旅館，夜裡被朵莉發病時撞到床邊地板的聲音驚醒。凌晨一點，收好行李在困惑的櫃檯人員協助下快速辦理退房，然後開車回家。白天，麗莎扶著朵莉到外面小解，我醒來，望向廚房窗外，正好看到狗兒倒在一棵山茱萸樹旁。

我急忙跑去將二十二公斤重的朵莉抬起來，抱到車上。直到許多年後，當我意識到障礙跑競賽改變我的生活時，才將初期訓練與這一刻能一次抱著起我的可愛狗兒聯想在一起。我和牠一起蜷縮在後座，麗莎開車返回八十公里遠的曼哈頓，我們一到達醫院，牠就再次發病。醫師很堅定地宣告癌細胞已擴散到大腦，如果繼續治療沒有意義，只會讓牠更痛苦。

我簽署那些讓朵莉安寧臨終的文件時，麗莎撫摸著牠的頭。我看著潦草簽下的名字，想起幾年前，我們三個在哈德遜河谷住家附近的山丘上散步，紫色小花從草叢間探出頭，健康的朵莉正追著球跑下山。麗莎和我走在後面，春日的陽光溫暖著我們的背，我感到十分滿足，覺得人生足矣；就算沒有小孩，但我們有「狗兒」，我們是一家人。那天晚上，我驚慌醒來後開始哭泣，麗莎被我嚇醒問道：「怎麼了？」我說出心底的恐慌：「我擔心活太久，有一天會看著你或朵莉死亡。」這是人生必然的結局、老化的終極眞理，讓我感覺像是沒有出口的迷宮。

我放下筆，把簽好名的文件交給獸醫技師。我想任何以這種方式與自己心愛寵物告別的人都會知道，當一切結束，醫師離開後，房間充滿濃濃的沉重感，彷彿從深海湧現的冰冷寂靜，籠罩著我們一家人，兩個在呼吸著，另一個一動也不動，我們在牠耳邊低語著我們全部的愛意。

我的數位日誌當天記錄著：「朵莉・里維・加里森（二〇〇二到二〇一七年）」。

沒有退縮的理由

一個月後，我坐在客廳裡看著聖誕樹的燈光，感覺房子空蕩蕩。朵莉死後的第二天，我們就把牠的遺體載到北卡羅來納，將牠埋在老家的土地上，頭朝向大海，這樣牠就可以滿足旺盛的好奇心。我父親用拖拉機挖了墳墓。我與麗莎填入泥土後，我媽媽用海螺殼勾勒出輪廓，我朗讀一篇文章，是那年夏天某個晚上我聽著朵莉的呼吸聲與治療後的抽搐聲寫就的。

然後，我們開車回到紐約，卻少了牠。

數個月來，我擔憂著母親與朵莉的病況，然後在這兩件最重要的事情中排入體能鍛鍊。在放下兩大重擔後：「現在怎麼辦？」另一場斯巴達障礙跑競賽將於四月在紐約的花旗球場舉行，已經沒有任何事物可以阻止我參賽。我準備好了嗎？事實是，我不知道，我從未觸及真正的障礙跑競賽，除了那些日誌紀錄之外，我沒有明確的訓練進度可供判斷。

因此，我再次尋求谷歌的協助，搜尋專精於障礙跑競賽訓練的健身房。就這樣，我與朵莉在魁北克的雪丘上共度美好安靜時光的一年後（大概），我在嚴格的前陸軍中士文斯指示下，來到一家不起眼的購物中心健身房。

6 想進步，就別在意被說笨

文斯說：「試著定時懸掛三十秒吧。」

他指著一根吊在天花板金屬鏈上的垂直黑色單槓，這是一系列不固定單槓的其中一根，「爬上這個箱子，用正手握法懸掛在那根桿子上，手背朝著你，這是要測試你的握力。」

一小時的課程即將結束，但事情沒有我想的那樣順利。這一天是聖誕節過後幾天，我獨自待在紐約白原市的小健身房「史詩級混合訓練」，該健身房緊鄰二八七號州際公路旁一間購物中心的電池店，健身房裡只有我與文斯·利古里，他是前陸軍中士，後來成爲私人教練，比我大十一歲，體態不見一絲贅肉，更別說有老化跡象了。我想起在搜尋他的臉書資料時，看到他握住眼前這條直立桿子形成九十度角的照片，肌肉硬得可以彈開硬幣，他讓我感覺自己就像《大力水手》的奧莉薇。

初次到訪時，文斯正領完一個小組課程。我故作淡定地在靠近大門的長凳坐下，期待自己看起來像是有在做運動的人，隨意看著其他學員全身是汗地跳上箱子，繞著圓錐體爬行、爬上繩子、從單槓與吊環盪進這個狹小潮濕的空間，期間文斯一直以訓練軍人的方式咆哮：

「你過來之前應該就要補充水分，」他責備著在練習中停下來喝水的某名男子，「你現在才喝水，太晚了！每個人做二十個抱膝跳，因爲隊上有人沒補充水分。」同組學員發出呻吟，但顯然太累了，甚至無法怒瞪違規者，一聲不吭地原地抱膝跳上跳下，文斯數著：「十四、十五、十六……」

現在，那些人離開健身房後，只有我和文斯在這裡揮汗如雨，好吧，流汗的人是我，他看起來平靜沉穩，而且冷血。我預約一對一的課程，是想請他評估我的體能水準，整個早上照他指示做一系列動作，據他說都是斯巴達障礙跑競賽設置的關卡。我可以原地站立地跳到四十公分高的箱子上，但是非常喘。我無法在吊環之間擺盪，還不懂得利用移轉臀部的重量以獲得動力，鬆開一隻手就摔下來了。然後是攀爬繩索，文斯只需使用上半身的力量就能輕鬆完成，並將自己往上拉到屋梁並搖鈴。他指導我如何使用雙腳，將它們纏在繩子的不同位置上，這樣我就能減輕手臂的壓力，我一次次嘗試他所教的，但我的腳不斷打滑，不停跌倒。

儘管權宜的訓練讓我四十六歲的體態維持得還不錯，但顯然我上半身的力量及征服障礙跑競賽所需的技巧仍嚴重不足。我繞著父母的房子跑，在火蟻堆上做波比跳時想像著這些，然而這一切遠比我想的還要困難。

我氣喘吁吁，士氣低落，無法預測文斯對於和我一起浪費了一早上有何想法。我提醒自己，至少他會收到報酬。而我只要完成最後一項定時懸掛，就可以回家，帶著一本書上床睡覺。我就像五歲的孩子，賭氣地想著沒人能強迫我參加斯巴達障礙跑競賽。

我踏上黑色箱子，抓住那根單槓，吸了一口氣，然後走下箱子。單槓在我頭頂上方的鏈條上輕輕擺動時，我的雙腳懸在離地板約六十公分處，看到文斯心不在焉地查看手機，他應該是想著我會直接掉下來吧。時間一分一秒地過去。十二、十三、十四，第二十五秒時，文斯終於抬起頭，揚起一邊眉毛表示他很驚訝我還抓著單槓。他盯著我達成三十秒的目標，我都沒放手。我在南方鄉下公園的單槓獨自懸掛一整個夏天，炙熱的陽光灼燒著我的脖子，我數著秒數祈禱神蹟讓我的狗兒活下去。儘管我感到疲勞與丟臉，但肌肉記憶開始發揮作用，牆上時鐘走到四十五秒、六十秒時，我仍頑固地抓著單槓，我的雙手抽痛，前臂緊繃而灼痛，懸掛在半空中，忍著疼痛混雜的思緒不斷切換……再撐幾秒就能讓朵莉回來……文斯，**你小看我了，我可以參加比賽**。到第一百零五秒時，我放開單槓，揉了揉抽痛的前臂，然後將發白的指爪按在腿上，迫使它們恢復正常。

文斯背對著我走向櫃檯，我剛剛放開的單槓還在搖晃，它的鏈條在我頭頂叮噹響。他仍然背對著我，直截了當地大聲說：「好吧，你可能覺得不太好玩，但或許能通過一場斯巴達障礙跑競賽。」我很慢才反應過來：他沒拒絕，沒說我做不到。我走到另一端，拿起手機與車鑰匙，心中升起一絲希望，然後拿出信用卡付錢給他。他端詳片刻，「別付錢給我，」接著說，「**如果你真的想做這件事，如果你想在這裡並承諾學習變得更好，就回來受訓吧。**」

你不笨，只是還沒學會

古希臘斯多葛學派哲學家愛比克泰德，思考人類的意志及區分我們能否掌握的事物之重要意義，其中廣泛受到認同的想法是：「**如果想要進步，就要甘於接受別人覺得你又蠢又笨**。」

這句話有多種解釋，其中一個是謙遜，是好事，在可能評判你的人面前摸索沒關係

（而不是像我一樣獨自在後院的泥土中爬行）。對於我們這些在特定領域沒有天賦或才能的人來說，做新嘗試想有所成就時，無論工作、運動或技能，秉持這種心態至關重要，這意味著必須放棄主導權。尤其上了年紀，習慣在工作與生活中發號施令的人，讓別人來主導會很不自在，但這是學習必要的態度，也是改掉舊習慣的唯一方法。

要克服這個階段有個極佳的利器，就是「還沒」。

請自問：你是否堅信自己的能力與生俱來、無可匹敵，或相信透過努力可培養及發展出能力？《心態致勝》作者史丹佛大學心理學教授卡蘿・杜維克表示，如果你屬於後者，那麼你可能擁有「成長心態」，比起那些相信能力是天生的，而且無法撼動的「定型心態」者，成長心態更能幫助你在學習困難事物時奮發向上。杜維克曾在演講中描述芝加哥一所學校非正統但有效的評分協議：學生必須通過一定學分才能畢業，若沒達成，他們的成績不是不及格，而是「還沒」及格。**「還沒」是一種自我承諾，相信自己擁有努力過會有改善的潛力。**而我認爲**「還沒」也能讓你無所顧慮地容許自己在一段時間內顯得愚笨，因爲你不會永遠這樣**。

事實上，當我踏出自家後院、走進文斯的史詩級混合訓練聖殿，我就已被迫放下在陌生人面前看起來愚蠢的所有拘謹。接下來數個月，體弱與無能的事實更將展示在大眾面前，我必須一次次從濕熱的健身房地板上拾起受傷的自尊心，這種**恥辱是學習任何重要新技能必須付出的代價**。請想著「我還不是運動員」，而非「我不是運動員」，這能使你更容易忍受這類恥辱。

培養成長心態也需要強大的生理功能輔助。事實上，每當我們學習新事物，尤其遇到困難時，大腦都可能透過重新連結來形成更強大的新連結，這通常被稱為「神經可塑性」，長久以來，人們認為「神經可塑性」只會發生在年輕時，但與這個觀點相反的是，最新研究顯示成年人的大腦能在中年時自我重整。

西雅圖縱向研究始於一九五六年，是一項採用橫斷序列設計，透過各類型比較的統計分析，以確認智能與年齡相關的長期研究計畫。參加者超過六千人，年齡從二十二歲到一百多歲不等，這項研究其中一個重大發現是，我們的智力通常在中年初期提高，然後保持穩定，直到六十多歲才開始下降（這種趨勢因人而異）。某些能力往往在六十多歲後提升，例如文字能力，特別是女性。男性也有某些能力可持續到八十多歲，例如空間能力（組裝家具或閱讀地圖）。這對中年人來說，無疑是充滿希望的消息。

而且不只如此，解決困難的新事物還能消除無聊感：無聊有害健康，是提高焦慮、憂鬱、犯錯風險的關鍵因素。換句話說，藉由學習新事物並不斷選擇，恰恰遵循了「用進廢退」這個生物演化理論。該項研究的創始主任克勞斯．華納．謝更直截了當地說：「最糟糕的是愛窩在沙發裡長時間看電視的人，**當你開始停止做決定，很快就會很難眞正做出決定，你無法再做任何事的想法變成自證預言。**」當我在悶熱的健身房裡，氣喘吁吁地跟著周圍比我年輕數十歲的人一起學習攀爬高牆、擲標槍，像猴子一樣在空中擺盪顯得十分愚蠢時，眞的很難感到無聊。

這樣很蠢嗎？但我在進步中

我接受文斯的建議，並在兩天後出現在史詩級混合訓練，參加健身房固定的心肺有氧訓練課程。由於是除夕夜的前一天，所以只有幾個人參加，教練恰好是健身房老闆皮特．瓊斯。年過五十九的皮特，身材矮小、精瘦、強壯，且個性遠比體型還要強悍。課程開始時，他帶領我們完成一系列的艱辛任務，我們在錐體之間努力跳躍、爬行或衝刺四十五秒，休息大約十五秒後重複動作。我稍後了解到這種運動稱爲高強度間歇訓練。我們在墊子上赤腳做所有項目，讓我驚訝的是，比我們都年長的皮特在完成整個鍛鍊的同時還能指導我們、講笑話、繞著健身房跑來跑去調整我們的姿勢，而且不會氣喘吁吁。

反觀，我每次休息都會大口吸氣，大口喝瓶子裡的水（眞高興文斯沒在這裡見證我脫水）。才十五分鐘，我的衣服已被汗水浸濕，二十分鐘後，我腿軟了。這裡每個人的速度都比我快，而且顯然更協調。但皮特的情緒極富感染力，隨著搖滾樂在小健身房裡響起，間歇訓練很快就過去了，直到結束，我才意識到儘管腿軟，我還是完成了四十五分鐘課程。我雖然還沒學會任何障礙跑競賽的技巧，但那段時間的自主訓練至少讓我夠健康，可以承受這項高強度的心肺訓練。

下課後我繫鞋帶時，皮特對我說：「嘿，不錯，這是整個鍛鍊計畫中一門艱難的課程。」其他正使用橘色毛巾擦臉的學員都點頭同意。「如果你能應付這堂課，上其他課就都沒問題。」他向我保證。

事實並非如此，接下來的數星期，我在其他課程遇到許多問題，但是**首次訓練後皮特的鼓勵就像一大杯肥料，滋養我剛萌芽的夢想，讓我有信心去挑戰障礙跑競賽**。雖然我對獨自摸索隱約感到自豪，卻覺得很孤單，但是這次的訓練後，我全身細胞興奮不已，一回到家就立刻檢視數位日誌，思考一週可能排進幾次訓練課。事後證明，皮特能成功經營史詩級混合訓練自有其獨到之處，更是他中年頓悟附帶的結果，自從聽過他的故事後，我就告訴自己，如果他都能在這麼大的年紀改變生活方式，那我也可以。

看著他在健身房裡健步如飛，我很難相信數年前，他在步入中年時，體重超重之外，還有嚴重的背部痛，而且對體育活動毫無興趣。他高中勉強畢業，接著就讀社區大學，但他的天賦與熱情在數學上，學校課程對他來說太簡單了，因此他大部分時間都泡在酒吧喝酒，直到三個月後才意識到必須「清醒並正經點」。於是放棄讀大學轉而加入空軍，從事四年的電子技術工作，尤其是短程攻擊飛彈系統。空軍退役後，他把這些知識用在利潤豐厚的職業，從事技術及資料庫管理工作，爲許多知名企業提供服務，包括花旗銀行、路透社、嬌生公司、多家對沖基金，最後是金融控股公司傑富瑞。

皮特敘述他成年後的身體活動：「幾乎零，我根本不知道自己的身體狀況不好，直到中年殺手毫不留情地襲來。」皮特的身高約一百六十七公分，體重一度攀升至七十五公斤，還患有脊椎滑脫症，因爲這樣，他早上起床要耗費五分鐘，也無法抱起自己的孩子。二〇〇五年，他嘗試參加摩根大通主辦的路跑活動，因爲許多同事都報名，出於好奇他也參加了。皮特說那是一場災難，「每個人都贏過我」。

改變習慣非一朝一夕能辦到，那次跑步後又過了好幾年。二〇一三年時，皮特在曼哈頓中城的對沖基金工作，每天從郊區的家通勤上班，健康狀況每況愈下、背痛難耐。他通常在辦公室附近的泰國餐廳解決午餐，然後盯著對面新開的健身房，觀看裡頭皮特稱爲「正在進行的老式瘋狂健身課」，也就是史詩級混合訓練，裡面的設備包括不固定的單槓、壺鈴、沉重沙包、攀爬繩。

皮特一邊品嘗裹滿醬汁的食物，一邊觀看課程，數個月後，他厭倦了愚蠢的窺視，報名參加一堂課，並堅持了三分之二的課程後，被教練打發到長凳上休息。「那很殘酷，」他說，「但我被迷住了。」那時皮特已經五十五歲，很快的，他不再去泰國餐廳午餐，而是改去上史詩級混合訓練；做爲高齡學員，花了好幾個月才適應每週五天的完整課程。因爲這樣，事情有了轉機，背部不再疼痛，也不需要耽擱個五分鐘才能下床，他變瘦了，可以看到腹肌的輪廓，體重降至六十二點五公斤。皮特回顧過去，他相信，如果沒有發現史詩級混合訓練並開始鍛鍊，「我現在已經殘廢了。」

一年的課程結束後，皮特參加在花旗球場舉辦的斯巴達障礙跑競賽公開賽預賽，當他注意到自己在同齡選手中算是速度極快的，大吃一驚。接著，他參加了分齡組預賽，不只斯巴達障礙跑，也投入其他障礙跑競賽，接二連三拿到第三名、第二名、第一名獎牌後，在二〇一七年和妻子安妮開設健身房，做爲第二事業。學員尊稱他爲領獎臺的皮特，向他掛在櫃檯後方的一排排閃亮獎牌致敬。

看著即將滿六十歲的皮特，讓人無法拿年齡當成做不到任何一項訓練的藉口。由於皮特的肱二頭肌充滿力量，而且身材挺拔，可以毫不費力地飛越擺動的單槓與吊環、輕鬆舉起二十多公斤的沙袋、衝刺速度遠比二十到三十多歲的學員還快。我尤其敬佩他臀部的力量與靈活度，可以從原地彈跳到一百一十公分高的箱子上。皮特在停車場的架子上豎起一大捆乾草，並示範如何正確拋擲標槍並射中，而且很少失手。

由於我有全職的工作，中午幾乎沒有休息時間，所以只能上清晨或是傍晚的課，有時與文斯及另一名教練一起，但多半是皮特親自指導。課程的重點範圍包括高強度心肺訓練、提升肌力練習，以及專爲增強核心、靈活度、耐力而設計的鍛鍊。正式受訓時，我與一群才華橫溢的常客一起，我稱他們爲「酷酷年輕人」，當中有位四十歲出頭，愛開玩笑，教初中與高中生法語的凱斯．格拉斯曼、英俊的心臟科醫師艾米特，以及沉默寡言、肌肉發達、身上有刺青、非常強壯的丹妮爾，她可以同時爬兩根繩子，每隻手臂各握一根地將自己拋向天花板，看著她俐落的動作，總讓我想起電影《黑寡婦》的史嘉蕾．喬韓森。另外還有每堂課都引人注目的超級巨星，總是面帶微笑的黑髮男士艾瑞克．佛羅里歐，他是斯巴達障礙跑競賽菁英組選手，有著無窮無盡的能量，僅次於皮特。

他們每一位的能力都遠超過我，無論與哪個酷酷年輕人搭檔在錐體之間比賽或來回投擲重力球，都讓我自慚形穢，就像回到初中打躲避球的體育課，我在競賽時掉球或撞倒錐體時，都會擔心他們覺得：爲什麼我必須和這個弱雞一起鍛鍊？後來我安慰自己，當我在公司的健身房發洩懊惱，再滿臉通紅地衝過大廳、經過測試實驗室，與初次合作方會面時，愛比克泰德應該會爲我感到驕傲。

幸運的是，皮特似乎是卡蘿．杜維克「還沒」訓練學校的一員，他在我身上看到一些我看不到的東西。他讓我在課後花費額外的時間，試做文斯所指導的不同攀繩技巧，其中的祕訣在於著重雙腳而不是手臂。皮特示範時，看起來都超級簡單，但當我自己試著組合動作，雙腿就像從蛛網掉下來的蜘蛛一樣驚慌亂動。

我轉移到不固定的吊環時看起來很蠢。吊環跟單槓一樣懸掛在固定於天花板的鏈條上，我必須從一個吊環移到另一個以穿過健身房，但我往往才起步、還沒握到第二個吊環就掉下來。許多強壯的人都可以運用彎曲的手臂快速穿過，包括皮特。擅長此項障礙的女性大多利用動力及握力，從一隻手臂擺盪到另一隻手臂，動作飄逸而美麗，我從下方的地墊上觀看，一種陌生的嫉妒在我心中燃起，這種感覺一直跟到我進入停車場站在發臭的垃圾桶旁，看著一支又一支標槍離開我的手，徑直飛過目標，落在後方的水泥地或泥土上。

在皮特的健身房裡，關於我的其他一切、我取得的任何成功都對我沒有幫助，對同件更沒有任何影響力，我的優點與價值完全取決於我跟大家一起鍛鍊的四十五分鐘內能達成的表現。沒有任何生活小技巧或是巧妙的措詞，我的虛擬名片盒裡沒有名字可以讓我穿過這些吊環或讓標槍飛得更直，身分地位在這裡起不了任何作用。事實上，除了不斷回來上課，並且在必要時看起來很蠢、直到學會這一切之外，我無法做任何事幫助自己成功。

隨著日子一天天過去，我逐漸認識到一個新現實，撇開頭銜和名字，只是簡單的招呼，能讓人感到非常自在；而且慢慢地我確實進步了，至少在某種程度上是這樣沒錯。約四週後，我能笨拙地爬到繩子的一半左右，這贏得了黑寡婦（極輕微）的認可。我還有其他一些小小的進步，例如不需要在高強度間歇訓練的短暫休息時間大口喝水，或者在繞著健身房練習負重弓步時，我背負的沙包從最輕的九公斤增加到十二公斤。某個週末，皮特與安妮帶我們去附近的登山步道實地鍛鍊，我們拖著沙袋上下山，他家的威爾斯史賓格獵犬塔克就在我們四周無聊地轉圈圈。

之後，我們在樹林裡練習擲標槍技巧，其中一位學員達里爾告訴我用拇指朝後握住標槍，這樣能飛得更直。我照他的指示在樹林裡首次擊中目標，開心地大吼大叫，不知道的人還以為我是經歷三天狩獵後終於擊殺晚餐的獵物，而不是射中綁在常青樹上的一捆乾草。這樣的我看起來很愚蠢嗎？或許吧，有時確實如此，但我在進步中（向愛比克泰德致敬）。

有時，你正需要別人推你一把

三月中旬，我下課後正用毛巾擦乾身體，皮特指著掛在櫃檯的白板問：「你報名了嗎？」我假裝不知道他在說什麼，但我很清楚寫在白板上的內容，是關於四月花旗球場舉行的斯巴達五公里衝刺賽，也是我自聖誕節以來一直祕密關注的目標，「我們都是團隊參賽，」皮特說，「你必須報名。」

雖然我很想參加，但就是無法破釜沉舟地做出承諾。在私人草坪上打滾時下定決心參賽，與公開承諾和我所尊敬的人一起參加比賽完全是兩回事。萬一跟不上怎麼辦？如果扯大家後腿怎麼辦？若是連一項障礙都沒過怎麼辦？如果、如果、如果……

「嘿，」皮特打斷我一連串的藉口，「快點，你跟我說過想參加競賽，只有一種方法可以實現這個目標。」我點點頭，用力吞嚥口水並拿起白板筆，主要是因爲我知道皮特不會放過我，除非我報名，然後慢慢地把自己的名字寫在同學的名字下方。

比賽日期是二〇一八年的四月二十一日，星期六，自從一名少女和品嘗著琴酒的老人啓動這一切以來，已經快兩年了，我終於即將抵達起跑線。

挑戰❸

選擇不適而非舒適

各種障礙跑競賽中都會有搬運重物這項挑戰。根據斯巴達障礙跑競賽規則，部分重物搬運被指定為強制性障礙，意味著沒有完成該項目就不得繼續參賽，理論上會因此被取消資格，雖然這項規定只適用於菁英組或分齡組預賽中爭奪名次的選手，不適用於公開組預賽的選手。

舉例來說，有時搬運重物項目包括在水中拖曳原木，或者把綁在鏈條上的水泥球移動到一定距離處。斯巴達障礙跑競賽最費力的重物搬運大多是扛沙包或移動裝了碎石的桶子，一般來說，男性扛的沙包重約二十七公斤，女性的大約十八公斤重。這些**搬運任務不僅考驗力量，也考驗決心及意志力**。根據場地的不同，搬運任務可能需要選手用已經精疲力盡的雙腿將重物拖上不平坦的陡峭山峰或通過會吞沒鞋子的泥漿。距離各不相同，有時很難知道終點在哪裡，**無論需要多長的時間，無論你需要多麼頻繁地停下來休息，你只需要堅持到結束**。

有些人會放棄，把沙包或碎石桶丟在樹林裡，但大多數人不會這麼做。相反的，如果你看看周圍的臉孔，會發現他們臉上展現的強烈決心。各種體型與身材的選手經歷不同程度的痛苦和不適，盡其所能地負重，包括背在單邊肩膀上、扛在肩上或抱在懷裡。選手搬運重物時，你會聽到彼此的鼓勵聲，「你做到了」、「加油，再遠一點」，甚至競爭激烈的選手也會互相聲援。

對我來說，祕訣就是學會在不適中找到慰藉。當然，一些技巧可以讓事情變得更容易，例如把沙包或碎石桶放到肩上，讓重量平均分布。然而，最重要的是，搬運重物與意志力息息相關，我從小體弱且骨瘦如柴，在逃不了的體力活動上，已經學會極度依賴意志力。高中畢業旅行，我最親近的朋友選擇搭遊輪出發，我則選擇參加科羅拉多州山區為期十四天的外展野營，我一拿起要背兩星期的沉重背包，並將它綁在當時僅五十公斤的身上，就後悔做了這項決定。我在山裡背著背包邁出的每一步都是在鍛鍊意志力，直到最後一天，當我扔掉那個可怕的背包，他們為了好玩要求再跑/走十公里時，我全身痠痛、傷痕累累、從頭到腳髒兮兮，完成最後這段路程時已飢腸轆轆，隨後在團體合照時立刻暈死過去。

所以對我來說，即使不負重也能磨練意志力。我甚至能做到外面下雨也會離開溫暖的床鋪去跑步，不介意被淋濕。就算泥土路上覆蓋危險的冰霜時，我也會在登山鞋上綁上釘子，並且搬運巨石上下山。天氣炎熱、蚊子孳生、閃電交加、宿醉頭痛的日子，我也是靠著補充水分、噴防蚊液、碰運氣、服用止痛藥，然後走到屋外擲標槍，練習波比跳或攀爬繩子。

當我選擇不適而不是舒適，意志力都會幫助我在比賽中完成重物搬運。因為要完成目標，你不必求快，不必擁有最強壯的肱二頭肌，只需要一步步地堅持下去，直到完成為止都不放棄。

7 第一次的力量

二〇一八年四月二十一日。

紐約花旗球場

這裡是美國職棒大聯盟紐約大都會隊的主場。與平時不同，這一天蜿蜒穿過皇后區法拉盛花旗球場大門的車輛似乎走錯棚，保險桿上貼的不是寫著「大都會隊加油！」的藍橘色貼紙，而是貼上印有紅、藍、綠色圓圈，上頭有個戴古希臘頭盔、目露凶光的勇士圖像，這是斯巴達障礙跑競賽官方標誌。此刻，我坐在副駕駛座盯著前面越野休旅車上的貼紙，感覺就像進到某個古戰場，讓我非常緊張。我們周圍的選手正從車上走向報到處，有不少人穿著之前比賽獲得的斯巴達完賽服，我有種身爲局外人的強烈感受，像是潛入了隱密的私人俱樂部。

像這樣在棒球場舉行的斯巴達障礙跑就稱爲「體育館賽」，通常在各地的主要體育場舉行，例如波士頓的芬威球場、華盛頓特區的國民球場、舊金山的甲骨文球場。體育館賽是斯巴達障礙跑較「簡潔」的版本，一般會在山區、農場或崎嶇不平的自然環境舉行，也跟長度固定在五公里的體育館賽不同，分成五公里衝刺賽、十公里超級賽、二十一公里野獸賽或五十公里超獸賽。體育館賽非常適合新手，挑戰障礙失敗的懲罰也更寬鬆，從三十次波比跳改爲十五次，這對我來說，是好事。

法拉盛灣吹來凜冽的寒風，氣溫徘徊在攝氏五度左右。我只在運動內衣及薄薄的運動褲外穿了件長袖白上衣，肚子因爲緊張及昨晚的餐點而翻騰，出於擔心塞車，我們在比賽前一晚就下榻球場附近的平價旅館，並從他們有限的菜色中點了我認爲適合應付比賽的食物：起司通心麵（碳水化合物！）、油膩的雞翅（蛋白質！）、沙拉（蔬菜！）。此刻，那些食物在我的腸道裡凝成一團糊，再加上早餐我在房間裡狼吞虎嚥的優格、燕麥片、水果一起混在我的胃裡作亂。麗莎正在開車，我試探地喝了一口她的咖啡，擔心會在比賽中尿急。當我想到即將發生的事，就覺得完全超出我的能力範圍，所以我試著控制我能掌握的事，基本上就是將鬧鐘設在凌晨四點三十分響，所以我沒遲到，而且太早抵達，讓我們兩人都累壞了。

麗莎在繳交停車費時，我跟她說：「我感覺不太舒服，」眼睛盯著前面那群肌肉發達的人，「看看這些人，他們都好猛。」麗莎很聰明地繼續往前開，並不縱容我的抱怨。「那又怎樣，他們有一堆貼紙與一些T恤，所以呢？」她語氣平淡地說道。在我感到不安時，聽她這麼說往往能安撫我的情緒。

停車後，我們拿起我的參賽包（因爲電腦系統當機，在寒冷的天氣中足足等了二十分鐘），然後穿過引人注目的傑基羅賓森中庭，進入體育場內部。整個中庭擠滿了選手及工作人員，紛紛圍繞著紀念羅賓森球衣號，代表性的「四十二」數字雕像轉來轉去。我們在冰冷的磨石地板上找到沒人的角落，然後我蹲下來打開參賽包，裡面有一條黑色頭巾，上面寫著數字一四九六五，還有一個紅色計時晶片、一條黃色塑膠腕帶、一條寫著我的開始時間的紙腕帶，還有一條紙腕帶上印著一杯免費飲料的兌換券，賽後的確很適合在當地酒吧喝杯啤酒。

「我都戴上吧？」我對麗莎說道，她冷得瑟瑟發抖。我並不眞的期待她的回答，她心裡可能更想知道，爲什麼我不能選擇沙灘排球來進行這次的中年體育冒險。我笨手笨腳地摸索計時晶片與黃色塑膠腕帶，試圖藉由腕帶將晶片固定在手上，凍僵的手指嘗試約五分鐘仍未成功，卻因爲太用力拉扯而把晶片的門鎖彈了出去。

「我弄壞它了！」我聲音中的驚慌與當時的情況並不相稱，但就在那一刻，我確信這意味著我注定死在比賽場上，我簽署的免責條款確實表明這是可能發生的情況。「我弄壞它了，」我朝著麗莎更大聲地喊叫，由恐慌轉成絕望，「我該怎麼辦？」

冷靜理性的麗莎再次來到我身邊，「幫你買一條新的吧。」她指著一張賽事志工的桌子，我們走過去解釋我的笨拙無能，他們十分同情，但沒有額外的腕帶。也許回到報名處？他們這麼建議。我們往外看，由於電腦故障，隊伍仍然排很長，顯然如果再次排隊，就會錯過比賽時間。我們四隻眼睛盯著紅色晶片，而我的上衣或褲子沒有口袋，然後麗莎往下指，「你能把它綁在鞋子上嗎？」我的鞋帶很長，應該可以將其中一根擠進晶片的開口，然後固定在鞋背上，可勉強避免災難。多年後，在另一場比賽中，我在叢林深處的泥濘中吃力前行，看著其他選手失去鞋子，我的比賽晶片被熟練地固定在手腕上，我近乎開心地記住了這一刻。

印記重要時刻的「第一次」

我們在四十多歲的時候，就開始缺乏「第一次」，同時我們也不再做第一次的嘗試。

像是投擲棒球、站在衝浪板上、穿針引線、看著手指在琴鍵上橫跨八度、揚起風帆，或是說出另一外語的完整句子、站在舞臺上面對觀眾、對著鏡頭說話、將刷子浸入油漆桶、聽到聲帶發出清晰的音符。回望人生，印象深刻的莫過於我們第一次嘗試某件事，後來那更成爲烙印在我們身上的圖騰：「啊，對，這就是眞正的我。」**在這個時刻，我們全部的優勢及潛力、所有的弱點與局限仍未可知，唯一的可能性就在前方。**

大腦有強大的篩選機制，就像我們整理電子郵件收件匣決定保存哪些重要內容一樣，它會發揮作用，爲我們決定哪些第一次留下了深刻印象、哪些對我們有意義、哪些要被拋棄，並決定哪些內容可能影響未來，應該儲存在長期記憶裡。舉例來說，我不記得第一次熨襯衫或倒垃圾是什麼時候，但我會在第一次斯巴達障礙跑競賽結束後的數年裡，仍記得場上最微小的細節，包括灑在地板上的水與更衣室地毯的花紋，我在那裡做伏地挺身。多年後，那些細節仍歷歷在目。

爲什麼會留下如此深刻的印象？我請教國家衛生研究院著名的神經科學家道格拉斯·費爾茲，他花了數十年破解大腦與神經系統間的奧祕。他告訴我，情感顯然發揮了巨大影響，事實上，我正從障礙跑競賽尋求更深層的東西，即使那時我並未意識到這種渴望。「讓人驚訝的是，大腦已經進化到能評估哪些經驗在未來可能有價值。它們新穎嗎？它們是否非常情緒化而且極不尋常？那就是你所說的烙印、閃光燈記憶。」你或許能在生活中找出一些感情強烈的「閃光燈」記憶，那些讓你回憶起事件周圍情況的時刻，就像生動的快照，它可能與重大事件相關，例如自然災害或公眾人物遭到暗殺。然而，它也可能與個人時光相關，包括孩子出生、你愛的人驟逝，或者你第一次經歷非常獨特及強烈的感覺，你想再次感受它（或不惜一切代價加以避免）。

舉例來說，我仍記得初次參加初中籃球校隊的校際比賽，根據記憶，當時幾乎任何人都可以加入女子隊，主要是因爲家長擔心這個脆弱又內分泌旺盛的年齡容易沮喪。然而，穿上校隊服不代表你能參賽，整個賽季的大部分時間，我都坐冷板凳，或是訓練期間獨自在體育館角落練習罰球，我的隊友則跑來跑去地認眞比賽。教練給我的唯一目光，就是幫我取了綽號——「骨頭」。

很突然的，終於有一場比賽因爲我們落後太多，連教練都放棄了，在最後倒數九十秒時讓我上場。我太緊張跑錯位置，不得不像驚慌失措的小雞一樣調整路線，當控球後衛把球丟過來，我立刻就被敵方的一名可怕女孩纏抱，教練在場邊大喊：「上啊，骨頭！投籃！投籃！」

我搖搖晃晃地來回尋找籃框，且我翹起的短髮一直戳到我眼睛，那名可怕女孩又冷血無情，最終我放棄了，奮力將橘色的籃球扔往籃框方向，但球沒飛出多遠，因爲可怕女孩用她粗壯的前臂猛撞我瘦弱的手腕，結果裁判吹哨指出對方犯規，於是我走到罰球線前，揉著手腕，這至少是我熟悉的領域。「好，骨頭，你做得到！」教練大吼。我深吸一口氣，瞄準，彎膝，投籃，看著球呈弧形飛向籃框……然後在一聲巨響中從籃框邊緣彈開。「沒關係，沒關係。再來一次，骨頭，再來一次。」我想像獨自練習時，瞄準、彎膝、投出球，看著球繞著籃框搖搖晃晃，最後落入球網，得分。我的第一分！在我的第一場比賽！蜂鳴器響起，比賽結束。我聽到許多人在看臺上跺腳，我熱切抬頭，以爲他們對我的勝利表達支持，但現實是他們正腳步匆匆地離開以避免塞車。

儘管如此，三十五年後，我仍會驕傲地想起那一天。那次事件的情緒反應清楚烙印在我的記憶裡，這是**我的身體首次在似乎很重要的時刻按照我的要求去做**，**我沒有遺忘那一刻，因爲顯然我希望有一天能再次感受它**。而我不知道的是，這一切即將發生在這個寒冷的大都會棒球場內。麗莎與我彎彎繞繞地穿過花旗球場冷颼颼的大廳，風吹過攤位，搖滾樂震耳欲聾。太陽開始照耀著球場，觀眾站了起來，但陽光還沒照到我們身上。

所有選手都會在全天不同的時段分組比賽（也稱爲「預賽」），菁英組先比，他們當中有不少選手是職業運動員，應該是速度最快的，且這組選手不分年紀，競爭金牌、銀牌、銅牌（男子組、女子組各一枚）。接著是分齡組，以五年為一個年齡段（二十五至二十九歲、三十至三十四歲、三十五至三十九歲等），與同個分齡組同性別的選手爭奪冠軍、亞軍、季軍，直到最後一組「超過六十歲」。現在，主辦單位開始發布公開賽的選手，按照我先前所提到更寬鬆的規則比賽（選手互相幫助通過障礙、不嚴格執行波比跳處罰等）。公開賽的選手並不計名次，但會頒發完賽獎牌，所有跨過終點線的人都會獲得。我與史詩級混合訓練團隊的其他成員一起參加清晨的公開賽預賽，但我和麗莎找到起跑線時，並沒看到皮特或其他隊友，於是我退到女士洗手間，用烘手機暖手，看著參賽者個個在鏡子前熟練地調整比賽頭帶和馬尾，自信心瀰漫在回音十足的每個角落，除了縮在烘手機旁我所站立的一小塊地方。

比賽開始前十五分鐘，我不情願地離開溫暖的空氣、回到麗莎身邊。大會宣布預賽選手準備進場，我終於看到一名健身房的酷酷年輕人、法語老師凱斯，他背著背包，穿著登山靴，戴著藍色羊毛帽及眼鏡。

「哈囉！」他笑容燦爛，「你準備好了嗎？」

「但願吧，」我試著用同樣開朗的語氣說道，「皮特與其他人在哪裡？」

「他會來的，」凱斯一邊說，一邊調整背包，「他只是會晚一點到起跑線，因為他先在他的分齡組競爭名次。」

我沒注意到皮特跑兩場比賽的事實，因為我太關注凱斯的服裝了。「為什麼你背著背包，又穿了靴子？」我疑惑地問，「你不打算為了比賽換衣服嗎？」

「不，穿靴子只是為了好玩，」他自信地聳聳肩，「這個背包是為了裝滿贊助商最後提供的免費樣品。比起在包包檢查處排隊，帶著包包參賽比較容易。嘿，你看。」我難以置信地盯著他，他正伸出手指指著，「皮特來了。」

「朋友們！」皮特看到我們時，像往常一樣微笑地打招呼，「準備好比賽了嗎？」在他面前，我立刻放鬆了些。健身房的其他夥伴也到了，我感覺自己就像大草原上較弱的動物，在群體中受到保護。

廣播放送指示要我們移動到起跑線，但我只看到一面木牆，上面裝飾著斯巴達頭盔。不確定地悄聲問凱斯：「起點在哪裡？」他回答：「在牆的另一邊，你必須爬過牆才能到達。」聽完我呆然地看著麗莎，她懂我的心思：如果我連真正的起跑線都抵達不了怎麼辦？「你會沒事的。」在我想出藉口前，她很快說道，儘管她後來承認她其實很擔心，「玩得開心！」就這樣，我熟悉世界的救生索消失了，被困在新的一群選手裡面。

我們前進時，我仔細觀察每個人如何翻過那道牆，這堵牆只有一百二十公分高，卻是我能否成爲斯巴達障礙跑選手的巨人守衛。我曾爬過健身房裡成堆的柔軟箱子，但從沒爬過眞正的牆。「上啊，溫蒂。」我聽到麗莎在人群裡吶喊，後面還有人在排隊，所以我一鼓作氣地利用身高優勢，先用雙手攀住牆頂，再用腳趾將身體向上推，手臂不穩地顫抖了片刻，但我仍設法將一條腿越過牆，然後是第二條腿，接著跳下去站好。我翻過牆了。

我緊貼著凱斯，緊張的擺弄黑色頭帶，呵氣暖手。那天早晨，我把朵莉的狗牌塞進運動內衣，這是保佑我安全完賽的護身符，後來也成爲我每次比賽很重要的儀式，在起跑線上我都會虔誠的摸摸朵莉的狗牌。

「準備好參加比賽了？」站在隊伍前的播報員大聲喊著。他滔滔不絕地講述一些我試著拚命記住的重要細節，例如補水站的數量及跑步時應該如何確保遵循箭頭方向。然後，他的聲音似乎降低了八度。

他吟誦道：「今天你將像古老傳說一樣展開探索。」

我環顧四周，看看人們是否在笑。都沒人笑。

「你在那裡將面臨難以想像的障礙，並逼迫自己通過它們。爲了做好準備，我會問你一個簡單的問題：『我是誰？』你應該回答：我是斯巴達勇士。」

他問道：「我是誰？」

群眾尖叫著回應：「我是斯巴達勇士。」我不是會參與吟誦聖歌的人（我甚至無法在瑜伽課跟著發出「嗡」聲），我敷衍地咕噥著類似「我撞阿坦勇日」的句子。

不幸的是，播報員才剛暖身。

「也許有一天，斯巴達勇士的勇氣會消失，你會拋棄所有的朋友，斷絕所有的友誼，但那一天不是今天。為了這一天，我們奮戰，我們對你們的勇氣及卓越的付出感到榮幸，但請了解這一點：釋放你們的心靈、身體、精神，因為它們將受到最終的考驗。」

「請看看你右邊與左邊的斯巴達勇士。」我看著皮特，再看向凱斯，他與我擊掌。

「你將從他們身上汲取力量，正如他們將從你身上汲取力量。你不會讓他們失敗。以你們在這個美好地球上珍視的所有人之名，我命令你們站起來，斯巴達的兒女們，站起來奮鬥，因為今天是你走向榮耀的日子，不是明天，也不是下週，而是此時此地，在你的組別，紐約！」

「我是誰？」

「我是斯巴達勇士」的大吼回應聲傳來，這次我清楚聽到自己的聲音，那很古怪。

「我是誰？」

「我是斯巴達勇士。」聲音又更大了，現在我也在尖叫，心臟砰砰跳，突然間，大量腎上腺素在我體內流動，感覺就像有人用注射針把腎上腺素打入我身體。

「斯巴達勇士，拿出你的決心。」

「Aroo！Aroo！Aroo！」吟唱聲響起，發音爲阿入。我不知道「Aroo」的意思，也不知道這其實是一種宣示，但這些都不重要，因爲我正與其他人一起喊著「阿入」地離開。

「比賽吧！」

收穫滿滿的「第一次」體驗

我回憶起這一天的頭幾件事，其中一個就是很快就掉隊，以及靠意志力跟上大家，而不是放棄。凱斯很快就跑在我前面，穿著登山靴大步踏上體育場邊的好幾段樓梯。我落後隊友大約六十秒，我大口地喘著氣，就算是跟他們一起在課堂上做了各種高強度訓練，但混在一大群選手中跑步還是有些不同。我想後退，讓每個人都超過我，這樣我就能放鬆一點，但與此同時，一有人超過我，我就惱火，不自覺加快速度。我遠遠脫離了舒適區，矛盾的情緒似乎從我已經疲憊的身體吸取了不必要的能量。

從好的方面來說，兩小時以來，我首度感到溫暖。從我們動身的那一刻起，除了眼前的人事物，我不再擔心任何事，這種擺脫煩惱及所有想法（工作、金錢、責任、生活各方面）的自由是障礙跑競賽的第一份禮物。事實上，多年的靜心冥想永遠不會像一場賽跑那樣讓我更靠近當下，我的心跳接近極限，雙腿發燙，心中只想著立即採取一切行動繼續前進。

經過漫長地登上多段樓梯，到達體育館上層的露天平臺後，我們在一些厚橡皮圈下方爬行，這些橡皮圈旨在模仿戶外場地使用的有刺鐵絲網。我後來痛苦地了解到，這些橡皮圈是極溫和的替代品，因爲它們不會眞正劃破衣服或皮膚。目前爲止，一切都很好。

接下來，我們發現一箱箱非定型的長沙袋，男女使用的重量不同。它們與皮特健身房的沙袋不太一樣，所以我研究了其他選手攜帶它們的方式，然後將其中一個掛在肩上，就像扛著熟睡的幼童。我們踏上體育館的樓梯，沐浴在陽光下，開始拖著沙袋爬上爬下好幾段階梯。突然間，節奏變慢了，這很適合我，我發現一些速度較快的女生很難保持沙袋的平衡，而我能超越她們。我的雙腿灼痛，但跟很久以前在外展野營旅行時拖著可怕背包的記憶比起來相形見絀。我需要做的就是繼續前進，即使那很痛。就在我經過更多人的時候，另一個第一次發生了：**我第一次意識到自己其實可能擅長舉起重物並搬運。**

這時候我已經看不到我的隊友，眼前的世界發生變化，少了一群人的保護或指引，我開始注意到小細節，我的感官增強了，我觀察到地上的水可能讓我滑倒、選手跳過樓梯或抓住扶手加速轉彎的速度有多快、人們經過我身邊時的口頭禮儀是「注意左邊」，我記下這些瑣碎的資訊，並在未來的比賽中加強它。

我回到體育館裡，進入更衣室，在這一關必須做十五個伏地挺身，而且胸部必須碰到地板。我們在史詩級混合訓練做了很多伏地挺身，所以這個很簡單，然而當我一遍又一遍將臉埋在粗糙的地毯上，我很懷疑是否聞到了別人的香港腳氣味。

伏地挺身完成、前往體育場外準備投擲標槍時，我感覺狀態不錯。外面有一排框架，上面架著與乾草捆同樣大小的長方形黑色泡棉盒，爲了防止標槍到處飛，會把標槍固定在一條長線上，而長線就繫在距離目標約七公尺半的金屬柵欄上。我選了武器，小心翼翼地將長線扔過金屬柵欄，就像皮特指導的那樣，這樣一來，它就不會在標槍抛出時勾住路障。然後，我瞄準目標，手臂向後拉，接著投擲，標槍筆直地飛出去，筆直得讓我滿懷希望地屏住呼吸，然後飛過目標的頂端。就這樣，我獲得了另一個第一次，第一次挑戰障礙失敗，接著我肚子貼地地趴在柏油路上做我的第一組波比跳懲罰（我感到僥倖，只要做十五次）。

很快的，一面兩公尺半的高牆出現了，牆的底部有個紅色的小方塊，女性選手獲准把它當成臺階，但儘管它輔助我伸手抓住牆的頂端，但我仍沒有足夠的力量將自己拉上去翻過牆。經過數次嘗試後，當我本能地開始從旁邊走上牆壁，設法將腳踝鉤過頂部，然後吃力地將自己拖上去時，我的小腿抽筋了。我一度想要放棄，但我忍住痛，終於把自己拖過牆。我想著，好吧，至少這雙笨拙的長腿還是有優點的。

我到達巨型的新奇裝置「環環相扣」時，還在揉小腿。我從皮特那裡得知，這種抓力挑戰是許多障礙賽的標準配置，儘管它有不同的形式。他告訴我，根據比賽長度，斯巴達的「環環相扣」通常是擺動的吊環、握桿或繩索的組合，你必須抓住它們才能在裝置上移動，並在不碰到地面的情況下搖鈴。這場比賽只有吊環，但我從未眞正成功穿越皮特健身房的吊環，我祈禱自己有新人運。我走上起跑凳，雙手抓住第一個吊環（紅色的，柔軟且容易滑脫），深吸一口氣，然後向前衝。我立刻意識到自己不可能抓住下一個吊環，所以我像釣魚線上的瘋狂魚兒，懸盪了一會兒，直到無力抓住，倒在吊環下方。

我很慶幸沒有史詩級混合訓練的成員見證這次悲慘的嘗試，並溜到波比跳坑做懲罰。

在這之後，我們戴著腳踝上的彈力帶跳繩（繩子很重，以確保鍛鍊力量而不絆倒），然後繞著體育場跑很長一段路。我恢復了平靜，花了一點時間眺望棒球場，陽光從修剪整齊的草地上反射，原本震耳欲聾的音樂聲已經減弱一些。就在那時，我有種十足清晰的感覺，我此刻只想在這裡，腦內啡凌駕在我的感官之上，我感到隱隱約約的暢快。

現在，這種新的化合物掩蓋了我的疲勞度，在此刺激下，我遇到了「攀向巔峰」障礙。我站在下方看，它看起來確實遠比皮特健身房的繩子來得長（我仍只能爬到一半），而且更細更滑。我深吸了幾口氣，將右小腿纏在繩子上，讓繩子頂部平置腳上，這是文斯與皮特教我的 S 形鉤，然後舉起雙臂拉繩，左腳踩著右腳，捏住繩子。讓人震驚的是，這招很有效。我又這樣做了幾次，抬起膝蓋，重新纏住腳，然後利用立足點做槓桿，將雙手向上移動。

當我腳上的繩子鬆了，我已經往上爬了三分之二，只靠著雙臂吊著。經驗告訴我，我必須用剩下的力量安全地鬆開繩子往下，鈴鐺卻像是在嘲弄我，再拉一兩下就到了。這種交相拉扯的心戰在我大腦上演。就在此刻，我憶起了第一次看到斯巴達障礙跑競賽資訊，促使我前來參賽的其中一個原因，就是我在谷歌搜尋並讀到電影製片人史考特．基尼利的故事，他在斯巴達障礙跑競賽中摔下繩子，沒完成比賽。看到這裡，你可能會想，我應該會記起他當時的屈辱，以及渴望外星人俯衝下來綁架他。不，正好相反，我受到腦內啡迷惑，犯了充滿希望的新手錯誤，最後一次嘗試找到立足點，這是個嚴重的錯誤，因爲我沒有這項動作的肌肉記憶，繩子從我盪來盪去的腿上甩開，就像一條憤怒的黑蛇，我的雙手在短短幾秒內就沒力了，然後像一袋麵粉砰地摔落在下方三百到三百六十公尺處的墊子上。霎時，我躺在那裡，一動也不動，抬頭看著看臺外圍很歡樂也很殘酷的招牌「歡迎來到可口可樂天地」。另外兩名選手趕緊過來將我扶起，擔心地問：「你沒事吧？」

我不知道自己是否沒事，恐懼與驚慌很快取代了體內美妙幸福的腦內啡。我覺得自己可能要哭了，質疑嗅到了機會並撲了過來。爲什麼我在做這件事？我以爲自己是誰？竟然以爲有機會完成這場比賽？我是坐冷板凳的皮包骨，從來沒有上場的機會，甚至得到「骨頭」這樣的綽號。然而，我重新站了起來，除了碎了一地的自尊心之外，沒有任何損傷。我向那兩名選手道謝後，站在原地，雙手放在膝蓋上，思考下一步要怎麼做。

右邊是波比跳坑，左邊是通往停車場和我家汽車的坡道，只要走上這個坡道，一切就結束了，我可以回家洗個熱水澡，然後繼續做擅長的事。我不必再回去史詩級混合訓練，也不必再見皮特、凱斯或任何一個酷酷年輕人，沒人會記得或關心今天在這裡發生的事。

我眨著眼睛忍住愚蠢的眼淚。我知道有人會記得，明天我得在這個人的身體裡醒來。好吧。再做十五個波比跳後，重新起身開跑。

比賽的其餘部分沒那麼糟糕。我征服了「飛簷走壁」，你可以移動身體，穿過一系列以銳角連成Z形的牆壁，運用木塊當成立足點與手握點。我無意中拿起兩個十八公斤重的巨大油桶（女選手只需要拿一個），拖著它們爬上爬下一段階梯，直到障礙跑競賽志工對著我指出錯誤，同時爲我的「勇猛」鼓掌。

我笑著對他們說我只是愚蠢，不清楚規則，但這個想法再度得到強化：**我可能擅長舉起重物並搬運！**

最後數分鐘很模糊，我爬上了巨大的網狀結構「A形貨物」，其中最大的挑戰似乎是別被前面的選手踢到臉，之後我在障礙跑道上攀爬了數堵矮牆，將一顆沉重的球舉過頭頂，再將它丟到地上好幾次，然後在一個大箱子上跳上跳下，重複十五次，接著轉向終點線。就在這時，我突然意識到一點。我快要完賽了。

斯巴達障礙跑競賽精明地花費了大量人力拍攝選手的照片，好讓選手可以下載這些照片發布到個人的社群媒體。我回顧初次比賽的這些照片時，看到一張拍下我轉向終點線的照片：我正大步行進，這一刻，花旗球場似乎完全屬於我。當我行經螢幕上投影的美國職棒大聯盟及斯巴達障礙跑競賽標誌的彩色掛毯下方，陽光在我的胸口閃閃發光。我顯然很疲憊，可能和我最近的成年生活一樣疲憊。我瞇著眼睛，充滿難以置信的情緒，但我昂著頭，肩膀向後仰，朵莉的狗牌隱藏在看不見的地方，平貼在我的胸口。

拍這張照片時，我與終點之間隔著一堆搖晃的拳擊袋。對挑戰失敗的人來說，這不是眞正的障礙，最壞的情況是，你的太陽眼鏡或帽子可能會被打落。大多數情況下，這只是另一個很棒的拍照機會。我像拳擊手一樣將雙臂舉在臉龐前，衝過去，黑色的拳擊袋從我的身上彈開，弄亂我的頭髮。當我獨自在拳擊袋中奔跑，我的胸口發緊，斯巴達障礙跑競賽的行銷口號浮現在我腦海。**到終點線就懂**。

一名想成爲運動員的四十六歲無名小卒從繩索上摔下來，擲標槍失準，像一條上鉤的魚兒一樣掛在吊環上，果然，在這些拳擊袋引起幽閉恐懼症的擊打聲中，我明白了，儘管我今天犯了所有的錯誤與失敗，但我再次感受到難以解釋的身體完整性及可控制性，就像初中時籃球離開我的手，並在一群不感興趣的觀眾面前落入籃框的那一刻。這一天我爬了牆，搬了重物，跌倒了，爬起來，沒有放棄。我認爲文斯說得對，也許我可以做到這件事。突然間，我大腦的突觸連結爆發了，彷彿打開了一扇祕密之門，通往我以爲永遠隔絕的世界。

大會工作人員把我的第一枚完賽獎牌掛在我的脖子上時，我看到背著背包的凱斯，於是小跑到他身邊。顯然他更早之前就衝過了終點線，不僅沒有氣喘吁吁，還語速極快地喊著「天哪，」他說，「你從哪裡出現的？幹得好。讓他們幫我們拍張照，然後去停車場拿好拿滿所有的免費樣品。」

攝影師為我們拍完合照後，凱斯迅速取下獎牌，塞進背包，同時將一根香蕉塞進嘴裡。我難以置信地望著他，他看著我，誤解了我的表情，「哦，不好意思，你希望我也幫你拿著獎牌嗎？」

我抬手抓住掛在胸前的沉重金屬片，**它的重量既是對未來的承諾，也是對抗過去的護身符**。我對凱斯搖搖頭說：「我永遠不會脫下它。」

第二篇

偉大的副歌

幾乎所有事情都無關緊要，這一點怎麼強調都不為過。

——約翰·麥斯威爾，牧師

8 謙卑，只想下場比賽

當天晚上睡前，我把一直掛在脖子上的獎牌放到床頭櫃上，以表達對這一天的感激之情，而這個「儀式」持續了我的整個比賽生涯。

「當你已經遠遠落後且時間緊迫，怎麼可能還擅長某件事呢？」我衝過花旗球場終點線後的數天裡，這個問題一直縈繞不去。

在進行第一場比賽時，我便清楚地確定自己只想待在那裡，以及至少一個小時可以拋開所有憂慮的自由——我想要，不，**我必須再次感受那種感覺**。

同時，我也想變得更好。儘管「攀向巔峰」障礙在當下讓我感到丟臉，不過我的表現不算太糟，這表明初期的訓練已經成功。我在二四四名同齡女性中排名第三三名；在二八五二名女選手裡，我排名第四一八名；在總共六五九〇名選手（男女不拘）中，我排名第一七〇五名。其實我對這些統計數據半信半疑，因爲最優秀的選手通常會參加菁英組或分齡組預賽，而我參加的是規則較爲寬鬆的公開組。但既然我完成了所有的波比跳，而且沒有獲得任何人的協助（主要是因爲史詩級混合訓練的其他選手都把我甩在後面），我有了一線希望。

傾聽自己的直覺，超越自我

在晚年獲得成功是有可能的，而且有相當多例子：知名主廚茱莉雅．柴爾德的烹飪事業在她五十歲那年起飛，此前，她曾在廣告公司及政府情報部門工作；《草原上的小木屋》作者羅蘭．英格斯．懷德在六十五歲出版該系列的第一本書之前，曾爲一家農場雜誌撰寫專欄；美國前總統雷根在中年步入政壇前曾是演員，最終成爲當時最年長的美國總統。

麻省理工史隆管理學院的研究發現，成長最快的新創企業創辦人平均年齡是四十五歲，「我們發現，成功的企業家都是中年人，而不是年輕人。」瑪莎．史都華簽約推出同名雜誌《瑪莎生活》時，將滿五十歲；蓋可（Geico）與家得寶的創辦人創辦公司時的年紀與史都華大致相同；哈蘭．大衛．桑德斯在六十二歲時，首次賣出肯德基的特許經營權。

無論他們是在該行業深耕多年，還是中年才開始努力，早在他們年輕時，就具備了推動成功所需的力量。由此可見，許多人內心持續閃爍著成長的欲望。

我寫這本書的時候，《紐約時報》發表了一篇專欄，記錄了在中年後嘗試成爲喜劇演員、大提琴手、水球選手、神學家、登山運動員等人的壯舉。我在《華爾街日報》的良師益友、記者兼作家裘安·利普曼在著作《下一篇！生活和工作中的重塑力量》（*Next! The Power of Reinvention in Life and Work*）探索職業轉折的深刻故事，記錄對象包括暢銷小說家詹姆斯·派特森與麻薩諸塞州一位身材魁梧的電話維修工，後者在五十歲被診斷出患有攝護腺癌，後來抓住機會，實現設計女鞋的夢想，並登上《決戰時裝伸展臺》節目，在六十一歲時被《波士頓》雜誌譽爲「最新時尚巨星」。

爲了了解每個人的人生變化，利普曼爲這本書訪問了超過一百人，發現他們都有一個關鍵特徵：願意**傾聽自己的直覺**，即使這與自己的理性思維相悖。「無論是轉行或擺脫有毒的人際關係，無論是個人的有毒關係或是職場的有毒關係，他們都願意傾聽這種直覺。」她告訴我。

我知道也相信在你我的生活中，一定有人不斷努力超越他們原本被定義的身分。

在我出生的北卡羅來納州，有一名數學老師貝蒂·帕克，她是出生在種族隔離年代的黑人女性，小時候甚至無法使用所在城市的公共游泳池。在六十九歲時，她創造了自己的第二人生：成爲伊麗莎白市第一位女市長，甚至被《富比士》雜誌列入「五十歲以上前五十強」榜單內。

我的婆婆史黛拉快四十歲時開始讀大學，年紀超過大多數同學年齡的兩倍。她花了六年時間才獲得美術學位，只因爲她堅持在麗莎與妹妹珍妮佛放學回家時有媽媽等門。這些課程讓她超越了妻子及母親的角色，培養與生俱來的設計天賦，但史黛拉的直覺告訴自己，她可以做到更多事。就在麗莎獲得文憑的前一年，史黛拉將技能運用在古董商職涯，她的名人客戶包括瑪莎・史都華、瑪麗亞・凱莉、葛倫・克蘿絲。

還有「冰上曲棍球媽媽」。她們是紐約一群玩冰上曲棍球的媽媽，因爲在場邊爲孩子或丈夫加油時總是坐立不安，於是決定自己組成一支具有競爭力的球隊，有一些成員在參與球隊時甚至已年近六十。

我們總是有能力再進一步

經過第一次比賽後，我想知道的是：我如何解決困難，變得更優秀、更成功？儘管有上述的例子，但隨著五十歲即將到來，我覺得已經太晚了。我需要哪些策略、工具、時間管理技巧以擺脫菜鳥身分，在邁向公認遙不可及的目標同時，又維持原已充實且讓人深感滿足的生活？如何避免因老化所帶來的不可避免干擾與挑戰以至於脫軌？

著名的技能提升框架德雷福斯模型可以追蹤我的經驗。該模型由美國空軍的一對兄弟開發，提出成人獲得技能的五個階段，分別是新手、進階新手、勝任者、精通者、專家。接下來數個月裡，當我從新手走向進階新手，一項重要的啓示隨之出現：我不必與年齡鬥爭且將其視爲敵人，而是必須讓它成爲我的盟友。

喬治·李歐納在其著作《精進之道》爲我們這些有抱負的中年人帶來巨大的希望。他寫道：「精通不是才華橫溢的人，或是那些有幸早起步的人才有的專利，**無論年齡、性別或過往的經驗，任何願意踏上這條道路並堅持的人都可以精通。**」雖然每個人的精通之路都有所不同，但七個關鍵的路標最終奠定了我的旅程：

第一，是認識並相信即使**在中年，內在可能還有一些仍未開發的東西**。現代心理學之父威廉·詹姆斯將人類「再次振作」的能力描述爲「讓人著迷的困惑之事」，他認爲每個人都有能力挖掘儲存在最深層的能量以追求卓越，只是「我們大多數人持續、不必要地在表面生活」。換句話說，我們不會強迫自己深入挖掘，而且經常在遇到困難時就選擇放棄。

數十年後，這項觀點引起長跑運動員兼訓練有素的物理學家艾力克斯・哈欽森的共鳴（我們先前就認識他，他爲肌肉流失而煩惱），哈欽森在《極耐力》中強調，任何形式的忍耐都只是爲了繼續抵抗日益強烈的停止欲望，而且**我們總是有能力再進一步**。

第二，是弄清楚如何管理時間。如果我在這個地球上的日子可能已經過了一半，並且覺得剩下的時間已經完全被占用，那麼該如何**在乍看沒時間的地方找出時間**呢？關鍵是要有情感紀律，拒絕任何不利於我的家庭、健康、工作或推動這項新目標的不重要事物。

第三，是**學習與恐懼、未知、不安共處**。成年初期的大部分時間都花在爭取足夠的金錢、愛和成功，這樣我們才能過得舒適。然而，正如哲學家基倫・賽提亞所言，突破極限與面對中年後，必然會出現的眾多生活障礙對我們來說至關重要。

第四，是**發展我可以持續並提升的實踐系統**。你可能聽說過刻意練習，亦即需要持續努力學習、透過有目的的方式做事，通常這需要導師的回饋——意味著**拆解我們無法做好的事情，而不是盲目重複容易完成的部分**。同等重要的是，請拋下阻礙實現目標的習慣，例如拖延、不安全感、取悅他人的欲望，並重新學習我們曾擁有的技能。

第五，當你覺得時間不夠，那就**在停滯期或撞牆期持續付出耐心練習，並在退步後再次嘗試**。正如李歐納在《精進之道》所指出，在通往「擅長某件事」的旅程中，我們大部分時間都會處於停滯狀態、感覺自己一事無成等這些消磨精神的失敗「低谷」，這可能會導致我們一蹶不振。**「不放棄」必然會成爲進步的關鍵轉折點**，我們將了解內在動機與外在動機之間的差異，這有助於人們奠定基礎。

第六，如果我們要**利用年齡做爲祕密武器**，就必須找到那些賦予我們優勢的特質或技能，這包括**利用我們的固定智力**，本質上，它是從過往的經驗學習，年紀越大，嘗試的次數、失敗的次數、成功的次數越多，學到的東西就越多，狀態意識與儲存的知識庫比年輕時更廣闊，請從中提取。

第七，除非我們想毀掉生命中珍惜的一切，否則我們必須謹記前一節的內容，並**留意新旅程對所關心之人的影響**。請記住，每一座人生的橋梁是連接過去與未來的紐帶，**生命之歌也不一定非得是一首全新的歌曲**。

有了這樣的背景，請讓我們從上次停下來的地方開始，一位初次參加障礙賽的謙卑選手，她並沒有取得任何榮耀，只想參加下一場比賽。

9　沒時間？只專注在非你不可的事

「我的天，我全身好痠痛。」

這是我結束首場比賽後，不曾斷過的三個念頭的其中一個。我像一位不適應陸地生活的水手，在家裡緩慢、吃力地走來走去，並盡力抑制呻吟聲。當我「滑進」椅子時，可以感受到股四頭肌尖叫：「不！」儘管我與皮特一起訓練，但將近五公里的棒球場階梯、一些波比跳和障礙物竟然只對我的身體造成如此大的傷害，這似乎令人難以置信。

然而，隨著疼痛逐漸緩解，卻也讓我感到一種揮之不去的興奮，這是在健身房辛苦鍛鍊後不曾有過的感受，同時，這也讓我產生了第二個念頭：**「我何時能再參加比賽？」**當皮特在健身房貼出另一場五公里斯巴達障礙跑競賽的報名表時，這個問題很快就得到解答。

這次比賽約六週後在紐約塔克西多鎮的森林裡舉行。我上次錯過了，因爲朵莉和我媽的身體狀況讓我無暇顧及其他。所以，這很快就引發我第三個念頭：**我如何才能表現**

得更好？

我每週都會擠出時間上幾堂史詩級混合訓練課，但那四十五分鐘的訓練，以及我毫無系統的跑步鍛鍊或繞著房子搬運石頭顯然不夠。爲了從德雷福斯技能模型的新手模式進步並有意義地改善，我必須找到額外的時間及心智頻寬來學習和練習。

當我整天持續忙忙碌碌卻一事無成，現實生活卻不斷折磨著我：起床時，本想多做三十分鐘的跑步或肌力訓練，抑或多上一堂皮特的課，然而，我卻不可避免地偏離軌道了：我收到車子的召回通知，必須將它送回經銷商，待我從經銷商那裡準備回家時，還得先去加油；健保索賠遭拒，導致我與客服人員痛苦地進行長達四十五分鐘的通話以解決問題；我的手錶沒電了，必須更換電池；必須去拿乾洗衣物；必須報稅；數個月前還和朋友約定好在他家共進晚餐……一天快結束時，我總是被一種感覺困擾著——看起來一整天都很忙，卻從未真正落實自己的最佳計畫。像許多人一樣，我爬上床，開始滑Facebook和Instagram，看看有什麼重要的事情在我沒留意的時候發生了，最後，我打開Netflix，打算看個三十分鐘，但螢幕上卻顯示需要我重新輸入密碼——一天的最後幾分鐘就這樣在讓人沮喪的無病呻吟中溜走，我用遙控器大力地輸入字母，接著一邊放空地看著《黑錢勝地》上演洗錢計畫，一邊進入夢鄉。

別讓你的農作物死掉

我們大多數人都明白那種因爲兼顧許多小事，導致永遠無法完成眞正想做的大事而帶來的挫折感，以探討領導力的暢銷書及演講而聞名的牧師約翰・麥斯威爾，有段常被認爲是出自他的名言：「**幾乎所有事情都無關緊要，這一點怎麼強調都不爲過。**」這段話簡單易懂卻也錯綜複雜，因爲對我來說，生活中的一切似乎都不可動搖，或者換句話說，似乎沒有什麼不重要的事情可以輕易放棄。我告訴自己，無止境的會議是身爲主管的一部分；我不能拒絕人們的邀請而讓他們失望；車子必須修好；沒繳稅是件壞事。當然，如果我不及時關注社群動態，就可能會錯過關心的人發生了什麼重要大事。花旗球場比賽結束後不久，我回北卡羅來納州探望父母時，腦中一遍遍地思考著這個難題。

某天傍晚，我幫母親跑腿完，沿著鄉間小路開車回家。在我父母正式退休並搬到海濱之前，我的童年週末幾乎都在這州的東部度過——一家人在一間帶有紗窗門廊的小拖車裡度假，那是我們的釣魚營地。農民們駕駛著拖拉機耕作，種植玉米、棉花和菸草，這樣的景象曾經無處不在，以至於現在對我來說，已經成了一種視覺上的白噪音。

我開車經過這個場景時，看到手機彈出一則同事傳來的訊息。我把車停到路邊回訊息，等待回覆的同時，注意到一名農夫正開著一部拖拉機，在農田裡來回穿梭。他目視前方，動作規律而專注。

起初，我只是隨意地瞥了他一眼，腦海裡仍在思考與同事的對話。然而，隨著重新集中注意力，我開始更清楚地看見他的模樣——那頂破舊的棒球帽、雙手緊握方向盤、拖拉機引擎的低鳴聲、他尚未完成的農作行列數。

然後，我突然意識到：他沒有看手機、沒有傳訊息、沒有滑Facebook，也沒有查收電子郵件。他只是專心地在田裡耕作，這就是他的首要任務。

然後，我有了一種顯而易見的清晰想法：如果他不操作拖拉機，農作物就會死掉。後來和家人吃完晚餐後，我一直無法抹去那位農夫的模樣。當晚我打開數週前買的一本筆記本，目的是記錄比谷歌日曆小方格所能容納的更多的運動資訊。那本筆記本仍是空白，我在第一頁寫下這句話：「**別讓你的農作物死掉。**」

「選擇與機會」的排毒計畫

對於生活在已開發國家的人來說，當基本需求大多已被滿足時，如何最好地利用我們有限的時間不僅是一種特權，顯然也是一個謎——從市面上眾多的時間管理書籍便可見一斑。

無論處於人生哪個階段，如何分配寶貴且日漸消逝的時間，都是一大挑戰，但在中年時期尤爲明顯。正如哲學家基倫．賽提亞所指出的，這個階段是成人生活的諸多層面突然交匯並相互競爭的時期，而每天的二十四小時往往不夠用。因此，要再額外安排一件事，尤其是需要投入大量時間學習的新事物，可能會讓人感覺像浴缸裡的水終於溢出——負荷已達極限。

然而，**什麼才是眞正不可或缺的事物呢？**我們的農作物是什麼？

我不會誤以爲找時間訓練並提升障礙賽技能，與種植糧食具有相同的普世價值，但即便如此，後者那種對優先事項的清晰劃分與單純專注的態度，仍讓我心生觸動。或許正因爲如此，在看到那位農夫的一、兩天後，我也開始上網搜尋有關時間管理的資訊。

YouTube 很快地就推薦葛瑞格．麥基昂所發表的激昂演講，主題爲「專準主義《少，但是更好》」，這是很好記的講題，同時也是他的著作書名，於是我按了「播放」並開始聆聽。

麥基昂衣著光鮮，穿著合身的西裝，沒有打領帶，一頭讓人羨慕的頭髮襯托著時髦的方形眼鏡。他吸引著聽眾，解釋了成功通常如何帶來爆增的選擇與機會，雖然這似乎是好事，但他反駁，如果「選擇」和「機會」導致我們無節制地追求更多，那就會是問題。「無節制」及「更多」這兩個詞語對我造成巨大打擊，我不認爲自己無節制，但如果不是，又怎麼會很難找出時間追求顯然對自己來說很重要的事？

那天晚上，我放棄了Netflix與《黑錢勝地》，並試圖**弄清楚我全部的「更多」到底從何而來**。同樣重要的是，我開始拒絕某些事物，這是我「選擇與機會的排毒計畫」中的一小步。我在筆記本那行「別讓你的農作物死掉」下方做筆記，這可能是自大學以來，第一次寫下記取的教訓，但這種做法出奇地熟悉，讓人感到慰藉——我曾經很喜歡當學生、從別人身上吸收知識，並期待自己盡可能地運用這些知識做點什麼。

直到我仔細檢視工作行事曆上的時間區塊時，才意識到有多少時間被塡滿了一對一的每週例行會議——這些會議主要是與團隊和同事進行日常溝通與更新進度。有一次，我把這些時數加起來，算出每週會議約二十小時至二十五小時，有時我們會在會議上完成一些事情，但更多時候，我們會花十五至二十分鐘談論生活，或討論不是眞正需要我的意見或指導的工作事項，這些以小時計算的一對一會議讓我的其他工作延後到晚上。

因此，我嘗試做出改變。我將許多碰面的會議時間縮短爲二十五分鐘，將一些會議改爲每兩週一次，並告訴每個人，他們隨時可以爲緊急事項預訂額外的會議時間。起初，我擔心重要的事情會被遺漏，但事實證明，這項決定是個強大的機制，既可集中對話，又讓團隊可以在沒有我的情況下做出更多決策，提高他們的領導技能。這需要我對團隊的信任，同時也要求我**克制自己那種「只要親自參與就能確保完美」的傾向**。同樣重要的是，這意味著當團隊做出與我不同的決定時，我必須支持他們，甚至發現，百分之九十五的時間裡，一切都運作良好，而剩下的百分之五也很容易進行調整和修正。**透過這個方法，我每週大約能找回十小時的時間**。

學著拒絕別人也對自己說「不」

另外，如何更常拒絕別人？這更困難。

我喜歡自己應允的事情，包括擔任社區團體志工、幫助母校新聞系思考未來的課程、與不是核心朋友的朋友共進附有許多葡萄酒的晚餐，那很有趣（即使它們讓我第二天變得遲鈍）。然而，現在我需要過濾機制，因此，如果有什麼不能促進我爲數不多且眞正重要的優先事項（我將其定義爲家庭、健康、工作、障礙跑競賽訓練），也就是我的「農作物」，我就會禮貌地婉拒，表明暫時不參加，但未來會再造訪。起初我感覺自己自私又糟糕，就像讓別人失望了一樣，但讓人驚訝的是，大多數人沒反彈，反而說他們能理解。就這樣，我又多了數小時的時間。

拒絕別人只是第一步，我也必須對自己說「不」。

整天對著電腦工作、總是拿著智慧型手機，讓我很容易陷入一些不必要的消遣，包括隨意瀏覽社群媒體、玩計時的線上文字遊戲、點擊瀏覽越野跑步鞋特賣內容、與朋友傳送不必要的電子郵件與訊息、查看天氣、在我的 Spotify 帳戶建立播放清單……。由於這些被動活動大多不會正向滋養我的農作物，我開始盡可能地加以消除或限制時間。

首先，我取消訂閱數十份電子報（鞋子、酒、航空公司、新聞更新），這樣就剔除了點擊我感興趣內容的誘惑，並節省了點擊「刪除」不感興趣內容的數秒鐘時間。我削減了 Instagram 追蹤的帳號數量，將注意力集中在障礙跑競賽帳號，並開始將該平臺當成學習工具，而不是消遣。臉書僅每兩週登入一次，基本上完全暫停使用X，Podcast 收藏清單也減到只留下對障礙賽目標有正面貢獻的節目。

誠然，每次我點擊「刪除」或拒絕時，都會感到一陣恐慌。我將錯失什麼嗎？從好的方面來說，接近五十歲的我與二十多歲的我之間的差別在於，現在的我對何爲「可有可無」有自己的看法，我參加的派對、音樂會、電影足夠了，結識的新朋友足夠了，因此這方面的社群恐慌症稍微容易控制一些。

將可利用的時間段整合起來

我認爲同樣危險的是「零碎時光」——一些會消耗我五分鐘、十分鐘、十五分鐘的小事，包括在亞馬遜網站訂購新的水壺濾水器、更換燈泡、預約牙醫，買三號電池，然後回到亞馬遜網站。生活中許多瑣碎之事，大多只需要點擊幾下手機螢幕就能完成，但它們讓我無法擁有一段完整的專注時間做重要的事情。

所以，我開始列清單並將這些活動按特定的時間段分配到特定的日子裡，例如週六上午預留較長時間做訓練，下午做一些簡單家事，然後把所有做帳工作、文書工作、亞馬遜訂購事項都留到週日，這樣我就不會在一週內耗費瑣碎的時間來處理它們。我在辦公桌前吃午餐時，就會打電話給保險公司；會議間偶爾有五到十分鐘的空檔，我不再在走廊上與人交流，而是到辦公室屋頂做伏地挺身，或是在辦公室裡深蹲。這需要喚起愛比克泰德的教誨，亦即不要害怕顯得愚蠢，因爲絕對沒有其他《消費者報告》的高階主管會在公司裡氣喘吁吁。

麗莎和我也制定了更固定的生活例行公事：每週哪幾天由誰做飯、誰洗碗；誰負責採買雜貨；誰負責洗衣服。多年後，當我們終於又養了一隻狗時，也確立了誰負責晚上遛狗、誰負責早晨帶牠出去。透過制定明確的分工事宜，我們將可利用的時間段整合起來，並用於有意義的活動上，而不是一再浪費時間，臨時決定誰該做什麼。

事實上，越研究自己的時間花在哪裡，就越意識到那些瑣碎時間是如此隱蔽且無處不在。有天早上，我斜靠在床邊，一邊匆匆穿好衣服，一邊試圖戴上耳環時，耳環掉了下來，那片小金屬穩穩地落在被子上。這給了我極大的啓示，爲什麼？因爲我每週至少有兩次，會在匆忙穿越臥室並試圖同時處理多件事時，不小心掉落耳環的背扣。然後看著它在硬木地板上彈跳、滾到床底下的某個角落，迫使我得跪在地上，花費寶貴的時間搜尋，又因爲我上班快要遲到了，所以壓力也隨之飆升。

但這一天沒有這樣的場面。由於我斜靠在床上，所以耳環背扣沒有從被子上彈開。這或許是個能列進史冊、最平凡卻最令人滿足的生活小訣竅，讓我開始每天早晨都斜靠在床上、鎖好耳環。就這樣，我每年找回了大約四百一十六分鐘的寶貴時間。

如果你不戴耳環，肯定也有類似的「時間黑洞」問題需要解決——弄丟鑰匙、找不到眼鏡、脫下最愛的棒球帽後忘了放在哪裡等等。

我的身體潛能，還有部分未被開發

完全執行我的「選擇與機會的排毒計畫」需要數年時間，有時，這一切還會以失敗收場。麗莎與我醒來發現冷凍櫃已經停止運作，地上留下一灘帶血的肉汁，需要即刻清理（亦即無法晨跑）；我們等不及亞馬遜運送更多衛生紙，所以必須跑到實體商店購買（無法看YouTube障礙跑競賽訓練影片）；我的老闆出乎意料地想在一天結束時約我（使我無法上皮特的課）。

然而，新計畫仍多日有效。隨著時間一分鐘一分鐘地被釋放與分割，我慢慢能集中精力，成爲德雷福斯模型的進階新手。我提早抵達史詩級混合訓練場，獨自花十分鐘嘗試掌握吊環擺盪的技巧，看著我富有耐心的教練皮特，一遍遍地演示這項障礙所需的臂部下沉微妙動作。下課後，我會多待十五分鐘，在臭氣沖天的垃圾桶附近的乾草堆擲標槍，對我來說，「一擲乾坤」就像當年籃球賽上的罰球，沒人能超越、打敗我，所以我不妨把它練好（我們將在後續章節介紹其他類似的強大平衡點）。在我沒分配到的剩餘時間，例如若有人開會遲到，或者在等醫師的時候，我會觀看斯巴達頂級菁英組選手的比賽重播畫面，並時不時將畫面定格，研究他們如何在肩上扛著一桶碎石、如何攀爬繩索、使用什麼裝備，所有細節都被記錄在我隨身攜帶的筆記本裡：翻轉水桶，讓蓋子朝下，會更好握；腳要綳緊，避免繩子打滑。

紐約塔克西多鎮六月比賽前的星期一，我上了一堂史詩級混合訓練課，這次的訓練循環中包含了嘗試攀繩。但這天，發生了一件意想不到的事：我以S鉤步法赤腳攀上繩，一瞬間，我已經到了頂端，接近橫梁和鈴鐺。通常到這個高度，我會想起在花旗球場跌倒的事而滿腹恐懼，然後鬆懈下來，但今天，彷彿進入了自動駕駛模式，還沒來得及猶豫，我已經伸手拍響了鈴鐺——全班歡呼，包括「黑寡婦」。

我太高興了，所以接下來的四十分鐘裡，我一次又一次地爬上頂端，以至於在課程結束時，我突然發現右腳的腳背因爲不斷摩擦而開始滲出血來。

興高采烈的我當下沒有任何感覺。隔天上班時，我的上司雷歐娜拉的行政助理、我們口中的瑪麗亞低頭看著我穿涼鞋的腳，直接建議：「嗯，你不覺得應該處理一下嗎？」

瑪麗亞說的對，現在我整隻腳又紅又腫，傷口看起來很嚴重。那天晚上，我在急診中心除了注射了破傷風疫苗及使用抗生素外，主治醫師還爲我講解那些可能附著在繩子上的細菌，那位醫師還囑咐我先不要穿鞋，抬高腳並保持乾淨。

換句話說，這個週末不可以在泥漿裡比賽。因此，就像去年一樣，六月的紐約斯巴達障礙跑競賽來了又去，而我坐在沙發上，腳擱在枕頭上，看著我的史詩級混合訓練隊友跨越終點線後，在 Instagram 上發布的限時動態，令我首次體驗到社群恐慌症，然而，感覺還滿溫和的，因爲我覺得自己內心黯淡的希望之光變得更明亮了——我已經學會攀繩了！想想六個月前，我與文斯一起度過的那個最讓人羞愧的下午，當時可說是毫無希望可言。這分認知讓我相信，這些年來，**我的身體潛能只停留在表面，也許眞的有一些東西尚未被開發。**

撞上另一個中年轉折點

我將腫脹的腳抬高到沙發上，將目光投向八月底的一場比賽，那場比賽將穿過西點軍校周圍崎嶇不平的樹林，且地點與我的住處只隔了一條河。比賽前幾週的某天早上，當我正在工作時，麗莎打來電話，當時是上午十一點，這很不尋常。

「你還好嗎？」我一邊問她，一邊走出房間，我的心跳突然加速了起來。

「我沒事，」她說，但她的聲音表明情況並非如此，「但我媽媽剛剛從舊金山打電話來，說今天早上我父親被發現昏迷，沒有反應，已經緊急送往急診室，而她正趕去醫院的路上。」

當晚我們飛往舊金山。我的岳父艾倫曾是廣告公司主管，他機智敏銳、言辭犀利，現在卻罹患了嚴重的中風。他預後能否再次行走或好好溝通尚不清楚，在接下來的數小時裡，雖然我們只關注「他是生是死」，但他的情況將在未來數年內，對我們所有人的生活產生深遠的衝擊，是我們當下沒有想過的議題。雖說他本人受到的衝擊是最爲劇烈的，但麗莎的生活、她母親的生活、她姊姊的生活、我的生活都會受到影響。突然間，在毫無預警下，我們到達中年的另一個轉折點，**陷入充滿新障礙的峽谷**，很快的，挑戰將包括病人升降機與輪椅、跨國醫療飛行、居家護理、授權書、錯綜複雜的聯邦醫療保險系統等。

最初幾天，當我們從醫院離開時，獲得了短暫的喘息時間。有一次休息時，我拿起一本麗莎的姊姊珍妮佛留在她父母家供我閱讀的書。她是超級健康派的皮拉提斯教練及跑者，十分熱中健康議題。「我想你會喜歡這本書。」她這麼告訴我。

這本書的名字叫做《奔跑的力量》，作者里奇・羅爾曾是史丹佛大學的競技游泳選手，後來因爲酗酒及久坐的生活，讓他在四十歲生日時連走上樓都很困難。我以前從未讀過關於運動員的書，也不曾感到興趣。然而，當我帶著這本書去醫院、緩慢地翻閱羅爾的故事時，他漫長的運動歷程就像風箱一樣，煽動著我在花旗球場點燃的小火焰。

「也許我不會成爲這世界極強健的其中一位女性，但**在我剩下的人生時光裡，我還能做些什麼？**」這就是我在岳父病房外，閱讀羅爾著作時的想法。

我和麗莎在我四十七歲生日前幾天飛回紐約，爲西點軍校的比賽做準備。某種意義上，當麗莎的父親瀕臨死亡入院後，我仍執意參加障礙賽感覺有點脫節。然而，從另一個角度來看，參賽反而顯得更加急迫——彷彿隨時都有可能讓人發生意外失去移動的能力，而那分特權再也無法找回。

我的靈魂正在放鬆，全身泥濘卻感覺自由

目前爲止，繩子造成的擦傷已形成近八公分長的疤痕（這是很棒的提醒：別赤腳爬繩子）。我的父母計畫好要來拜訪我們並爲我慶生，也在星期六一大早就趕到比賽場地，爸媽勇敢地從停車場走了很長的路到歡樂的比賽場域，在那裡，迎接我們的是刺耳的搖

滾樂。

由於近來天氣多雨，到處都泥濘不堪。當媽媽穿著不再乾淨的登山鞋在田野裡小心前進時，她對我說：「你眞的必須在這裡跑步？」

「非常確定，眞的。」我告訴她。她做了個鬼臉。

果然，當我跨越起跑線時，發現這裡與花旗球場比賽區域的乾淨完全不同，甚至比停車場的泥漿更深、更濕，參賽者的腳踝很快就陷入泥漿裡，我前面的一名男子不斷咒罵，開始在淤泥中摸索，直到臉朝下，埋進泥漿。

「我的鞋子！」他浮出泥漿時低聲說，「我的鞋子不見了。」

泥漿濺入我的鼻子，也飛濺到我的肩膀，無法避開。當我們背著沉重的沙袋，艱難地穿過泥地時，就是在考驗平衡感，導致許多選手沮喪地放棄沙袋。**我意識到自己從小就不曾沾滿爛泥，這讓我開始大笑，感覺我的靈魂正在放鬆**——我是一名快四十七歲的女人，週六早上竟然在年輕士兵的訓練場附近，背著沉重的沙袋在泥濘中奮力奔跑，完全不是在吃早午餐時會哀嘆的痛苦。

一旦接受了這個新現實，我確定在充滿汙泥的崎嶇丘陵地帶奔跑，比在乾淨的棒球場裡比賽有趣多了。**弄得骯髒就是自由，我快樂地衝過布滿岩石的溪流，在山坡爬上爬**

下，努力不被周圍那些失去平衡且缺乏經驗的選手撞倒。當碰上了單槓關卡時，我因爲雙手布滿泥濘，在抓握時立刻跌落下來。三十次波比跳後，我比之前更髒了，沙土在我的肚子上結塊。

第一個考驗我是否眞的有進步的環節是「環環相扣」。我成功地抓住前兩個紅色吊環後，在它們之間來回擺盪，且逐漸加速，雖然心裡還是有點緊張，但仍然不敢放手，我想起自己在花旗球場的懸空魚兒事件。周圍的觀眾開始爲我加油打氣，我意識到自己不能永遠在這裡來回擺盪，最後我鬆開後面的吊環，屏住呼吸，按照皮特教我的那樣放低臀部，一隻手划過半空到下一個吊環，我盡全力地抓住它，在還沒來得及多想前，再笨拙地重複一遍。我的動作有些生硬，但堅持住了握力，很快的，就來到了終點，並敲響鈴鐺。

我進步了。

下一個重大考驗是在終點線附近的「攀向巔峰」，我父母與麗莎都在那裡觀看。我在「一擲乾坤」失敗後，已經因爲三十個波比跳而精疲力盡（顯然得在垃圾場花更多時間練習），而且很緊張，因爲我最愛的三個人可能會見證我的失敗。

在麗莎用手機拍攝的影片中，可以看到我走向繩子、低著頭，似乎缺乏信心。我把雙手放在繩子上，站了一分鐘，幾乎就像在決定要嘗試或放棄，但隨後聽到我父親大喊：「上啊，溫蒂！」他的聲音讓我抬起頭，看著繩子。我伸出手臂抓住上方的繩子，胸部因深吸一口氣而鼓起，呼氣時，我往上拉繩並開始攀爬，綳緊我的雙腳。第一次向上拉時，我沒爬得很遠，繩子因爲沾滿泥漿變得非常滑，我手臂的力氣也耗盡了，但經過一番拚命揮動後，我再次包裹住腳，並向上移動了一些。我一次又一次地做，直到我接近頂部並揮動像奧麗薇一樣長長的手臂敲鈴……然後落空。

我懸吊在超過四公尺高的空中時，可以從影片裡聽到家人的集體喘息聲，身爲妻子與女兒的我渾身是泥，看起來很可能會摔下來（「沒關係，她會沒事的。」影片傳出麗莎不太有說服力地向我媽媽保證）。我對下一步該做什麼感到猶豫不決。然後，下一刻，我的雙腳本能地再度綳緊起來，我又往上爬了一些，伸出指尖輕輕敲鈴。

我幾乎不記得這些細節了，只記得我安全地滑下繩索，跨越終點線，衝進家人的懷抱裡；記得我沖掉布滿全身的泥土，冷水打在我肌肉發達的肩膀上，還將我的緊身褲染成了橘色；我記得看到了斯巴達競賽創始人喬·德·塞納；記得自己在比賽場地閒逛並自我介紹；記得在八月炎熱的陽光下，我與麗莎、父母一起坐在地上，吃著燒烤，陽光照在我仍然出汗的肌膚上。我相信今天的小小進步是轉折點，從現在開始，我前方是一條不間斷的進步之路，以及儘管髒兮兮但光榮的未來。
這是小女孩式的夢想，幸福地清爽整潔，沒有障礙。當然，也極度不切實際。

挑戰4

跑吧，跨越成功需支付的恐懼代價

一些障礙賽被親切地稱為「泥漿路跑」，正如我在西點軍校的比賽發現的那樣，那是因為賽道上的泥漿本身就是種挑戰，它會讓參賽者的手黏腳滑並減緩人們的速度，甚至還會奪走沒繫緊鞋帶的鞋子。

斯巴達將泥漿發揮到極致，創造了名為「跳泥坑」的特殊障礙，選手會遇到一系列紅土泥漿深坑，這些淤泥有時也會是一灘又黑又髒的水。一旦參與者進入水裡，就會面臨「浸水障礙」，他們必須完全沉入水中。這是個強制障礙，不允許略過，也不允許波比跳。你將全身濕透，含沙的水會滲入雙眼，讓你迷失方向，而且視當天的天氣狀況可能會非常冷。有一次我慘痛地了解到，如果比賽結束後沒正確洗淨所有汙垢，你的耳朵可能會感染或罹患嚴重的皮疹。

在浸水障礙之後，通常還有另一個障礙，稱為「牽索越坡」，要完成它意味著要完成浸水障礙，然後在雙眼模糊、雙手及鞋子濕滑、頭髮上的水滴在臉上的情況下，跑上傾斜的牆，抓住從牆頂垂下的繩子；一旦你抓到繩子，就可以利用它爬上牆。對我來說，這是**克服恐懼的運動**，因為坦白說，在全身濕滑的情況下，跑上陡峭的金屬牆違反直覺。有時繩子很長就比較容易，有時繩子較短時，人們會錯過抓握的機會，然後重重地滑回地面。我參加的一場北卡羅來納州比賽中，由於一群人不斷跌成一團，主辦單位關閉了擁擠泥濘的「牽索越坡」障礙。

馬克．馬修斯是專業的大浪衝浪手，他曾在澳洲撞上礁石，導致韌帶撕裂，腿部動脈遭切斷。他在Podcast《尋找精進》（*Finding Mastery*）中談到恐懼：「**你必須比害怕過程更加渴望結果，或者你必須比害怕過程，更渴望克服恐懼當下將會擁有的經歷。**」

某種意義上，這成為我克服「牽索越坡」的行為準則：你必須努力奔跑，並相信會抓到繩子。一旦抓到繩子，就可以向後靠並沿著牆壁往上走，你必須相信自己有力量可以抓住繩子，但最重要的是，你對牆壁另一邊的渴望，必須超越抵達那裡所需要付出的恐懼代價。

10 沒有恐懼，就沒有勇敢

西點軍校的比賽結束後約六週，我在晨跑後淋浴，走出淋浴間時，注意到手機上有一則留言提醒，來自我的皮膚科醫師。起初，我以爲她的辦公室撥錯電話，因爲我一星期前才做了年度檢查，爲什麼還打電話來？哦，對了……我依稀記得，當我們談論夏天的回憶及她在六十歲開始打高爾夫球時，她刮取我腿上一個黑色小斑點。醫師爲我貼上OK繃後，她的年輕男助理看著我的小腿說：「你一定是跑者。」我臉紅了，運動帶來的新外貌仍讓我覺得像穿著別人的衣服。

現在，我一邊刷牙，一邊播放語音信箱裡的留言，不小心在螢幕上沾到一點牙膏。「嗨，邦茲女士，」他們說道，並宣稱來自醫師辦公室，「醫師想和你聊聊。方便的時候，請回電。」我吐出牙膏泡沫，漱口，擦掉手機上的牙膏，隱約感到惱火，因爲他們沒在留言裡告知我檢查結果。這天早上我有一場兩小時的會議，得在開車去辦公室的路上回電給她。

撥打醫師的電話時，我的越野休旅車沿著九號公路傳出嗡嗡聲響，當時正好經過哈德遜河畔的克羅頓—哈蒙火車站。

「這裡是醫師辦公室，」我的汽車音響傳來明快的聲音，我把車子駛入左側車道，準備轉向九A號公路，同時用手指撫摸左手掌。我手上的老繭撕裂了，讓我開始煩惱起來。

「嗨，我是格溫多琳．邦茲，你們之前留言請我回電話給醫師。」

電話那頭停頓了一下。「是的，邦茲女士。請稍等。」

交通、駕駛、煩人的老繭，我的包包裡有指甲剪嗎？爲什麼她要花這麼久時間？我看了一眼儀表板上的時間——我開會一定會遲到。

「嗨，邦茲女士。」這是我的皮膚科醫師的聲音。

「嗨，」我說，「你的辦公室要我打電話給你。」

「是的，」她回答。停頓一下。爲什麼她停頓？「你在開車嗎？」

「是的，」我告訴她，「我正在去公司的路上。」

「你到辦公室後再打電話給我吧。」

我的胃感到一陣不適。爲什麼她不能直接告訴我發生了什麼事？

「我到辦公室後要開很多會，今天會非常忙碌，」我告訴她。

又是一次停頓，突然之間，「我不行，」醫師說道，她的聲音提高了一度，「就是不行，請在沒開車的時候打電話給我。」

然後，她掛斷了電話。

車上的廣播在手機斷開汽車藍牙連接的瞬間猛然響起，震得我渾身一顫，而我的身體似乎也正在與思緒脫節。我小心翼翼地調低音量，開始以極爲精確的方式移動，感知那些將長久留存在記憶中的聲音與觸感——又一個閃光燈記憶正在形成：有著鏽跡斑斑排氣管的嘈雜機車聲、胸罩鋼圈下跳動的心跳聲、方向盤緊繃的黑色皮革縫線摩擦著我的繭，帶來的一絲刺痛感。

醫師通常不會主動掛電話，她的敘述中有些東西不對勁。

我靠邊停車，本能地拿出筆記本與筆，我撥打醫師辦公室的電話，禮貌的告訴接待人員「我們剛剛斷線了」，斷線情況經常發生，那感覺很正常。

「邦茲女士？」我聽到電話裡傳來醫師的聲音，既高興又擔心。

我強迫自己的聲音保持絕對的平靜，「現在我停車了。」我告訴她，希望她聽不到汽車及卡車從我身邊駛過的聲音，它們的距離太近，導致我的越野休旅車因尾流而搖晃。

「嗨，對，很抱歉我掛了電話。你開車的時候，我沒辦法跟你說話。所以，我告訴你的內容應該不會讓你少活幾年，但……」

少活幾年……我把這些話潦草地寫在筆記本上。

「你的檢驗報告出來了，你患有惡性黑色素瘤。」

黑色素瘤，黑色素瘤，這顯然是皮膚癌，我聽說過，這不是我以前聽過的癌症，例如基底細胞癌或皮膚鱗狀細胞癌，這是非常糟糕的癌症。多糟糕？我不知道。等一下，什麼？這沒道理。

「不好意思，」我打斷她的話，「你確定報告正確嗎？你是指我右小腿上的那個小斑點嗎？」

「是的，我認爲它看起來與我們去年拍的照片不同。」診斷結果出來並拿回數據後，她似乎鬆了一口氣。

她覺得那個斑點看起來那麼不同嗎？我們正在談論夏天時，她刮取了它，刮完後，男助理看著我的小腿推測出我是運動員。黑色素瘤，那是不好的東西，我必須擺脫它，要怎麼做才好？

「好，我需要做什麼？接受手術嗎？你們會把它挖出來嗎？放射治療？有什麼治療方法？」

我記得那通電話的其餘內容是一些雜亂無章的訊息，我盡可能地記錄在筆記本上，看來他們在早期就發現，但我仍需要做血液檢查、胸部 X 光檢查。

她問我何時可以去她的辦公室？

我告訴她：「現在。」早上的會議對我來說，已經變得不那麼重要了，現在我決定要直接去醫師的辦公室。

意外總是不預期地發生

大多數皮膚癌的死因是黑色素瘤，越早發現，確診後多活五年的機會就越高。我的黑色素瘤屬於「淺表擴散型」，位於表皮（皮膚的外層）及下一層的上部，它被認爲是 T1a，腫瘤小於一公分的一期皮膚癌。

兩小時後，我與麗莎坐在醫師的大辦公桌前了解這一切，同時她在電腦上調出我腿上痣未刮除前的兩張照片。一位年輕的住院醫師觀察我們的談話，學習傳遞癌症消息的規則。

「請看看影像之間的差異，」她一邊說，一邊放大螢幕，「這裡比較暗一些，邊緣也變了。」我認爲這個尺寸的它們看起來都是棕色，不大但很噁心。然而，我點點頭，因爲這似乎是正確做法。

我必須立即抽血與做胸部 X 光檢查並接受手術。如果術後邊緣乾淨，那麼我就不需要接受更多治療，接下來的一年，我將每三個月找她做一次詳細的皮膚檢查，此後是每六個月一次。五年後，假設醫師沒發現另一個黑色素瘤，就恢復爲年度檢查。

那天晚上回家時，我釐清自己有多麼幸運——我的皮膚科醫師很早就發現這個癌症，因爲她拍攝我皮膚上的痣，並在兩次回診時進行比較。我列出一份行動計畫和待辦事項清單，接著把清單放進一個藍色資料夾裡，然後用訂書機在封面訂上一張紙，仔細寫下我未來幾天必須去看的所有醫師姓名。籌畫、行動，往前推進。

接下來的幾天，我們一一進行並確認了清單上的事項：我的胸部 X 光檢查結果很清楚，血液檢查結果也是如此。我的皮膚科醫師爲了進行預防措施，又刮除了我右腿上的兩個斑點，幸好它們的結果都是良性，而我將檢查結果歸檔在藍色資料夾裡。

我的全科醫師爲我找來紐約大學朗格尼醫學中心的黑色素瘤外科醫師理查·夏皮羅，他以一種自信、冷靜、讓人放心的姿態，解釋他得在我的腿上切一個比痣還寬的長口來切除癌症，然後他會再把它縫回去。

出乎意料的事情總是會突然發生：我的確診時機很糟糕，因為恰逢我們應該飛回舊金山幫助麗莎的父親，萬般無奈下，在我接受手術的前幾天，只好延後了該行程。現在，麗莎一人得扛起為她父親和我擔憂的重擔。

在手術準備期間，我仍堅持鍛鍊自我，因為不知道要多久才能再次跑步。原本計畫那年秋天在紐澤西州及長島參加的兩場比賽被擱置了，到目前為止，我取消的比賽場次甚至多過於我曾參加的。儘管如此，訓練課程對我來說既是消遣，也是對未來的承諾。去醫院接受手術的前一天，我在日誌記錄了以下內容：

動態熱身

划船機鍛鍊十分鐘

主要項目（四組）

引體向上一分鐘＋利用黑帶練習單手擺動抓握（總共四次引體向上）

慢跑四十分鐘

休息一分鐘

手術本身不到一小時，我從麻醉中醒來時，一名護士將柳橙汁及動物造型餅乾遞給我，我一邊試圖把它們塞進嘴裡，食物卻一邊順著胸口瘋狂流下來。我的腿上有一條巨大的綳帶，下面穿著壓力襪。麗莎已經與夏皮羅醫師談過了，他說一切順利，最終的檢驗結果將在數天後送回。

醫護人員爲我配了一瓶抗生素及一瓶鴉片類藥物，並且推來一張輪椅，好讓我離開醫院。我看了輪椅一會兒，然後搖頭。

「我不需要它，」我告訴他們。護士正要開始反駁時，我堅定地說：「眞的，我走得動。」其實我內心眞正的想法是：「因爲**我是斯巴達勇士**，所以會用自己的雙腳走出醫院。」但我沒說出口，因爲那似乎是藥物所引起的愚蠢想法，尤其出自一個只跑過兩場比賽的人。儘管如此，**這是我第一次將自己與這個新身分連結起來**，而這個想法讓我感到踏實——**彷彿是一個承諾**，一個不涉及採檢、手術，或是在高速公路旁聽到噩耗的時刻。

未來身體會發生什麼事的選擇權在我手中，於是我拒絕了輪椅，緩慢走到喧鬧的曼哈頓街頭，在暮色中漫步，即使雙腿僵硬也不要人協助地爬進越野休旅車，由麗莎開車載我回家。

第二天早上，我剝掉腿上的繃帶及紗布，小腿內側上有一道十公分長的粗大縫線，還留下一道明顯的凹痕——那是醫師切掉組織的地方，而這一切，都是爲了取出一塊大小僅如粗鹽顆粒的東西。

我想到數十年來，我的身體頂著烈日在北卡羅來納州的海灘上曝曬；青少女時期的我與朋友在泳池邊擔心自己發育不全的體型；我與父母一起在開闊的水域釣魚……一九七〇與一九八〇年代，人們似乎不擔心皮膚癌，或者不像現在一樣意識到其危險性，當時曬黑意味著戶外活動帶來的美麗與健康。

然而，在接受了腿上有傷口以及未來會留下疤痕等事實後，我的身體恢復得相當順利。疼痛在可承受範圍內，我甚至一顆止痛藥都沒吃。

週六，我的手機響起，顯示了紐約市的未知號碼，那是夏皮羅醫師，他通知我，從檢體切下的邊緣組織沒有發現癌細胞。如果我在寫小說，這是另一個時間軸、另一個敘述、另一種生活，這一章的結尾可能是這通電話、我們如釋重負的淚水，待切口一癒合我就可以重新開始跑步及比賽。

然而，我的故事不是那樣。

振作起來，強言歡笑

接下來的數星期，隨著「盡快進行手術」待辦事項清單完成，我的藍色資料夾裡沒有其他要記錄的內容了，我開始覺得有點不對勁。一開始都是小事：我脫下一條新牛仔褲，看到縫線周圍的皮膚被藍色覆蓋，誤以為是嚴重的瘀青。我全身發冷，胸口緊縮，心跳加快，花了幾分鐘才根據邏輯思考，判斷那只是我新褲子的染料，並將其擦掉。

然後，我飛往北卡羅來納州探望父母，為父親慶生，麗莎則前往西部幫助她母親照顧仍在接受預後照護的父親。夏皮羅醫師決定讓縫線留到這趟旅行結束，這比原訂計畫還多了一星期。

「我了解你，」他說。「你會跑得太拚，然後把縫線給撕裂。」

傷口周圍的皮膚腫脹且微微發紅——這在腿被切開又縫合後算是正常現象。但隨著旅程中的日子過去，我開始擔心皮膚會長到縫線上，導致醫生無法拆線，然後我會感染，最後失去整條腿。

是的，這就是我的腦補劇情。

我的父親是一名獸醫，擁有精湛的外科手術技術，他向我保證這不會發生，甚至說如果我願意，他現在就可以幫我拆線。但我的大腦彷彿卡在某種奇怪的狀態裡，無法將這個事實視爲眞實來接受。

我搭機回家，在夏洛特機場轉機時，再次陷入這種陌生的寒冷，胸口發緊、心跳加快；我把自己鎖在洗手間裡，蜷縮在地板上，頭靠著紅色金屬門，直到我能正常呼吸。

我希望拆完縫線後一切都恢復正常，但不久後，當我坐在會議室裡工作時，注意到旁邊同事的手上有一顆痣，我全神貫注地檢視它的邊緣是否有異常，結果沒聽到老闆在叫我的名字。

我開始發現自己身上出現新雀斑，並想知道是否需要經過完整的三個月後再去找皮膚科醫師做檢查。

有一天晚餐後，我上顎的一個小腫塊讓我陷入了超現實的恐懼無底洞，我的心怦怦直跳，確信下巴一定患有黑色素瘤。我喝下更多的酒好讓神經平靜下來，也幫助睡眠，但到了早上，當我醒來時，渾身發抖，就像發燒一樣，不敢離開床，感覺就像有人在我的胸口綁了一根繩子，並將它拉得越來越緊。

現在回想起來，我的崩潰狀況快速且嚴重，並在腿部痊癒期間持續了數週。我在會議上僞裝自己、在走廊上本能地對我其實沒注意到的同事微笑。因爲我的字典裡沒有「恐慌發作」與「焦慮」等字眼，所以對當時所發生的事情，感到很困惑也很擔心，最終麗莎說服我打電話給全科醫師求助，他會全心全意地傾聽並表達個人意見。

「這很正常，」他說，「人們確診這樣的疾病後，這種情況經常發生。」他給了我一位精神科醫師的名片，「她會治好你。」

這位精神科醫師的辦公室位於曼哈頓上西城的安靜街區，那是一間使用暗色木材裝潢的廣闊幽深房間。我的心理治療經驗非常有限，我家中沒人談論心理健康，甚至沒人談論恐懼。我小時候有一次在湖邊沙灘上踩到鯰魚的脊椎骨，那根骨頭深深刺穿了腳趾間的肉。我感到疼痛萬分，然而最近的醫院距離所在地點有兩個小時的車程，所以當下，父親將伏特加倒在受傷區域，讓我啜了幾口加了柳橙汁的伏特加，淡化接下來發生的事情，接著運用獸醫外科技巧，以手邊的工具除去骨頭。我記得他動手時，我一動不動地坐著，咬著嘴唇，希望他爲我的勇敢感到驕傲。

我的家人面臨情感痛苦時，也會仿效同樣的自救法，他們的信念是「振作起來，強言歡笑」，常見的處方是「只要走進大自然，就會覺得好一點」（確實，這往往很有效）。我認識的人沒有一個接受過心理治療，或者他們即使接受了治療，也會保持緘默。我不知道這是南方特質，還是因爲我生活的世界就是如此。

你永遠無法知道那些關起門來的事，但在我的觀念裡，心理治療與軟弱畫上等號，代表著無法「振作起來，繼續前進」。

因此，眼前的場景給我的感覺就像好萊塢電影版的「精神科醫師辦公室」——醫生坐在一張高背椅上，雙腳伸展在腳墊上。不遠處，一部白噪音機嗡嗡作響，彷彿負責吸收我傾吐出來的祕密，讓它們無法傳出這個房間。

長長的沙發是給病人躺臥的，但眞的有人會用它嗎？我選擇坐在一張椅子上。還有那張桌子上的衛生紙盒，愚蠢地擺在我旁邊，像是在嘲弄我。

醫生只是盯著我，一直盯著，等著我開口。最後，她終於說話了：「我能怎麼幫助你？」

我蹺著二郎腿，然後放下並坐直一些，試著記住何爲眞實。

「所以，我的右腿被診斷患有黑色素瘤，」我開始說道，聲音聽起來有著在開董事會會議等級的自信，然後我看到她臉上的同理心，很快補充：「但很早就發現它們了，我現在很好。」

隨著不誠實的「我現在很好」讓我的嘴巴感到痛苦，我胸口那條緊繃的繩子解開了。隨著眼淚湧現，我的話語像洪水般流洩，只有不斷伸手拿起那只愚蠢的衛生紙盒，才能讓我的語速稍微放慢。

「我的皮膚科醫師打電話來，我將休旅車停在高速公路邊，車流飛馳而過，車身晃動，『應該不會讓你少活幾年，但……』我把它寫在小筆記本上。如果再次發生這種情況怎麼辦？我的意思是，我們都會死，麗莎的父親數週前差點過世，我的狗兒死了，我的父母年紀越來越大了，而我可能很快也會步入辭世一途。

「我現在已經到了接近死亡的年紀，我的一位《華爾街日報》同事因大腸癌去世，享年四十八歲。如果我們只是走在一條通往死亡的路上，那麼人類的處境有什麼意義？我知道我很幸運，可以與你一起坐在這裡，但我覺得很尷尬，因爲人們以爲我很堅強，我也曾這麼認爲，但現在我的內心陷入了這個淵藪，無法清晰地思考。」

她做著筆記，頻頻點頭，然後開了一些藥，並建議我每週回診一次。我眞的不想吃藥，因爲我擔心一旦再次恢復跑步，它們會擾亂我的訓練，但由於我迫切希望恢復正常，所以便同意了。

隔天早上我醒來時，心頭上那條繩子緊緊地束著我的胸口，使我幾乎無法好好呼吸。當我起床時，麗莎已經去上班了。我吞下精神科醫師開給我的半顆藥，然後洗了澡、穿好衣服出門。我經過先前在高速公路上與皮膚科醫師通話的地點，我直視前方，強迫自己不要看得太仔細，免得在下意識間，將車停放在一旁，開始寫筆記。

我在辦公室裡冷得不得了，第一場會議時還穿著厚重的綠色外套。回頭看看我的谷歌日誌，那場會議叫做「轉換付費專案指導團隊會議」。我完全不記得會議內容，唯一能想起的是我們的測試副總裁用他那冷靜的英國口音發言時，我感受到的那種不真實感——他怎麼會和我一樣，坐在這張仿原木桌旁，在二之五十九室裡、在這些可怕的日光燈下與我同處、和我一起在這崩潰地開會？會議結束後，我回到辦公室，蜷縮在廉價的紅色沙發上，仍然穿著那件沉重的綠色外套。我錯過了下一場會議。我辦公室的窗戶輕微結霜，所以我希望路過的人看不見我蜷縮成一團躺在這裡。高階主管蜷縮成一團。這樣不太好。但此刻，我已經沒有力氣再在乎了。

最後發現我無法動彈的是我朋友厄爾．諾頓，他也在《消費者報告》工作，辦公室就在附近，我還是《華爾街日報》的菜鳥記者時就認識他了，我大學畢業後的第一份工作就是與他一起工作。厄爾打電話給麗莎，然後就事論事地告訴我：「我要送你回家。」到家後，我再次躺到了床上、牙齒打顫，取消下午與上司雷歐娜拉的會議，跟她說我得了流感。我告訴自己：「也許只是得了流感，現在是十一月，是流感季節。」然後我就睡著了。

恐懼是帶來徹底毀滅的小死亡

恐懼是與年齡無關的變色龍，是變形物，在不同時期以不同的形式向我們每個人展示自己，例如害怕公開演講、害怕封閉空間、害怕失敗、害怕身體疼痛或傷害、害怕遭到拒絕、怕高、怕蜘蛛、怕孤單、怕死亡。某些情況下，恐懼是朋友，它可以釋放腎上腺素，激發我們的戰鬥或逃跑本能以逃脫捕食者，跳出行駛中的公車路徑，或者在緊急情況下舉起重物。然而，在其他情況下，恐懼陰險又棘手且無益，在最壞的情況下可能還會讓人喪失活動力。

當恐懼連結強烈的情緒、讓人感到痛苦或極度不自在的閃光燈記憶，就會以難以忘卻的持久度在我們的大腦中編碼，這是神經科學與記憶專家道格拉斯．費爾茲的解釋，他幫助我了解花旗球場比賽的記憶與「第一次」的力量。

當類似的刺激出現，記憶的神經路徑就會重複一而再，再而三地加強，最終如果沒有東西可以打破這個循環，我們可能會很容易陷入恐懼的循環。這種循環弊大於利，尤其是附近沒有真正的掠食者時。造成破壞的想法可能在我們的腦海掠過，像雪橇賽道上的雪橇一樣獲得動力。對我來說，恐懼就像法蘭克．赫伯特在影響世人深遠的著作《沙丘》中描述的那樣，「恐懼是心靈殺手，是帶來徹底毀滅的小死亡。」

我花了很長時間才明白恐懼在我的崩潰中扮演了什麼角色——這場在黑色素瘤手術後的秋天襲擊我的「流感」，以及這場崩潰是如何被某個瞬間觸發的。一個突然卻徹底的領悟襲來，那就是，在**步入中年後，我們的沙漏底部已經積滿了許多沙子，而沒有人會在上方再添一粒**。

這一刻，遲早會以某種方式降臨到我們每個人身上。在醫生打電話來之前，我幾乎沒有，或者說根本沒有，眞正消化過這個事實。也許我們誰都不會，直到被迫直面它的那一天。

這本書有許多證據可以推翻中年的陳腔濫調，但我無法否認的是，**離開的感覺變得強烈**。有越來越多所關心的人開始離開這個世界，然後，我們會突然深刻地意識到，**自己終有一天也會消失**，不再是這個細心構築的世界的一部分——這個由我們所愛的一切與所有人共同建造的世界。

如果我們有幸能活更久，全部的人做自己的能力將不可避免地被剝奪。我們可以採取一些措施，提高延後離開人世的機會，但目前爲止，科學還沒發現長生不老的靈丹妙藥，因此事實是：我們最終必然會離開人世。從這個意義上來看，我發現人類的故事既是最美麗，也是最殘酷的，生來就是爲了體驗生命的奇蹟，卻不可避免地失去這一切。

這種不可避免的損失變成我的恐懼循環，皮膚科醫師的話催化它，「應該不會讓你少活幾年，但……」，然後又因爲死亡的感覺已經在我周圍盤旋而變得更複雜。當然，理智上，我明白人能及時抓住時機是多麼幸運；理智上，我理解人的共同點就是都會死亡，但潛意識卻對於最終離開人世時喪失主導權而感到害怕。

越是反覆思考這個問題，恐懼循環就越加強烈。當我快速完成手術的待辦事項清單後，除了等待，似乎沒有其他可做的事：等待下一次皮膚檢查、等待下一份檢驗報告、等待下一次惡性腫瘤、等待下一次診斷結果比第一次更糟、等待電話響起，有人跟我說那則訊息、等我父母死亡、等麗莎死亡、等自己死亡……。

我對此無能爲力，就是那種感覺。

恐懼循環可能中斷

我不害怕死亡本身，我害怕的是無法選擇死亡的時間、死亡方式、由誰裁決這些事。

我們都有自己的成癮點及弱點，也許是食物、酒精、香菸、性或者別人的認可。而我發現，**我的癮頭是對自身處境的掌控**。

我一直相信，只要我能做出選擇、握有某種程度的控制權，事情最終就會順利。我是獨生女，從小父母就信任我，讓我擁有家裡的第三張投票權，這讓我很早就明白做出正確決定的力量。

我也知道如何組織語句，讓人接受我的觀點。我的安全感、慰藉、幸福感，牢牢建立在控制結果的能力上（這邊可以試著代入你的成癮點：飲酒、抽菸、勝利、暴食、變瘦、被喜愛……）。順帶一提，給好奇的人解答：是的，我是處女座。

隨著這種控制感消失，無論一開始是多大的錯誤，恐懼與焦慮開始出現。

我快要五十歲了，但幾乎沒有處理情緒健康的經驗。現在，如果我想繼續生活並再度變得快樂，我這部分的個性也必須改變。

起初，鑑於成長經歷，我只是想知道爲什麼會發生這種情況，並祈禱它會消失。我身邊最親近的人都感到無能爲力，母親無法用擁抱消除我的焦慮，也無法要我看著美麗日落，就讓壞情緒消失；麗莎無法用我們喜歡的歌曲或在我們最喜歡的酒吧喝一杯，讓我高興起來。從我二十一歲起，厄爾就認識我了，但他找不到任何活動能讓我心頭上的繩索鬆開、讓我恢復健康。

我花了數年的時間，才找到我認爲有道理的框架，來理解手術後數週內發生的事情。奇怪的是，這句話出自二〇一六年奧運跑步選手出身的作家兼電影製作人亞莉克西・帕帕斯，她在宣傳著作《勇敢》（*Bravey: Chasing Dreams, Befriending Pain, and Other Big Ideas*）時，提到「大腦上的擦傷」來解釋她的憂鬱症。一位醫師告訴她：「就像你溜直排輪時摔倒，膝蓋擦傷，癒合需要時間，但它可以像身體的任何部位一樣癒合。」這是我理解的語言，可以從中找到希望的語句。**我跌倒了、我的大腦擦傷了，但擦傷會好轉**。換句話說，恐懼循環可能中斷。

然而，與擦傷不同的是，這種痊癒需要的時間不只一、兩個星期。我無法靠自己做到，中年的我對情緒健康的誤解，意味著**我必須忘記過去所相信關於堅強的一切**，我必須尋求協助，透過諮詢獲得協助；透過藥物及靜心冥想的應用程式獲得協助，甚至透過非常短暫的迷幻藥輔助療法獲得協助，後者是我在醫師的監督下服用微小劑量的氯胺酮，並在輔導員向我朗讀《沙丘》的那段文字時，改以一種更平靜的心態克服恐懼（對於我這個從未嘗試娛樂性藥物的人來說，這是另一個值得注意的第一次）。

我用來記錄時間管理的筆記本現在也包含關於恐懼與焦慮的筆記，這些紀錄精選自我讀過的數十本書及Podcast，某一頁有個潦草寫下的想法，那是我從一位防身及表演教練托尼·布勞爾的節目聽到的觀點：「**沒有恐懼，就沒有勇敢。**」幾乎每次預約醫師之前，我都會重讀這一頁，那頁提供了安慰，因爲我們可以選擇勇敢。

我是斯巴達勇士

也許最大的轉折出現在我最初確診黑色素瘤三年多後的一個下午，我當時一邊在外頭跑步，一邊在精選的 Podcast 節目聆聽創傷專家兼醫師保羅·孔蒂（Paul Conti）的演講，他簡單明瞭地談論心理學及大腦生理學，將創傷定義爲任何導致情緒疼痛或身體疼痛，並在我們身上留下印記的事物。

我不認爲發生在我身上的事情算得上創傷，但聽到一位醫師使用讓人感同身受、實事求是的語氣談論心靈只是身體的另一部分，這深具啓發意義。我在跑步結束後，找到他在俄勒岡州的診所，最後報名了他的團隊中，一位在紐約獲得執照的治療師的遠距諮詢，這個人是強納森·霍瑞，他成爲我的心理健康及情緒健康的教練。

我開始依賴他確保我的整體健康及幸福，就像我依賴皮特或我未來的任何教練一樣。他幫助我忘記與控制、恐懼相關的行爲，就像我最終在跑步時忘記腳的位置一樣；他也推翻我對於何爲治療或治療應該是什麼的誤解。他不僅是傾聽者，也是個很健談的人，這是我所需要的。當我迴避他的問題並嘲笑自己時，他會批評我。

然而，或許他幫助我理解的最關鍵教訓是：**放棄控制會有自由**，然而，對於發生在我們身上的一切**沒有最終的控制權或選擇權，並不意味著我們沒有控制權或選擇權**。

那天厄爾發現我穿著綠色外套蜷縮成一團，從《消費者報告》開車送我回家後，我除了上廁所外，四十八小時內沒離開臥室。那段時間，他睡在我們的客房，協助麗莎確保我進食。

那週是感恩節週，因此大多數會議都取消了，辦公室在星期四及星期五關閉。我側躺著，看著外面樹上最後一片褪色的葉子被風吹落，我在不穩定的睡眠中時而昏迷，時而清醒，再次想起麗莎的父親，想起人類不可避免地衰老與因爲衰退而帶來的痛苦。Netflix 影集《西鎮警魂》的聲音在低聲作響，這是厄爾沒關掉的節目，內容講述懷俄明州警長在一場悲劇後重新拼湊起自己的生活的故事。

我待在床上的第三天，在某個時刻醒來，目光呆滯地滑著 iPhone 上的日曆。就在那時，我看到了明天的感恩節提醒，上面寫著：「**史詩級混合訓練：火雞燃燒**。」這是皮特爲這個假期精心設計的特殊課程，我的腿已經痊癒，可以重新開始訓練了。

我想去。但我怎麼可能去呢？我甚至無法動彈，但如果不去上課，怎麼能再參加比賽？**就在那時，在那片讓人羞愧的霧氣中，大腦深處最暗淡的燈光亮了起來。**

我想參加比賽。

同時我也想起當時離開醫院時，沒說出口的話：「我是斯巴達勇士。」

我蜷縮成一團，手裡仍緊握著手機，我是自己心靈的旁觀者，「我想參加比賽」、「我是斯巴達勇士」的想法與貫穿我全身的恐懼循環交戰。

當我坐起來，慢慢將雙腳踏在冰冷地板的那一刻，沒有人在看。我在床邊停下來，未來我將多次回想起這一刻。

健身車就在樓下，如果我能站起來，就能下樓；如果我能下樓，就可以騎自行車；如果我能騎腳踏車，就能踩踏板；如果我能踩踏板，明天就可以去上課；如果明天可以去上課，就可以再參加比賽。

我想參加比賽。

我是斯巴達勇士。

片刻過去了，然後我選擇站起來。

我跑向我的「牽索越坡」。

挑戰❺

即興適應的能力

如果你在陽光明媚的下午前往任何遊樂場，可能會看到孩童幾乎毫不費力地盪著單槓，他們的動作原始而且流暢，會在空中調整技巧。孩童看起來很有彈性，肩膀的活動範圍很大，而且體態勻稱，使得這種攀爬和懸吊對他們來說形成一種自然的動作。

你可能還記得童年時從一根單槓盪到另一根單槓的感覺。但現在在你頂著成年的身體嘗試單槓後，發現自己最多只能堅持數個。我們不再那麼柔軟靈活，體重分布已轉移到腹部及下半身，握力已經減弱。然而，同樣重要的是，我們已經失去了輕鬆在空中飛越的肌肉記憶與心理彈性。

無論比賽距離的長短，單槓是大多數障礙賽的主要項目。然而，請忘掉年輕時候的操場上的那些細小單桿，至少在斯巴達障礙跑競賽中，那些成人用的單槓，間距比操場上的單槓大多了，而且是銀色厚鋁製成，有時還會高低交錯。

如果你在清晨的賽事上遇到這項障礙，金屬可能會被露水弄濕，或者如果你在有刺的鐵絲網下爬行後遇到這項障礙，扶手可能會因為先前的選手手上的淤泥而變滑。你只能挑戰單槓一次，並且必須敲響另一端的鈴，或做好準備接受波比跳或懲罰圈的處罰。

單槓讓我重新體會到即興適應的感覺，提醒我不要過於固守某種做事方式，以至於排擠掉更好的選擇。

單槓乾燥時，交錯擺盪手臂是一種美麗又放鬆的行動方式，但如果金屬很滑，那麼將雙手放在同一條單槓上或低手（手掌朝向自己）以側身前進可能會比較安全。在我狀況好的情況下，需要的話，我會在中途試著改變技巧。

看著成群的成年人克服這項障礙，感覺像回到了操場，很少有障礙像單槓一樣，在比賽結束時讓人持續地高興大叫，**成年人的身體會本能地召喚數十年前的動作，飛越空間並回到過去**。

事實上，正是它為我提供最終破解這個障礙的密碼：**在操場上回到過去**。

11 學習、忘卻、重新學習

「小姐，你這樣做完全錯誤！」

這個孩子顯然已經受夠了，她一直看著我在霍爾丹中學操場上排隊玩單槓。寒冷的星期六早晨，我與數名孩子站在一起，而他們的父母就在一旁觀看。對我來說，皮特的懸吊式攀爬單槓仍然太高、太困難，因此，我來到學校操場使用難度低一點的攀爬架。我一遍遍地試圖穿越它，卻抓不住第二條冰冷的單槓。情況讓人越來越尷尬，顯然這些孩子看到我可憐的嘗試也覺得很煩，其中一人決定採取行動。

「你——必須——擺動，就像——猴子。」這個體重不超過十四公斤、憤怒的紅髮小女孩堅定地發出斷斷續續的指令。她大步走到單槓後面的樓梯處，用一隻小手肘抵住我的臀部，把我推過去，然後爬到我身邊。嚴格來說，她是插隊，但我決定不指責她，因爲她媽媽在旁邊看著。

「像這樣。」

這名小女孩來回移動雙腿以獲得動力，然後從一根單槓移動到下一根單槓，鬆開後面的手以增加擺盪的力量，然後臀部向上移動。我同時感到惱火、欽佩又嫉妒。

過去數個週末，我一直在這個寒冷的操場上拚命嘗試改善技巧，但沒有一次成功。像我這個年紀的許多女性一樣，我的體重更集中在臀部與下半身，在空中移動它不再輕鬆自如。雖然我的不固定吊環技巧已改善，但事實證明單槓更讓人煩惱。

「我比你重，」我生氣地告訴這名小女孩。她透過垂在眼前的紅色鬈髮盯著我，我嘗試用她能理解的術語來描述情況，「你很靈活，比例均勻，就像一根炸薯條。我就像，呃，好吧，我更僵硬，外型像胡蘿蔔。」她繼續盯著我，顯然我的比喻沒引起共鳴。「好吧，」我對她說。我踏上階梯，抓住第一條單槓，敷衍地嘗試擺動。

「更用力擺動！」炸薯條在我後方大吼，就在那時，我感覺到兩隻小手掌壓在我的屁股上，開始推我。天哪，她會把我推下去……。

然後奇蹟就發生了，我本能地伸手抓住下一根單槓，炸薯條產生的動力讓我向後擺動，然後在抓住下一根單槓時再次向前擺動。

「繼續，女士！」

不知怎的，我做到了，保持節奏，幾乎到達最後一根單槓，然後撲通倒在覆蓋物上，揉搓手掌。我的努力得到回報，得到長凳上那些沒戴手套的粉色小手，與一些戴著手套的成年人的掌聲。

「女士，看到了吧？我告訴過你了。」

我已經愛上這項瘋狂的運動

我手術後的數個月裡、在我見到這位矮小的紅髮老師之前，我持續渴望能專注在讓人覺得高瞻遠矚的事情、一種重新獲得對身體所有權的方法。隨著我的腿痊癒，我把目光投向二月將在佛羅里達州傑克遜維爾舉行的大型比賽，那是我參加過的兩場比賽長度的兩倍，大約是十至十三公里，斯巴達勇者稱之爲超級賽（當時斯巴達障礙賽對比賽的實際長度規定比較模糊，而目前的衝刺賽、超級賽、野獸賽大多固定爲五公里、十公里、二十一公里）。

它也是斯巴達美國全國系列賽的一部分，其中包括五場關鍵比賽，將決選出菁英組及分齡組選手的冠軍。隨著我的迫切感增強，我決定參加分齡組的比賽，看看與同齡對手競爭的表現，這意味著我必須遵守所有懲罰規則，並且理論上可以爭奪前三名。

即使在全國系列賽的週末，也只有約二至三成的選手參加斯巴達菁英組與分齡組的比賽，因此我將與規模更小、更強大的選手一起參賽。

二月底，我與麗莎飛往佛羅里達州，告別冰凍的紐約，數小時後降落在溫暖的南方。自從崩潰以來，這是我第一次離開居住地，殘存的憂慮仍然像比賽中留在身上的泥土一樣黏著我。

一到當地，我就把跑鞋放在早上睜開眼睛就能看到的地方，因爲這幅景象會提醒我起身行動。通常看到跑鞋之後，我就會立即去跑步，因爲我知道一旦自己開始在結霜的泥土上留下腳印，胸口的結就會鬆開，呼應了我父母所認爲的「大自然是藥物」。

比賽當天，我在旅館裡昏昏沉沉地醒來，感到胸口發緊，想起自己很快就要上賽道了。我很快的穿好衣服與用餐，清晨六點半左右，我們到達WW農場摩托車越野障礙賽運動場，主辦單位給我一條頭帶——我人生第一個紅色分齡組選手頭帶，上面寫著#一七六六，區分了我與戴著黑色頭帶的公開組選手。按照慣例，會場播放的搖滾樂響徹雲霄，我一邊努力抑制頭痛與緊張，一邊觀看障礙賽菁英組名人榜熱身。

根據我平常關注的Instagram帳號和YouTube頻道，我認出其中一些人，包括菲耶·斯坦寧，她是身材嬌小的黑髮選手，報導稱，她是目前得獎次數最多的菁英組女選手，在 Instagram 上擁有一票活躍粉絲，並以直率的說話風格聞名。她在社群媒體上的貼文總是巧妙地平衡兩種生活方式——一方面是攀爬障礙的英勇瞬間，另一方面則是在海灘上躺著、穿著比基尼，悠閒地啜飲雞尾酒（這才是我喜歡的競賽選手的模樣）。

我注意到，菲耶總是在最後一刻才進入起跑區。她小跑著衝過來，敏捷地越過起跑牆，然後徑直走向隊伍前面，目光直視前方，宛如一隻準備捕獵的野獸。

當我所屬的四十五至四十九歲分齡組預賽的選手開始聚集，我借用菲耶的技巧，待在後方觀察其他女性選手。她們看起來比公開組的選手強壯許多，並且正在設定那些看起來相當高級的競賽手錶。我低頭看看自己的手腕，上面戴著一只隨手套上的舊款 Swatch 手錶，頓時感到一陣冒牌者症候群。

到了最後一刻，我才爬過起跑牆，但我沒有像菲耶那種自信，站到隊伍最前面。事實證明這是個好決定，因爲比賽一開始，其他選手便迅速衝出，遠遠拋下我，我這才意識到，如果剛剛站在前面，恐怕早就被她們踩過去了。這些女選手速度驚人，而我大概要等回到休息區，才能再見到大部分的人了。

我原本想藉這次比賽來評估自己的實力，卻成了一記當頭棒喝。我的單槓與吊環挑戰失敗了，因爲它們被晨露弄濕，變得異常滑溜。還有新障礙「盒子」：一根打結的繩子懸掛在一個二公尺半高的濕滑正方形頂部，你必須使用繩索將自己拉高到夠高的位置，抓住箱子頂部的橫槓，然後將自己拉到箱子上。爬繩子很困難，因爲它與光滑的盒子齊平。我看著一個又一個選手上下顛倒掛著，然後倒在下方墊子上，最後沮喪地放棄。然後，輪到我做同樣的事情，我凝視那面二公尺半高的光滑牆壁，無法想像自己能跨越這項障礙，我帶著虛脫感，去執行懲罰。

兩個多小時裡，我艱難的穿過樹林及充滿泥濘的河岸，與其他選手一起以濕漉漉的肚子貼地滑行，穿過沙子，從帶刺鐵絲網下方通過。我搬重物的能力還是很強，也順利通過「攀向巔峰」，在救贖時刻，我通過「一擲乾坤」。然而，這些都無法彌補我跑步緩慢的事實，無法彌補我在進行需要抓力的障礙時，仍然犯了許多錯誤。

我衝過終點線後，麗莎與我確認結果，我在所屬的分齡組排名第二十名。

二十三名選手裡的第二十名。

事實上，如果不是我的標槍投擲命中目標，我可能會以最後一名的成績抵達終點。我們一起盯著那份排名好一會兒，每個人對這個結果的感受都不盡相同。我已經不記得自己上一次嘗試某件事時，表現如此差勁的記憶。此外，雖然現在還處於早期階段，但我已經愛上這項瘋狂的運動，**當你熱愛某件事，就會以更高的標準要求自己。**

麗莎卻有不同的看法，「嘿，你竟然完成了這件事，眞是太棒了！」她一邊說，一邊將手放在我滿是泥濘的背上，「這是一場全國系列賽，而你不是最後一名！」

我點點頭，用力吞嚥口水，**今天「不是最後一名」就算是一枚勳章了**。除此之外，還有一件值得慶幸的事——事實上，我參加比賽的兩小時四十六分四十九秒裡，大腦不曾出現關於衰老、死亡或失控的想法。

那一刻，**我心裡只想著：我還有太多東西要學**。

但事情沒那麼簡單，還有一個關鍵的祕密等待被解開。直到那位紅髮小女孩在單槓上給了我那暗喻性的一推——無論是實際上，還是象徵意義上——我才終於領悟。

陰影中亮起的一盞燈

當我們年輕時，嘗試新事物主要是學習和掌握技能，我們對很多東西都不熟悉，因此也沒有太多需要改正的壞習慣。相反的，到了中年我們懂得更多，也養成了許多習慣，一些是好習慣，一些則不太好。我們也忘記了曾經本能知道的事情、忘記若要在新事物上取得進步，需要好好學習，但同樣重要的是，**我們必須忘記與重新學習**。

傑克遜維爾比賽數週後，當那名「炸薯條」小女孩在操場上指點我，讓我瞬間意識到自己練習單槓的方式完全錯誤：我一直嘗試相同的舊技巧，就只是掛在一根單槓上，然後嘗試移動到下一根單槓，沒有眞正分析自己必須停止做什麼或採取什麼不同的做法才能進步。

有個東西叫做一萬小時定律，換句話說，你大約要花一萬小時練習，可能還要再加上一些天賦，才能成爲某項特定技能的專家。隨著麥爾坎·葛拉威爾的暢銷著作《異數》出版，這種掌握技能的基準引起了廣泛關注（及爭論）。葛拉威爾的著作是關於成功者成爲特定學科「佼佼者」因素的重要研究，《異數》引用瑞典心理學家安德斯·艾瑞克森及其同事的研究。經過多年研究專業知識及人類表現的本質，他們得出的結論是：「即使是最有天賦的表演者，至少也需要十年（或一萬個小時）的密集訓練才能贏得國際比賽。」

然而，這並不意味著任何形式的練習都有效，例如單純重複動作是不夠的，**想要進步，練習必須是「刻意的」**，專注於超越自己當前能力和舒適圈的挑戰、打破舊有的壞習慣、調整技術，並經常與導師或教練互動，以獲取關鍵性的回饋和指導。

換句話說，如果你想成爲最優秀的罰球手或網球運動員，整天站在那裡朝籃框扔球或揮舞球拍並不夠，你必須了解自己做錯了什麼，並重新調整思維才能表現得更好。

目前爲止，我只是爲了練習而練習，但在我通行單槓的一半距離後，忽然恍然大悟，我已經忘記了執行數個月的糟糕技巧（懸吊而不擺動），隨後重新學習小時候本能知道的動作。**那種領悟就像陰影中亮起的一盞燈**，「做就是了」可能是開始動手前的超棒口號，但**爲了真正的進步，需要的不只是嘗試與再度嘗試，而是找出自己做錯的地方**。

事實證明，**與年輕人在一起是很好的開始**。霍爾丹中學操場的斜坡下方有座足球場與一條跑道。幸好，高中男生與操場上的小孩一樣慷慨地和我分享地盤。他們在後面跑步練習時，我一直在拉巨大的輪胎，但沒成功。有一些斯巴達障礙跑有翻轉輪胎項目（女子九十一公斤，男子一百八十一公斤），而這讓我感到相當困惑。

最後，一位小伙子走過來幫忙，「不要只用手臂的力量，」他指示，「那行不通。而且……」他看著我揉著下背部，「你會閃到腰。」

這位留著蓬亂黑髮、有著壯碩胸膛的年輕人解釋，訣竅是把手指插入輪胎下方，讓輪胎稍微離開地面，然後彎腰深蹲，可以利用腿部的力量將輪胎提高到胸部的高度，然後翻轉雙手到輪胎下方，並將其推倒。

這需要數次嘗試，但可以確定的是，一旦我蹲得夠低，他說的一切都是眞的。我終於翻轉了輪胎，並用汗濕的手擊掌。「嘿，我們這個賽季正尋找一位新的四分衛。」我的「青少年老師」開玩笑地說。

透過這種練習，**與其說是忘記舊的做事方式，不如說是學習更好的方法**，讓大腦的電路以不同的方式啓動，這涉及髓磷脂。即使你不是科學怪咖，也請耐心聽我講一分鐘，因爲這很有趣。

我們學習一項技能時，神經纖維會攜帶微小的電脈衝，髓磷脂會像絕緣材料一樣，包裹在神經纖維周圍，防止訊號洩漏。髓磷脂非常重要，《成就密碼》作者丹尼爾．科伊爾在書中曾優美地分析，如果我們以正確方式訓練，就可以創造與培養能力。

透過深度練習，我們可以促進神經纖維周圍髓磷脂的生長，這有助於我們改善技能。科伊爾在書中寫道，髓磷脂越厚，絕緣效果就越好，因此我們的動作與思考就會變得更快、更準確。雖然髓磷脂在童年時期生長得最快，但直到五十歲左右，都還會持續獲得成長淨效益。根據科伊爾的研究，即使我們隨後開始損失髓磷脂，但仍會「終生保留製造髓磷脂的能力」，這意味著**即使隨著年齡成長，會需要更多的時間與精力，人依舊可以學習**、**忘記**、**重新學習各種事物**，包括彈鋼琴、打高爾夫球、學日語、穿越單槓……

學習、忘記、再學習

接下來的兩個月，我專注於創造一個環境，讓我能持續投入更好的訓練。我買了一條便宜的攀岩繩，把它掛在廚房窗外的樹枝上。我父親來紐約看我們的期間，幫我在家裡打造了投標槍架，然後請皮特幫我買一根標槍，再從家得寶買了一包乾草，就完成了這個裝置（顯然，家裡沒孩子，能對院子裡的標槍架和攀岩繩視而不見的配偶眞的非常通情達理）。另外，我還買了很便宜的橘色桶子，裝滿十八公斤的，家裡淨水器軟水所用的鹽晶，這樣一來，我就可以練習不同的提桶方法，包括扛在肩上、抱著用腹部頂住，或是背在頸後頂著，藉此調整技巧，並根據握力的強度或雙腳的疲勞程度，找出最有效的方法。上司雷歐娜拉給我一張亞馬遜禮品卡，資助我買一個可以夾在樓下客用浴室門框上的小單槓。

這些裝備花不到新款 iPhone 四分之一的價格，就讓我沒在皮特的健身房接受指導時，也能很好地進行訓練，十分划算。舉例來說，如果沒有彈力帶支撐體重，我仍然無法完成一個引體向上。我研究大量的引體向上教學影片之後，推斷自己沒正確使用更強壯的背部肌肉與肩胛骨。一旦我修正技巧並停止只用手臂拉動，它就慢慢變得……好吧，比較不可能。每次我下樓洗衣服或要出門丟垃圾時，都會做數個引體向上，試圖減少依賴彈力帶，並將進展記錄在筆記本裡。

同樣的，每天上班前，我都會把背包放在草坪上，然後快速擲出五次標槍，在辦公室裡擦掉鞋上的草與泥土。每次我擲標槍擊中目標時，都會仔細記下身體擺放的位置、手臂向後拉的精確距離、標槍在手中穩當的平衡感、投擲時，手與臉之間的距離。

我的臀部開始感到刺痛後，便開始仔細調整自己從未思考過的跑步技巧，網路上的一些研究表明，這可能是由於步伐過大所導致，所以我應該嘗試落地時，將更多重心放在身體中心。**我做出了改變，並在數星期後，感覺自己像隻瘦長的新生小犢，不停奔跑，而且疼痛消失了。**

學習、忘記、再學習。

情況還能有多糟糕？

四月中旬，我重新加入皮特與史詩級混合訓練團隊，再次組成一支隊伍參加花旗球場的公開賽預賽，距離我第一次參加比賽已經過了一年，經歷也跟上次截然不同。

跑步比賽方面，我還有很長的路要走，但已經能跟上隊伍。挑戰「攀向巔峰」時，在繩子上頭上下晃動了三下，只是爲了好玩，這與去年那次史詩般的墜落相去甚遠，當時我在可口可樂廣告看板下摔成一團。

我成功完成標槍投擲後，意識到距離零失敗障礙的公平比賽只差一個障礙：名爲「環環相扣」、用紅色繩子懸吊著的紅色吊環。儘管我在西點軍校的比賽完成了這項障礙，但仍緊張地等待自己上場，然後，我深吸一口氣，開始穿越。主要依靠擺盪的動力（謝謝你，紅髮小女孩），這樣我就不會像去年一樣，有如一條離開水面的魚那樣晃來晃去。過了一會兒，我敲了鈴。史詩級混合訓練的成員向我道賀，我們克服了最後幾個簡單的障礙，一起跨過終點線。

深度練習的回報深深鼓舞了我，因此我決定再次嘗試參加我這個年齡組的比賽，並報名參加數週後，在紐澤西州山區舉辦的二十一公里比賽，這個長度被稱爲斯巴達的「野獸賽」。從某些方面來說，嘗試在該場地比賽對我來說很瘋狂，因爲這場比賽的長度大約是傑克遜維爾比賽（我幾乎排名墊底）的兩倍，也是美國極困難的斯巴達賽道，在不可預測的地形及氣溫下，沿著滑雪場曲曲折折地上下跑。然而，**我覺得我很急，急著進步、急著擺脫焦慮、急著在壞事發生而我卻無計可施之前，以這些強大的新方式移動身**

體。此外，比賽就在附近，所以我不必搭飛機。另外，花旗球場讓我盲目地相信而有點陶醉，我告訴自己，情況究竟能多糟糕？

因此，我直接報名參加了這場賽事，這將爲我進入障礙跑競賽之旅的下一個篇章做好最後的準備。

然而，有雷慎入：首先，我會遭遇慘敗。

12 突飛猛進後的必然「退步」

紐澤西州山溪滑雪勝地的野獸賽以一分之差，成爲美國斯巴達障礙跑競賽困難程度第五名的場地。它的頂峰高度約四百五十一公尺，與其他地點相比，例如猶他州奧格登山的頂峰，這裡的高度很合理。

這場比賽很難征服的原因與其說是高度，不如說是它的賽道詭譎多變：有一些複雜的岩石小徑，即使是步履最穩健的選手也可能會感到不安。同樣讓人煩惱的是狡黠的天氣，它似乎鮮少配合，變幻無常。

這段經驗談在二〇一九年四月下旬的某個星期六獲得證實。當時，我滿懷期待地來到比賽現場，這也是我第二次參加分齡組的比賽。那天是陰天，氣溫約攝氏四度，風速約每小時二十四公里。麗莎回加州支援她父母，由厄爾陪我去比賽。

我在比賽的歡樂區域閒逛時，發現了二十歲出頭的年輕女子卡莉．施維卡特，她也住在哈德遜河谷，就在我家附近。卡莉去年在這裡獲得女子菁英組金牌。我在霍爾丹中學的田徑場運動時，她經常也在那，我跑步時，她常常領先我一圈（她顯然不需要中學橄欖球隊或操場上小女孩的指導）。卡莉與我一些朋友的孩子是同學，而我們是透過電子郵件認識的。

我看到她時，卡莉正四處慢跑熱身，她父親在一旁熱切地注視。她向我揮手時，我注意到她手上戴著奇怪的巨大黑色連指手套，這是我的第一個線索，讓我明白今天的情況不會如我所預期。

我問厄爾：「你覺得那是什麼？」

他聳聳肩：「問倒我了，它們看起來就像隔熱手套。」

我凝視著那天早上我從車庫抓起、那副發霉的小露手指的單車手套，與卡莉手上的怪物武器相比，顯得悽慘無比。厄爾察覺到我的疑慮，他樂觀地表示：「我相信一旦開始，你的身體一定很快就會熱起來。」我光是站著凝視自己的手套就覺得冷，所以開始在起跑線與流動廁所之間來回奔跑。其他一些選手也像卡莉一樣戴著巨大連指手套，他們還穿了防水兼防風的外套，那是我沒有的裝備。

早上八點出發時，我們爬上一座巨大的陡峭山坡，這對我來說更像是強度較強的健行，而不是跑步。厄爾說得對，我很快就熱了起來，在前三公里的爬坡過程中，逐漸適應了節奏，較慢的節奏與上坡路適合我。

突然之間，我發現**不是比速度，而是比毅力及意志力**。

初期的一個障礙是「倒掛金鉤」，那是一條與地面平行掛在空中的長繩，你必須倒掛在繩子下面，利用雙腿勾住繩子，然後雙手雙腳交叉前進，或是兩隻腿不動運用腹部和雙手的力量將自己往前拉。重點是，你碰到懸掛在繩索下方的鈴鐺之前，不能接觸地面。我看過征服這項障礙的一些影片，但這是我第一次挑戰它。我選擇掛在繩下往前，很快就爬到了一半，我感到前臂發熱，但能聽到後方的鈴聲叮噹作響，我繼續拉著繩子，移動雙腿前進，忽然間就抵達了！我拍打鈴鐺，然後跳到地上。我簡直不敢相信，興奮地拍了幾下手。

我受到鼓舞，跑過了第五公里，很快就發現另一個從未遇過的艱難障礙「斯巴達天梯」，它是由一堵高牆及一些可供抓握的紅色攀岩點組成。我也看了關於這項障礙的許多影片，許多人都無法爬上牆，但我覺得自己可以試一下，我衝向牆壁，跳得很高，抓住第一組攀岩點，緊握不放。我使出了訓練多時的引體向上技巧，設法伸手到下一個攀岩點，然後再次撐起身體到達第三個攀岩點；我再度撐起身體，意識到憑藉自己的長腿，可以踩住第一個攀岩點，並用它撐起自己往上；就這樣，我爬過這道牆了。對我來說，成功越過天梯障礙太不可思議了，結果我真的大喊（沒特別對誰大叫，因爲這裡沒有我認識的人）：「喔，天哪，我做到了！」

然後我離開，再度起跑。

我前面的一位女孩在下山時扭到了腳踝，我差點因爲她跌倒，其他選手都小心翼翼地繞過她繼續前進時，她痛苦地呻吟著。我們是分齡組參賽者，理應不該互助，但我停了下來，因爲我差點踩到她。

我問：「你動得了嗎？」她搖搖頭，用手按著腳，痛苦全寫在臉上。

「好，撐住，」我告訴她，「我去找人。」原路折返、爬回山上，直到我到達斯巴達天梯，告訴那裡的志工發生的情況，她說：「我會叫醫師過去。」接著，我跑回那名女孩身邊，現在她已經成功滾動到賽道的一側以避開人群。

「他們正派人來，」我告訴她，「你有朋友一起來比賽嗎？」她搖頭。

「我可以坐在這裡陪你，直到醫師過來。」即使她很痛苦，但看著我的眼神就像我徹底瘋了，「不行，天啊，快走吧！你會落後很多。」

或許是我缺乏一些關鍵的競爭基因吧，因爲我完全沒想到我在比賽中。我說：「嗯，好吧。」多年來，母親良好的南方教養深深刻進我的骨子裡，但經她這麼一說，我意識到她說得對，我必須前行，「如果你確定的話？」

她說：「謝謝你，快走吧！」我這麼做了，而且跑得更快了。我仍然感覺良好，甚至開始超越一些人。一股刺痛感像電流般在我的皮膚上蔓延。這個賽道很艱難，而我正越過人群。

接下來的三公里是暴風雨前的寧靜，厄爾正在一座陡峭的山腳下等待，我們衝向滿是觀眾的歡樂區域，穿過數個障礙物，尤其是跳泥坑、浸水障礙、牽索越坡，然後再回到山上。他後來承認，當我走近時，他簡直不敢相信我臉上竟露出輕鬆、喜悅的表情，「我差點沒認出你來。」

電流在體內流過，我穿過涼冷黏稠的跳泥坑，電流仍然持續，比賽的前八公里讓我的身體保持溫暖並且滿身是汗，電流多停留了幸福的幾秒鐘。我們爬上數個濃稠的泥坑、滑下來，接著跳入水中，漂浮的黑色浸水障礙就在那裡等著我們。那一刻，一切都改變了。

水太冷了，我幾乎無法呼吸。我在水下摸索浸水障礙的底部，然後深吸一口氣，潛入水中，並穿越牆的另一邊。當我穿著已經濕透的法蘭絨襯衫、棉褲、袖套、水袋背心，緩慢越過其餘的冷水區域，爬上牽索越坡前的路堤時，我的臉變得麻木。

厄爾正在拍攝我，人們可以在影片中看到我站在充滿泥濘的地面上，馬尾在背上滴水，我研究著牽索越坡，彷彿不記得自己應該做什麼。最後，我奮力奔跑，用已麻木的雙手抓住繩子，爬上牆並翻過去，當時我的大腦一片空白，站在那裡瑟瑟發抖，就像全身濕漉漉的悲傷小狗，不明白自己為什麼會被打屁股。

目前爲止，我大部分時間都在攀登「精進曲線」，因爲我是從最底部開始，所以只會往上，但這種急劇的進步在紐澤西州扣籃牆浸水障礙後就結束了，當時是**我第一次眞正的「退步」**，正如喬治・李歐納在其著作《精進之道》說的那樣。

即使你從未嘗試障礙跑競賽，接下來的數段文字或許能確保你的安全，也是我們必須反擊中年殺手的另一個原因。

意志力無法抵禦失溫的事實

事實證明，水帶走身體熱量的速度比空氣快多了，大約快二十五倍，這意味著你在身體潮濕狀態下會急速失去體溫。經歷近半世紀的寒冷海水或未加熱的泳池衝擊後，我應該要知道這一點，但不知何故，在這個春天早晨，我在山上卻失去這分智慧。今天我沒帶毛巾，太陽躲在雲層後面，我又穿著濕衣服跑了十三公里。

爲了準確了解那天早上，我的身體遇到低溫、水、風這三重環境下會發生的情況，我連絡了羅伯特·肯尼菲克，他是成就卓著的研究人員，專注於身體的心血管、體溫調節、對運動及環境壓力的表現反應，曾在美國陸軍環境醫學研究所擔任首席研究員多年，協助監督熱療與高山醫學部門。同樣值得注意的是，肯尼菲克擁有多年的耐力運動員經驗，參加過許多場馬拉松與超級馬拉松，他同時也是經驗豐富的斯巴達障礙跑競賽選手，曾參加艱苦的重口味斯巴達前身「死亡競賽」，其中包括一場冬季死亡競賽，他把一根巨大的橫梁抬出冰冷的河流，並來回行走於河中，每到一側就做一百次波比跳，目標是達到一千次。換句話說，他確實了解溫度對人體的影響，無論是專業方面或私人方面。

他解釋，我們的身體天生能保持約攝氏三十七度的穩定體溫，當我們周圍的溫度下降，皮膚的溫度感受器（微型感測器）開始將訊息回饋到大腦深處的下視丘，下視丘的功能就像中央指揮中心，管理體溫、飢餓、口渴、其他確保身體維持體內恆定狀態的因素。情況改變時，例如溫度下降，這個指揮中心就會開始發出訊號，讓身體調整適應。

我像濕漉漉的受驚小狗一樣，站在泥濘的路堤上時，皮膚上的溫暖正試圖向冷空氣移動，因爲通常熱會向冷移動。爲了阻止熱量流失，血管開始在身體周圍收縮，以降低血流量，這也導致皮膚溫度進一步下降。肯尼菲克解釋這個現象的專業術語是「血管收縮」，就在「那時」，我開始發抖。

「你的身體試著做的是，『嗯，如果能讓肌肉收縮，那麼就能產生熱，』」肯尼菲克說，「『如果能產生熱，就可以試著維持核心體溫』，這就是我們發抖的原因。」

他補充表示，肌肉與肌腱也有維持靈活與長度的最佳溫度，而且正如我將在兩、三公里後了解到的那樣，**在較冷的氣溫下、肌肉沒達到運動的最佳溫度時，它們會收緊，然後我們就會抽筋**。潮濕只會讓事情變得更糟糕，首先是浸入冷水的時刻，因爲水的密度大於空氣密度，所以會開始從你的身體帶走熱氣，肯尼菲克表示：「現在你正向環境排熱，這個環境就是水。一旦你離水，衣服都濕了，那麼濕衣服仍會帶走你身體的熱。」風也幫不上忙，氣流吹過你的皮膚時，即使速度適中爲每小時八公里，也會帶走熱。如果我在六月某個炎熱的日子比賽，風將提供助益，但在這座寒冷山上比賽，即使微風吹拂，也只是雪上加霜。

最重要的事是什麼？你在這些情況下停留時間越久，就越有可能陷入失溫的危險——體溫開始低於最佳體溫攝氏三十七度，並降至攝氏三十五度，你可能會出現混亂與不協調，然後是脈搏微弱或口齒不清。雖然在極低的溫度下通常有體溫過低的風險，但根據美國疾病管制暨預防中心的數據，即使在涼爽的溫度（高於攝氏四度）下，如果一個人因雨水、汗水或浸在冷水中而感到寒冷，也可能出現失溫情形。

至於年齡？年紀大了通常更糟。雖然每個人的身體表現不同，但隨著年齡增長，循環系統與心血管系統可能會產生變化，這可能會對我們調節體溫的能力產生負面影響。如果肌肉量也下降，就可能影響產生熱的能力，無論你是否爲耐力運動員，這都有重大影響（舉例來說，試著想像你在冬季划船時落水，或者汽車在暴風雪中拋錨，而你必須徒步求助）。

當我開始慢慢爬山，進入第十公里，這些科學知識對我來說仍然陌生。我全身濕透，此刻感受到的只是日益增加的痛苦，因爲我無法熱起來。我羨慕地注意到其他選手似乎都穿上溫暖的風衣，並且很好奇他們如何保持乾燥。我的法蘭絨襯衫與棉褲（其中一個口袋裡還塞著朵莉的狗牌）都吸滿了水，緩慢的步伐讓一切變得更糟（肯尼菲克告訴我，停下來做一些伏地挺身或波比跳可能有益）。我們在帶刺鐵絲網下方匍匐前進，我潮濕的單車手套毫無用處，手指壓入濕冷的泥土時變得更麻木。我的鞋子裡有塊石頭壓著腳跟，但當我試圖解開鞋帶將它取出，僵硬的手指卻怎樣都解不開鞋帶的結。

我艱難地前進，石頭深深壓進腳後跟，直到遇到障礙「巨石挑戰」，選手必須舉起並搬運一塊重約三十二至四十一公斤（女性搬運的重量較輕）的沉重大石頭，繞過一組旗幟。這不是太困難的障礙，我通過了，但右側腹股溝肌肉變得僵硬，無法放鬆。

我們進入了十一公里長的樹木茂密的小徑，這裡沒有陽光。我很快就無法抬起右腳跨過倒下的樹了，而是用雙手抬起腿；我捲起濕漉漉的襯衫袖子，這樣皮膚可以稍微乾燥一些，我注意到前臂已呈現紫色。水袋背心像濕毯子一樣緊緊包裹著我的胸部，並擠壓出我體內的熱氣。

有一段時間，我獨自走在樹林裡，祈禱太陽出來。然而，當我到達「舉步維艱」（選手必須提著沉重的碎石桶穿過樹林），我顫抖得相當厲害，幾乎無法舉起桶子，每走一步股溝都會感到一陣劇痛。

我數次停下休息，能明顯看出身體失調，因爲我最終完成這項障礙時，有位魁梧的男性志工問我是否還好，路上有數輛全地形越野車排成一排，將人們拉下賽道，送往醫療帳篷。一排表情痛苦的選手坐在路邊，裹著銀色的鋁箔救生毯，就跟馬拉松結束後分發的一樣。我看著他們，所能想到的就是有人會要我停止比賽，我不能停止比賽。

我突然有個瘋狂的想法：我不要像我在《戶外探索》雜誌讀到的那位紀錄片導演那

樣獲得「未完賽」。

「我……不能……停止……我的……牙齒……打顫……別讓我放棄……沒事的。」這是我設法說出的話，那名志工脫下外套，將我攬入懷中，讓他的體溫湧入我的身體，然後他把外套披在我的肩膀上。他抱著我時，我能感覺自己的下巴在這個陌生人脖子的鬍碴上打顫。心想：「我怎麼到達這裡的？」

他在數分鐘後問我：「你確定想繼續嗎？」我不想再繼續比賽了，但也不想出現在史詩級混合訓練時，以未完賽的結果面對皮特和眾人。我四十七歲的頑固處女座大腦裡，每一條路徑都在放送它唯一的旋律：「**別放棄，別當半途而廢的人。**」於是我點點頭，不情願地放開他，當我離開他溫暖的胸膛，回到潮濕寒涼的空氣中，立刻後悔做了這項決定。我艱難地前進時，他遞給我一條銀色救生毯，讓我披在肩上。

當我開始下山，我的右腿太僵硬了，導致我在小徑上搖晃著身體前進，並對著試圖繞過我的選手重複咕噥：「對不起……對不起。」我努力把注意力集中在遠處的十三公里標誌。我告訴自己，只要到達那個標誌就好，然後那個標誌開始變得模糊，我再度揉了揉眼睛，看到了斑點。

我停下來，站著不動，我前面還有八公里，我怎能以這個狀態再跑八公里呢？但我怎麼能放棄？**我無法繼續比賽了，但我不能放棄。儘管**我舉步維艱，內心的爭戰仍在繼續，我覺得越來越冷，最後身體做出了大腦無法下的決定——轉過身，將我帶回山上，交給那位全身溫暖的志工。他再次用雙臂抱住我，召喚一輛全地形越野車，然後把我帶到車子裡。

我們飛馳下山前往歡樂區域的醫療帳篷時，經過了我從未到達的十三公里標誌。我看到它時，閉上了眼睛，途經路上的每個小坑洞都讓我的腹股溝感到一陣疼痛，我的頭時不時會撞到全地形越野車堅硬的金屬框架，但我試著抓緊車上的把手，不讓自己摔出車外。

二三二五號選手——未完賽。

領悟失敗、退步其實是一種恩賜

四月某個寒冷的陰天，在醫療帳篷裡結束比賽，沒有獲得獎牌或完賽T恤；沒有光榮的跳火坑或歡呼的人群；沒有香蕉與罐裝能量補充飲料，也沒有興高采烈的志工從你的手腕上剪下計時晶片。相反的，你有的是保麗龍杯盛著的熱湯，一根大管子朝你吹著暖風，還有很多文書工作及問題。

「你是說你拒絕去醫院嗎？」

「對。」

「有人和你一起來嗎？」

「有。」

「他的電話號碼是幾號？我們可以打電話給他。」

「我忘了。」

二十六年來，厄爾一直是我的好朋友，但我不記得他和麗莎的電話號碼，目前我唯一記得的是母親的電話號碼。我打電話給她，留了一段混亂的訊息，說我沒事，但她能打電話給厄爾來醫療帳篷找我嗎？然後我發著抖並坐著等待。當下的痛苦與種種微不足道的挫敗感籠罩了思緒，使我無法看清全局。此刻，我還無法理解**今天發生的一切其實是一種恩賜**；此刻，我只能看到短視的陰霾，陷入幼稚的負面思緒循環中。

我未完賽。

明天我將無法穿著野獸賽完賽 T 恤前往史詩級混合訓練，也許我眞的不適合成爲障礙跑競賽選手。

我們離開之前，醫護人員告訴我，由於氣溫較低，浸水障礙最終關閉了，我根本不在乎。回家的路上很安靜，厄爾生火時，我去洗澡，並透過電話安撫非常擔心的麗莎。然後，我蜷縮在沙發上，蓋著一堆毯子，看著漫威電影，明確覺得自己不像超級英雄。睡前我拿了一把剪刀，剪下一塊斯巴達志工給我的鋁箔毯，放在我的床頭櫃旁邊，代替完賽獎牌。

我沒做夢。

第二天早上，我不斷瀏覽 Instagram，看看完賽者的貼文，包括我在史詩級混合訓練的朋友——凱斯通過了浸水障礙的痛苦。然後，我注意到卡莉透過 Instagram 傳來訊息，她獲得女子菁英組預賽的第三名，訊息是昨天深夜傳過來的。

「今天好嗎？我很高興稍早遇到你（即使很短暫）！」

這是一則充滿善意的訊息，所以我吞下自尊，祝賀她的比賽結果，並對她說我會發一封電子郵件給她。一旦我開始寫信，那就像治療一樣。我的年紀可以當卡莉的母親，卻在這裡尋求她對剛剛發生的事的建議。

很快，我收到親切且實事求是的指導：「在我認識的人裡，你不是唯一一個苦苦掙扎於寒冷、不得不離開或被帶離的人，我希望你不要為此自責，即使是我認識的許多職業選手，仍努力尋找合適的裝備，期望自己不會變得太冷。浸水障礙也可能是壓垮駱駝的最後一根稻草，尤其碰到上週末的這種野獸賽，緊接著是無法加速的緩坡，讓人不能快速移動來取暖，因爲這樣你只會被帶往更寒冷、風勢更強的情況。」

接著，她立即進入指導模式，解開更多比賽謎團（穿上風衣，在你全身濕掉前將它放入塑膠袋裡；她戴的那雙奇特的手套被稱爲 Bleggmits，是由氯丁橡膠製成的，來自澳洲的保暖手套；她之所以選擇看起來很薄的長袖運動緊身衣，是因爲它可以速乾而保暖）。我原向卡莉伸手尋求同理心，但她給了我一份更棒的禮物——正確資訊。

因爲我遇到浸水障礙前，比賽表現還不錯。正是因爲自己缺乏知識，才導致累壞了，這也是爲了變得更聰明。在首次失敗的過程中，我領悟到了**變得更好不僅是變得更強或更快，也是變得更聰明**。

我已經透過皮特與網路資訊走了這麼遠，但要達到一個新的水準需要什麼？

請爲「加拿大粉碎機」奏樂。

13 不起眼的基本功，才是勝出優勢

我在紐澤西州未完賽的一星期後，首要之務就是找到啜飲雞尾酒的菁英組選手菲耶．斯坦寧，我在佛羅里達州傑克遜維爾的比賽中試圖效仿她賽前的冷靜，但沒成功。

菲耶經營線上訓練公司「勇氣訓練」，我的年輕新導師卡莉認識她，並認為我們會一拍即合。「菲耶很出色，」她說，「她會讓你達到另一個水準。」

我稍稍認識菲耶，是因為最近她獲選演出現由美國職籃球星勒布朗．詹姆斯製作的全國障礙跑競賽真人秀新節目《百萬美元里程》。菲耶年少時是加拿大的超級跑步明星，被視為障礙跑競賽女性選手中的佼佼者，因此她在電視節目裡的暱稱叫做「加拿大粉碎機」。

菲耶的事業夥伴是加拿大奧運選手潔西卡．奧康納爾，兩人在 Instagram 上發布她們的學生照片，我看到除了許多超級健美的年輕選手之外，還有少數看起來與我年齡相仿的人，這讓我感到相當振奮。而且她們的客製化教練費用比紐約的一些健身房收費還來得低。如果我正尋找成爲更機敏、更優秀選手的方法，這兩人似乎符合我的許多需求。

某個天空灰濛濛的星期二，當我在《消費者報告》自助餐廳狼吞虎嚥地吃下另一碗不冷不熱的湯與沙拉時，我傳了一則訊息到她們的網站。

招生表格要求設定目標，所以我寫道：

一、改善我的障礙賽能力並補強我的弱點，盡我所能地熟練比賽且不犯錯。

二、訓練我的整體體適能並努力避免受傷，如此一來，我在未來數十年就可以成爲功能健全的運動員。

然後我想了一會兒，決定再加上一個更雄心勃勃的「延伸目標」（我們工作時使用的術語），即使有鑑於我在傑克遜維爾的比賽結果是二十三人裡的第二十名，而且我近期的成績是未完賽，這個目標似乎很大膽：

三、有朝一日進入斯巴達障礙跑競賽的分齡組前十名。

數小時後，當手機通知我有一封新電子郵件時，我正目光呆滯地盯著一個大螢幕，上面投放著八十多張演講幻燈片中的第三十三張，內容是我們組織所面臨的市場挑戰。

我在會議室桌子底下偷偷閱讀那封郵件，那是來自勇氣訓練團隊的潔西卡：「聽起來你已累積一些經驗，我喜歡你的具體目標，它們很全面，絕對是我們培訓計畫的優先選項，我們很樂意與你合作！」

我預約兩天後通話，然後重新將焦點放回螢幕上，會議正進行到第三十四張幻燈片。

量身打造訓練計畫

我的兩位準教練的運動旅程與我的完全不同，就像兩個相反的人生。目前爲止，你已經知道我的故事了，而他們的則是關於如何在年少時，就發掘自己的眞正天賦——速度的天賦——以及這種強大的覺醒如何在好壞交織中，塑造了他們的成年歲月。

她們都是加拿大人，出生於一九八九年，那年我高中畢業。菲耶從小在卡加利市乃至全國都是神童——在她還是個小女孩的時候，才華就被發現了。

「體育課開始前，我們必須繞學校一圈，我會比班上其他同學提前幾分鐘回來。」

她回憶道，「老師打電話給我父母說，『你們必須讓女兒跑田徑賽與越野賽。我從未見過有人像她這樣跑步。』，所以，媽媽讓我參加了一些田徑比賽，我記得我們開車前去參加這些比賽，而且我一直贏。」

早期發現天賦既是榮幸，也是詛咒，因爲它必須與成長過程所有消遣及誘惑競爭。儘管菲耶被譽爲加拿大的頂尖跑者，但她仍然感受到青少年社交生活的誘惑，她說：「我眞的很掙扎，因爲我超愛參加派對。」有一天，教練要求她與新同學潔西卡一起跑步，當時潔西卡的跑步能力正引起人們的注意。菲耶一開始猶豫了，「我當時想著，我不和女孩一起跑步。」然而，教練堅持。

某個陽光明媚的春天下午，她們在高中附近的河邊碰面，準備一起跑步四十五分鐘。潔西卡記得她當時非常緊張，差點放鳥菲耶。「菲耶從小就是神童，人們說『菲耶·斯坦寧是有史以來跑最快的人』，她很受歡迎，而我極度缺乏自信心。」

她們開始跑步，菲耶回憶起當時她狂妄自大地與潔西卡聊天，認爲她很快就會落後。但這件事並沒有發生，「我不斷加快步伐，她也不斷加快步伐，然後我們跑得非常快，而且都沒有停下來。」她們跑得非常激烈，潔西卡說她的教練甚至不允許她進行第二天的訓練。菲耶說：「那時我就知道，鎮上還有另一匹千里馬。」

菲耶自信傲慢，潔西卡則生性害羞，她回憶起自己小時候跑田徑賽只是爲了保持健康，以及崇拜某些運動員，但她在體育相關項目表現得並不好（除了曾有一段值得尊敬的愛爾蘭舞蹈經歷）。不過，她跑得越來越快，跑完一千五百公尺的時間是四分三十七秒。就在她們最初的跑步約會（決鬥）後不久，潔西卡在省賽的一千五百公尺比賽擊敗菲耶，她躲著菲耶，很擔憂把她擠下王座會惹怒她。但菲耶自動找上門，並且擁抱她說：「這太讓人興奮了，你現在很棒。」

菲耶回憶道，爲了維持身材與速度的壓力讓她暴食的時候，友誼與競爭幫助她穩定下來，最糟糕的時候，身高一百六十七公分的她瘦到四十公斤，「當時我還會和一群酗酒、吸毒的壞人打交道，但和潔西卡及她的朋友待在一起，幫助我擺脫了那群人。」

大學畢業後，她們的運動之路出現分歧。菲耶一時興起，與當時的男友一起參加斯巴達障礙跑競賽，她以超前二十分鐘的優勢，贏得女子菁英組預賽，成爲這項運動的頂尖女選手。潔西卡獲得二〇一六年里約奧運的參賽資格，但她們一直都有保持聯繫，並一起推出線上教練業務，當做個人運動訓練外的副業。

她們年近三十歲時敏銳地意識到，儘管潔西卡正爲二〇二〇年奧運進行訓練，但身體的巔峰時刻有限，「你放棄了正常生活，但起初卻不自知，因爲這一切都太辛苦了，你全心投入其中，」潔西卡說，「如果世界上最棒的工作機會出現了，或者我想要成家，那麼成爲職業跑者的優勢就會變成挑戰——缺點將超過優點。」

因此，當她們可能正處於運動生涯「最佳時期」的尾聲時，我才剛起步。

潔西卡告訴我，我們第一次通話前，她曾在谷歌上搜尋我，看看她們正面對什麼樣的人，「我想這是一名女強人，高成效的關鍵在於你就是高成效的人，如果你是高成效的人，就不會在一項運動上半途而廢。我知道你善於分析，也很積極，所以我會以不同於那些需要更多動力的人的方式對待你。」

了解我的基本能力與特質讓她們能爲我量身打造訓練計畫，這樣我就可以更有策略地比賽，「你一開始就一直對我們說『我不是運動員』，」菲耶說，「但同時你給人的印象是**有動力**、**不畏懼**、**會堅持計畫**、**努力用功的**A**型人**，這比有人說『哦，我打過一級壘球』但很難讓他們完成訓練來得好。」

事實證明，**紀律**、**韌性**、**開闊的心胸**、**幽默等特質**，**有時甚至比技能更能表明我們的努力是成功或失敗**，這是美國前海豹部隊軍官里奇·第凡尼，根據爲頂級特種作戰部隊培訓候選隊員的經驗所得出的結論，並寫作《潛質》一書。每當我們達到艱難的新成就，然後想著：「我不知道原來自己有這種特質。」第凡尼認爲，這就是我們的**潛質浮**

出水面的時刻。

接下來的數個月及數年，我經常覺得潔西卡與菲耶掌握了控制我潛質的祕密旋鈕：她們知道何時施加更大的壓力或減少壓力，以獲得最佳成果。最讓我驚訝的是，**年齡只是另一個數據**。從我們首次交談的那一刻起，她們就不允許我以此爲藉口或限制我的表現。**這種心態的轉變成爲她們給我的第一個優勢**。

優勢與平衡點

我們的第一個目標是六月在俄亥俄州舉行的半程馬拉松野獸賽，擺脫紐澤西州未完賽的結果，這樣我就知道自己的身心能應付這個距離。潔西卡與菲耶勸我不要參加分齡組，而是再次參加更輕鬆的公開組比賽。她們沒立即追求速度或舉重，而是透過奠定基礎，爲我打造更有策略的鍛鍊，讓我能在接下來的數個月，忍受更高強度及更快速的訓練。現在又回到我的精進之旅「高原」階段，但我相信她們。

一週計畫包括皮特的兩節課；跑步、核心日；力量、握力日；跑步、臀肌、臀部日；休息日；長跑日。

首先，這次的調整一部分包括一開始看起來很無聊的訓練，例如啓動並加強臀肌、訓練腳踝、肩膀、臀部的靈活性與穩定性，然後用表面突起的小橡皮球滾動我的腳以釋放緊繃感，並將大腳趾靠在牆上舒展。

我對潔西卡提出抗議，認爲這些練習和引體向上及提桶相比顯得有些無用，她堅定地說：「沒得選，如果你不想受傷的話。反正這沒得選。相信我們，這會讓你成爲更持久的選手。」

在她的建議下，我買了一套迷你彈力帶，在進行許多鍛鍊前，將它們繞在膝蓋與腳踝上，做腳趾輕拍或稱爲「怪物行走」的奇怪動作，每次我在客廳像爬蟲類一樣漫步時，麗莎都會笑出來。這只是旨在穩定我的運動模式，並改善運動範圍的眾多小練習的其中一個，而且都很乏味，但因爲它在我的訓練計畫裡，而且我又很喜歡在方框裡打勾，所以從來不會跳過這些練習。也因此，這些小練習最後成爲我的**關鍵優勢——後來的比賽，好幾年都沒受過嚴重拉傷或可避免的傷害**。

當我的腳最終出現小撕裂傷，可能是因爲我偷懶沒使用那個表面突起的小橡皮球。很快的，「耐力」在現實生活中的好處變得顯而易見，臀部穩定性與平衡協助我單腳站立，無需坐下就能拉好另一隻腳的襪子，臀肌的力量讓我能從坐在地板上的姿勢站起來，無需用雙手或膝蓋支撐；由於我的肩膀活動範圍變大，我在車上可以伸手拿後座的包包，不必解開安全帶並轉身。

記者傑夫·貝爾科維奇花了三年採訪專業運動員及菁英運動員，包括超級盃冠軍、大浪衝浪者、奧運獎牌得主、教練、遺傳學家、運動心理學家、醫師，目標是為了了解運動員如何挑戰身體老化的限制，他在其著作《繼續比賽》（*Play On: The New Science of Elite Performance at Any Age*）中談到他們的祕密。我聯絡了貝爾科維奇，詢問他，我們這些**凡人可以從專業運動員身上學到最重要的事是什麼？**

「我認為目前為止，**最大的敵人是受傷**，」他在擔任《洛杉磯時報》商業編輯時透過電話解釋，「能充分競賽的祕訣是避免受傷。尤其當你年歲漸長，會很想完成一些事情，因為你覺得時間有限。菁英運動員照顧身體的方式有值得我們學習之處，他們將身體視為可一直優化的設備。」

潔西卡與菲耶開始教導我的另一個優勢是**優化水分與能量的補充**，潔西卡告訴我，只喝白開水不夠，我還需要電解質以補充鈉、鎂、鉀。她們指導我在比賽前一週就要充分補充水分，而非像我之前只在前一天補充水分；當我向她們請教人們在社群媒體貼出的各種營養補充品（例如，用於增強耐力的甜菜根粉或用於緩解肌肉痙攣的酸黃瓜汁），她們提醒我，**永遠不要在比賽當天嘗試新的食物、飲料或補充品**，以免引發腸胃不適。顯然，從斯巴達場地好幾排的移動廁所來看，這對許多選手來說都是問題，所以我相信她們說的是眞話。

這些優點或者說是「平衡點」讓我首次感覺到，我的年齡可以在學習困難新事物的同時，也發揮自己的優勢，畢竟，**我的一大優勢就在於我已經懂得如何學習**。我一直以來都在學習，而從根本上來說，身爲記者的工作就是研究事物並學習，而且我也喜歡。到了中年，任何依賴壯年身體獲得力量並創造奇蹟的狂妄自大早已不復存在。

關於裝備、服裝、天氣、補充水分、食物、睡眠、地形的資訊都能提供益處，甚至比賽障礙物的順序、障礙物在賽道上的位置可能都很重要。我報名參加了斯巴達工作坊，花了一天在賽道上行走，並獲得如何成爲更優秀選手的技巧。教練告訴我們，記得選擇曬到最多陽光的那排單槓，這樣的單槓會比較乾燥；跳上「飛簷走壁」前，花點時間研究它——它是如何放置的？在山坡上傾斜的方向又是怎樣？選擇那面能讓重力對你有利的牆，你可以使用木塊讓雙腳與雙手水平移動。我有條不紊地研究所有資訊並將其歸檔在記憶中，**相信所有累積的小優點最終可能成爲重要事物**。

《極耐力》作者艾力克斯・哈欽森表示：「當你長大之後，能看到的整體狀況會比十七歲時更宏大。我腦海中浮現的一個詞是『耐心』，人們很容易對宏大目標感到興奮，但要眞正實現這些目標卻需要耐心處理細節。所以出現障礙時，要有耐心地保持在正軌上，而年紀較大的人較有耐心。」

如果這是僥倖怎麼辦？

我開車前往俄亥俄州比賽的路上，菲耶與潔西卡在電話裡給我最後一刻的鼓勵。目前爲止，我最長的跑步訓練是十四公里，但潔西卡向我保證，比賽的能量與興奮將幫助我完成最後的五到六公里。她說得對，整個早上，我的身體毫無反抗地帶著我平穩地穿過樹林、越過牆壁；背著沉重的沙袋爬山時，多虧那些單調乏味的迷你彈力帶練習，我感覺到臀肌發揮了作用；我投擲長矛並擊中目標——這是我在後院反覆練習的項目；當我看到第十三公里的標記——是我在紐澤西州從未抵達的標記，我小跑步經過並用手拍拍它。

果然，隨著終點接近，我加速並開始超越人們。

最後的一公里是充滿障礙的挑戰，包括「倒掛金鉤」，儘管我在紐澤西州的比賽首次通過這項障礙，但我這次卻在敲鈴前的最後一刻滑落。我找不到波比跳坑，也許他們放棄了這項障礙的波比跳懲罰？我完成比賽並跳過火堆，他們把完賽獎牌掛在我的脖子上。我很高興完賽了，但「倒掛金鉤」失敗卻沒波比跳懲罰讓我很煩惱，我找到一名斯巴達障礙跑競賽高層主管，詢問那裡不必波比跳的原因。

「有波比跳，」他指著該障礙另一側的波比跳坑——正是我摔下來時著陸的地方，顯然我只是看起來不夠努力。我的心沉了下去，頭也垂下來。我知道這不重要，這是一場公開賽，沒人會數你的波比跳次數，我也沒爭奪名次，但在某種程度上，感覺像是我作弊了。

當我放下香蕉並開始在歡樂區域做三十個波比跳時，那位高層主管還站在附近。

「你瘋了。」他對我說，這時我把已經髒兮兮的臉壓在泥土上，雙臂顫抖。八下。

「對，」我咕噥著，一邊朝他腳邊的方向吐出一片草葉。十一下。「我……想……或許是吧。」十三下。

現在我已經把半程馬拉松野獸賽從清單上畫掉了，我的新教練同意我可以重返更具競爭力的分齡組比賽。然而，她們希望我從小比賽開始，參加紐約塔克西多鎮樹林中的五公里衝刺賽。皮特與健身房的一夥人也會參加，所以我計畫早上參加分齡組競賽，當天下午與他們一起參加公開賽完成第二圈。我在花旗球場參加第一場比賽時，皮特也做了這件事，我當時覺得他很瘋狂。自從我診斷出黑色素瘤以來，厄爾下班後一直在史詩級混合訓練課程陪我，他也決定參加分齡組比賽。

比賽前幾天，菲耶與皮特分別爲我提供更多單槓技巧的建議。儘管紅髮小女孩教了我，但我還沒在比賽時通過這項障礙。皮特懇求我不要戴手套，「相信我，」他說，「赤手更好，」菲耶補充：「上單槓前，先找一棵樹或在乾草堆裡擦手。」

厄爾比我大七歲，所以我在四十五至四十九歲這組，比他早十五分鐘上賽道。他狀態很好並告訴我：「我會努力趕上你。」我仍然不認爲自己有運動競爭力，但從我跨過起跑線的那一刻起，只想著：「我不能讓厄爾趕上我。」我到達單槓區時，找到曬到最多陽光的那排，回頭尋找朋友後，我差點直接跳上去，但突然想起菲耶及皮特的建議。

我走下長凳，脫下手套，跑向一棵樹擦手。

我抓住第一根單槓時，用力擺動臀部，伸出左手抓住第二根單槓，然後停下來，再次向後擺動臀部，鬆開右手繼續前進。不知怎的，我的雙手都黏住了，這種情況一次又一次地發生，我試著不去想鈴鐺越來越近的事實，直到我突然到達另一頭，鈴鐺就在我的面前。「叮叮噹噹」我敲響了它，然後跳下來。

我的天啊！我完成了單槓挑戰。

炸薯條，現在你在哪裡？

接下來的比賽中，我的頭骨裡彷彿住著一隻鸚鵡，「喔，**天啊，我完成了單槓挑戰。**」最後跳過火堆時，我仍然回頭尋找厄爾。他離我並不遠，這讓人欽佩。我們領了完賽獎牌，伸展一會兒，確認比賽結果。

我刷新螢幕兩次，確保我沒弄錯，上面寫著我在**十六名選手中排名第八**。我與菲耶及潔西卡只合作了六週，而我已經實現進入分齡組前十名的延伸目標。的確，這場比賽只有十六名與我同齡的人，而且距離很短，但我的名次在中段班，而不是最後，**我沒搞砸任何一個障礙**。

也許這是僥倖。

如果這是僥倖怎麼辦？

你合格了

數日後，斯巴達障礙賽寄來了一封電子郵件，主旨是：「你合格了。」我打開郵件。

「恭喜你，格溫多琳！你獲得八月二十四日在美國西維吉尼亞州舉行的二〇一九年斯巴達北美錦標賽資格。」信件內容包含一組密碼，用於讓我進入門禁管理的分齡組預賽，那是一場半程馬拉松野獸賽。我困惑地打電話給厄爾，認爲這封電子郵件可能寄錯了，同時又希望它是眞的。他說：「對，我收到了相同的電子郵件。」他在所屬的分齡組獲得第九名，「這是眞的，我上網查了，這是因爲我們在那場比賽進入前十名。」

他停下來，讀懂我的心思，然後笑了，「想都別想，如果你想要的話，我可以和你一起去西維吉尼亞州，但我不會參加二十一公里的比賽。」

距離八月二十四日只有兩個月，菲耶與潔西卡加倍努力訓練我，並精心設計了一份行動計畫，幫助我完成在西維吉尼亞州的比賽，菲耶說那不是一件小事。

我的長跑訓練時間逐漸增加到九十分鐘至兩小時，然後是一系列高強度的核心訓練，包括棒式及各種動作，這些動作讓我處在類似跪姿撐體的奇怪姿勢，亦即我用雙手與膝蓋著地，伸展我的腿與對向的手臂。我大手筆買了一對十四公斤重的壺鈴，這樣就可以帶著它們短距離走路（這被稱爲「農夫走路」）。

她們要求我用引體向上單槓做些瘋狂的臀部輕拍，我做這個動作時，雙手抓著單槓懸掛，然後鬆開其中一隻手，輕拍臀部，重新握住單槓，然後換另一手做，更多的訓練活動、更多的伸展運動、更多的活化臀肌訓練。

當我在一些看似遙不可及的困難事情上變得更優秀時，我在生活的其他層面上也開始覺得自己更有能力。成年後，這是第一次我醒來與上床睡覺時，工作不再是我腦中出現的第一件事與最後一件事。夜裡閉上眼睛後，我會在腦中重新播放爬繩的不同腳法，而不是仔細推敲同事在會議上說的煩心事；**我越來越有自信地向同事表達個人觀點**，包括那位總是打斷別人說話的傢伙；**我的決策變得更明快**，電子郵件送達我的收件匣時，我會立即回覆它們，不會延後處理。或許這是快速做出選擇附帶產生的結果，例如快速決定跑步時把腳放在石頭上的位置，或者也許是透過訓練，認知自己沒那麼多時間可以浪費。

我的身體也在改變，曾經鬆垮垮掛在肩上的 T 恤不再舒服合身，**晚上我睡得很沉，幾乎不會起床上廁所**。新生的繭不再脫落，變成永久的老繭。我開始在晚上用手錶追蹤心率，發現它已經從每分鐘近六十次的高峰值降至每分鐘四十九次左右的低峰值，**身體能量水準是我記憶裡，二十歲出頭以來最強健的狀態**。工作時，長時間坐在會議桌旁讓我的身體越來越焦躁不安，我開始站在椅子後面，試著忽略財務長困惑的表情，我注意到數位長也站了起來，接著是測試主管。

有一天，我請麗莎看一張我比賽時在「環環相扣」擺盪通過紅色吊環的照片，我將它上傳到臉書。

我問她：「我的水袋背心看起來像手槍套嗎？」

「你在說什麼？」她瞇著眼睛看著螢幕說，「手槍套？」

我指著《華爾街日報》一位前同事寫的評論：「好槍！」她笑著捏我的肱二頭肌，「他說的是你的手臂。」

用障礙跑競賽填補內心的空白

「紐約比賽是否只是僥倖」的眞正考驗在七月底來臨，當時我飛回北卡羅來納州的家，在阿什維爾附近的黑山參加連續比賽。爸媽特地從海的那一邊開車過來，爲我第一天的比賽加油，那是一場十公里斯巴達超級賽，也是迄今爲止我最喜歡的斯巴達比賽場地，在隔開夏日陽光的茂盛樹林中，有著高地與平坦的賽道。

我的分齡組有二十三名競爭者，我輕鬆排名第七。

隔天早上，我獨自返回參加一場較短的五公里比賽，並在十五人的比賽裡獲得第五名，一直努力到最後。賽後我坐在地上，想把耳鼻裡面的泥弄掉，這時一名長相和善、留著黑鬍子的年輕人走向我，那天早上比賽開始前，我遇見了他，我們都擠在終點線的跳火坑障礙附近，試圖保持溫暖。他的名字是科里・愛德華茲，是名擁有碩士學位的護理師，在俄亥俄州奇利科西市一家心臟實驗室工作。他比我小八歲，肩膀寬闊、肌肉發達，我們因爲都喜愛皮卡車、德州皮特辣醬、鬆餅屋而結下不解之緣。

「嘿，」他咧嘴笑著說，然後帶著裝備坐在我旁邊的地上，「你還好嗎？」

「嗯，」我對他說，「我坐在這裡舔試傷口，我得了第五名，本來可以表現得更好，但我在最後一刻從環環相扣摔下來。」我看了他一會兒。他的鬍子上全是泥，「你要潔面紙巾嗎？」

他笑著伸出手，「當然，謝謝。」然後，他一邊小心翼翼地擦著下巴，一邊實事求是地緩慢說道：「依我看，我覺得**第五名很棒**。」

我們又聊了一會兒，然後是現代版的「保持連絡」，亦即開始在 Instagram 上互相追蹤。科里和我一樣，從小就身形瘦小，所以從不參加競技運動，而現在我們都以障礙跑競賽來填補內心的空白。

他成爲我**第一位正式的賽友**，每隔幾個月左右，我就會在不同的斯巴達場地見到他，同時透過社群媒體上的讚、訊息、評論保持聯繫。然而，隨著時間的推移，一種親密感逐漸形成，這種熟悉感源於**我們深深需要這個「第三空間」**，它既不是家，也不是工作，卻讓我們感到完整。

我開車回旅館，想起科里對第五名的評價。他說得對。五個月前，佛羅里達州傑克遜維爾舉行的一場比賽中，我幾乎敬陪末座。我報名參加菲耶與潔西卡的教練課程時，延伸目標是有朝一日進入分齡組前十名，今天的比賽是進入前十名的第三場，我正努力接近領先者。

這不可能是僥倖，我擁有的小優勢都有效。

我離開了高原階段，又回到上升階段。

挑戰❻

不將任何事視為理所當然

斯巴達競賽最讓人興奮的其中一個障礙是「一擲乾坤」（儘管評價兩極化）。競賽者只有一次機會，每位選手站在約八公尺遠的地方，將一根帶有金屬尖端的木桿丟向相當於大捆乾草大小的長方形目標，長矛必須刺入目標而不掉落才算成功。

根據斯巴達勇士的說法，這是有史以來最容易失敗的障礙，如果你觀察選手的丟法，很容易明白原因。

一些人試圖像丟棒球一樣投擲標槍，但它會向上畫出弧線並越過目標或無法擊中目標；一些人向下拋擲，結果只是刺入前方的泥土；許多人從身體側邊猛力投擲，而不是直接向前投擲，標槍從目標的一側飛過；偶爾也會有人用雙手抓住標槍，然後將雙手放低，將標槍投到空中（說句公道話，我看過有人以這個方式成功，任何人都可能有走運的一天）。

更成功的技巧是站立，伸出非投擲的那隻手瞄準目標，雙腿稍微分開，接著向後傾斜，透過後腿往前推，眼睛始終盯著目標向前投擲，這樣握住標槍的那隻手就會擦過耳際投向目標。

一些選手喜歡擲標槍，但一些選手討厭，因為即使在其他一切都順利，而且你感覺自己又迅速又強壯的一天，你也可能沒丟中目標。對於菁英組及分齡組的選手而言，那可能決定成績是第一名或第二名，甚至意味著根本無法登上領獎臺（「幹！一擲乾坤失敗了」是賽後常見的抱怨、解釋、藉口）。速度與純粹的力量不是決定能否成功的關鍵因素，而是這項障礙會迫使你放慢速度、控制呼吸，動作還得非常精確。

這樣看來，斯巴達競賽的**「一擲乾坤」是很好的平衡點**，幾乎任何人都可以透過適當的練習而擅長這項障礙。然而，如果你不認真對待它，它可能毀掉一場原本精采的比賽，這提醒我們別把任何事情視為理所當然。就這點來說，**對於一位試圖融合舊世界與新世界的中老年運動員來說，「一擲乾坤」可能是必須精通的最重要障礙。**

14 希望微光的蝴蝶效應

聯邦快遞的卡車駛入我們的車道時，我知道我搞砸了。

當你一頭栽進新事物，不可避免會對別人產生連鎖反應，無論他們是配偶、伴侶、朋友或父母。到了中年，我們在人際關係中已經建立了一種特定的相處模式，每個人都熟悉並預期彼此的行爲方式。然而，當其中一個人突然大幅偏離這些模式時，這種關係可能會發生變化，甚至被顛覆。最終，勢必會迎來一個時刻，讓「新的變化」與「既有的狀態」達成某種和解。

這是我能提供的其中一項人際關係優良建議：如果你決定購買六十六公斤重的巨大鋼製引體向上單桿並安裝在車庫，最好先問問同住者，看看他們對此有何看法。

因爲我從沒問過麗莎，當我深陷這項比賽無法自拔時，我忽略了她的想法。然而，某種程度上，引體向上單槓只是個比喻，事實上，她從一開始就不理解我對障礙跑競賽的痴迷。

她從小就是天生的運動員，踢球時總是被男孩們第一個選進隊伍裡；她強壯敏捷的特質，總能準確地投擲棒球；在夏令營裡總是掛滿了奧林匹克日的獎牌。即使年紀還小，美貌及運動能力加起來就是個強大的組合，小學四年級時，小男孩們爭奪她的愛，晚上會打電話給她，並在教室裡走來走去說：「我愛麗莎。」她五十歲後，小學的一位男性友人透過臉書聯繫她並寫道：「我記得三年級的時候，你在比腕力時打敗我。」我們都笑了。

艱難的體力挑戰並不會讓她不安。她相信自己的身體，也曾在二十九歲時將自己的生命託付於這種信念——當時，她被診斷出乳癌，並接受了一場當時最先進的九小時手術，外科醫生從她的腹部移植組織來重建因乳房切除術而失去的右乳房。她的座右銘是：「我年輕，我強壯，我能戰勝這一切。」這句話支撐著她，讓她從檢體採檢、骨骼掃描、化療和淋巴結清除手術等讓人舉步維艱的迷霧中振作起來。

她最終向我坦承，她無法理解爲何我會在一次晚宴後，因一個小女孩天眞的話語而感到不安，對自己四十多歲的身體力量仍充滿懷疑、依舊感到疏離，甚至還去谷歌搜尋「世界上最難做到的事情是什麼？」這讓她感到困惑，也有些不安。

那股驅使我的衝動應該已經得到滿足，障礙賽也會從我的待辦清單上被畫掉。她特地將比賽當天拍攝的照片剪輯成一部短片，以紀念這場比賽，然後認爲一切會恢復正常。然而，當這並未發生時，疑問便開始浮現。

「你投入的強度讓我無所適從。」她回憶道，「運動是一回事，但讓身體承受這些比賽的殘酷挑戰，並達到如此極端的體能水準，完全是另一回事。有時候我會想，『她是不是瘋了？』但同時，我也忍不住開始思考——我們的關係裡，是否缺少了什麼？」

並沒有缺少什麼，而我很幸運，能夠清楚且毫無疑問地知道這一點。但我內心確實有一**塊來自年少時期的空缺**，而如今，一**種對離開這個世界的恐懼正在逐漸吞噬我**。

然而，當我在賽道上一週接著一週、一個月接著一個月地填補這種空洞時，我從未向生命中最重要的人說明這樣做的緣由，部分原因是，當時的我並不完全理解推動自己前進的所有動力，但如果要誠實面對，另一部分原因則是——我不希望她，或者任何人，要求我停下來。我明白，在大多數人眼中，障礙賽看起來近乎瘋狂——那種強度，甚至偶爾會出現的殘酷局面。

「爲什麼選擇這項運動，而不是網球、游泳，或者乾脆試著跑一場馬拉松？」這是他們遲早都會問的問題。我總是吞吞吐吐、轉移話題，因爲還**無法清楚表達正是這項運動的明顯優點，保護我免受時間惡魔的傷害**，我感覺得到它們正在逼近而且不停低語：

「這沒有用，你終將離開人間。」我在賽道上滾過岩石、荊棘、樹根，在一片帶刺鐵絲網下，那些惡魔無法抓住我。我感覺得到自己是如此的強壯、無憂無慮，無論是一小時或四小時，都能完全控制身體，就像時間停止一樣。而這樣的「靈藥」是如此強大，以至於光是想到可能必須放棄它——因爲**它在我的年紀看起來不夠正常**，或者因爲**它會打亂既有的生活模式**——就讓我感到害怕，甚至有些自私地不願放手。

所以我繼續前進，從不大聲表達自己的感受，並想像或許我可以讓這一切持續進行，而不會過度干擾現有的生活結構。然而，這當然是不可能的，訓練占據了我的週末與工作以外的時間——晚上我太累了，無法看完一部電影；我們的度假地點越來越常選擇在比賽場地附近，其中一些場地的確比其他場地更讓人嚮往，包括佛羅里達州傑克遜維爾、賓州帕默頓、加州聖路易．奧比斯保、西維吉尼亞州格倫吉恩、加州太浩湖；我的 Instagram 上充滿了麗莎從未見過的比賽新朋友；我們的後院有個標槍架與一條攀爬繩，而且我的身體產生了變化，所以我甚至看起來不太一樣了。

工作時，我在會議期間站起來；爬後樓梯到公司屋頂做伏地挺身，同事當然注意到了。

我常常和父母分享我在泥坑中爬行的照片，這讓我那愛乾淨的母親感到恐懼。

我把事情稍微搞砸了

暫時回到我們關於中年的音樂隱喻，歌曲的過門不意味著它單獨存在，它是更宏大故事的一部分，需要前面的樂章做爲鋪墊，才能賦予它背景和意義，同時也爲接下來的旋律做好準備。

確實，一些人可能覺得他們以前的主歌聽起來永遠不對勁，事實上，似乎我們這個年紀的人離婚多過於仍然在一起的人，其中許多人都在談論迷惘，需要新的人來讓他們覺得自己被找到，並希望未來的篇章能帶他們走向截然不同的方向。

我理解這一點並支持他們，但這不是我的感受，也不是我想要的東西。如果我夠幸運的話，這個過門之後的主歌將包含與之前的主歌相同的角色。然而，我並未更清楚地傳達這一點，把事情稍微搞砸了。

當一根巨大的鋼製引體向上單桿被卸下到你的車道上時，你眞的不能假裝一切都沒改變。

麗莎正準備開車前往火車站時，聯邦快遞的卡車停下來並開始卸下箱子，看起來像是一整套新客廳家具的到來。現在想想，或許眞的是這樣會更好，因爲我們的家具已經被朵莉磨損得很厲害了。

我興奮地跑到外面，但一看到麗莎的表情，我才想起自己在追求極限的過程中，竟然忘了告訴她購買這些器材的事。當時我一直將就那個安裝在客用浴室門框上的小型活動拉桿，但每次使用時，我總得把膝蓋抬起來。如果車庫裡有一個眞正的引體向上單桿，我就能更快地進步，還可以從上面掛上繩索和球來加強握力。

「嗯，我忘了告訴你……」我結結巴巴地回答麗莎表情上這道顯而易見的問題：這是什麼？「我購買了一根引體向上單桿要放在車庫。」

麗莎只是一直盯著我。

「我想你會喜歡它的，」我試著開口，然後毫無說服力地補充，「也許掛在上面對你的背部有好處？」

她什麼都沒說，就開車離開了。我知道自己搞砸了，也知道我未必只是忘記提這次購買器材的事，我選擇再次保持沉默，是因爲不想冒著她要求我別再買的風險，這並不是說她曾經暗示過會這麼做，但我對自己正嘗試的事情仍然感到不安，導致我試圖在達到最終目標前，不要引起太多關注，等到完成了之後就說：「好，完成了。看吧，這不是很棒嗎？」就像我之前所說，意識到自己的成癮點與弱點對於解決它們至關重要。

我又重蹈覆轍，誤以為我能掌控一切，以為如果每個人都給我足夠的時間，最終可以讓自己的這場冒險一切順利。

「我們就是發生在我們身上的一切。」

多年後，公司為新專案訪問外部專家時，我聽到了來自佛羅里達州的關係治療師，兼有執照的心理健康諮商師崔西．強森的這句話，當時我與同事正為了信任議題採訪強森，我可以看到這句話影響電話會議上的每個人，無論他們幾歲。我們最終的專業興趣在於人們相信或不相信新聞的原因，但我們正進一步深入挖掘，了解信任是如何在生活經驗中呈現，包括我們與其他人的互動。強森強調過去的經驗形塑我們的未來及人際關係的行為方式，辨認過去的經歷，並加以談論對於防止衝突或誤解至關重要，**「人們越誠實討論自己的經驗越好。」**

問題是我不曾與對我真正重要的人真誠坦率地討論，其中包括我父母。年紀不是重點，你仍可以渴望得到父母的認可，對他們來說，我感覺到他們養育的這個體格不健壯的瘦小女孩蛻變時機似乎很奇怪，例如，現在？當你已經不再處於身體的最佳狀態，且實際年齡已經可以當祖父母的時候，是你決定開始攀登兩公尺高的牆壁，並讓自己面臨失溫風險的時候嗎？

他們對我運動表現的衡量標準仍然包括初中時的籃球比賽罰球；體育課組長擔憂我體重過輕及缺乏運動天賦的通話；高中時我們遙遙領先，獲得足球比賽冠軍，約曼教練讓我遞補上場，我衝上場時，輝煌時刻戛然而止，只聽見裁判猛吹哨聲終止了比賽——我一直配戴少女飾品坐冷板凳，認為不會有任何上場時間，因此，金項鏈、小圈形耳環、搭配的手鏈都伴隨著興奮的我行動，導致違規；疲憊的隊友必須等待他們的勝利，這時我脫掉所有閃亮華麗的飾品，只是在消耗比賽結束前的時間，來回慢跑六十秒，並且離球很遠。

我與厄爾當朋友二十六年來，運動經歷大多交織在一起。我們住在匹茲堡，擔任《華爾街日報》分社的記者，週末一起游泳，踩水嬉鬧，然後吃著墨西哥玉米餅觀看福斯電視台的《五口之家》（當福斯電視台考慮取消播放該系列影集，我們甚至說服《華爾街日報》一位編輯讓我們寫一篇關於《五口之家》忠實粉絲群的故事，這部影集又多播了一年）。一九九〇年代中期，我們都搬到紐約工作，總的來說，我們的人生之路像手足一樣交織在一起。當我加入街道對面的世貿中心健身房，厄爾也加入了；當厄爾認識在健身房鍛鍊的財經記者查理．加斯帕里諾，我也認識了他。

查理在他的 X 上自我簡介寫著：「依序是上帝、國家、引體向上、伏特加。」厄爾與我在健身房裡都不時會看向查理，他後來為《華爾街日報》撰稿，接著成為福斯財經頻道的知名人物。他使用自由重量與機械式器材時，充滿自信且精神飽滿，身形挺立。有一天，一位投資銀行家做了不合適的舉動，他跳上查理還在使用的滑輪下拉訓練機，但沒調回查理使用的較重重量，這是糟糕的健身房禮儀，但查理很和善地請他重置機器，這位投資銀行家一定愚蠢地以為在這種情況下，厚厚的薪水勝過厚實的肱二頭肌，他對查理說：「你自己重置會怎麼樣？」

查理盯著他一會兒。然後走近一些，將一隻手放在滑輪下拉訓練機的槓片上，並表示如果這位銀行家沒做出正確的事，他可能會用槓片對銀行家做些他永難忘懷的事。

厄爾與我永遠忘不了這則健身房虛張聲勢的故事，它突顯了我們都沒有自我的事實。他和我一樣，從小就骨瘦如柴，有時也因為身體發育緩慢而遭到嘲笑。他天生比我敏捷，中學時在籃球隊打過幾年球，但在一九七〇與一九八〇年代的任何地方，超級瘦弱的男孩很難毫髮無傷地生存，特別是在喬治亞州維達利亞這樣的南方腹地，那裡的足球是體育之王，賦予男性強大的社會階級，因此他也受到心魔困擾。他開始打拳擊時，我也跟著前往，在清晨的陽光下，來到位於華爾街腹地的一家小健身房，我們會在上班前在那裡訓練。

我們的教練是經驗豐富的拳擊手東尼．卡納洛齊，我們到達之前，他通常已經用沉重的沙袋完成十六輪鍛鍊。數個月來，東尼讓我們操練各項動作、教我們打拳，最後戴著護齒套與頭盔對打，結束後我的手臂會很痠，幾乎無法洗頭，有了東尼，我們都體會到渴望的力量。他第一次跟我對打時，我的力道太大了，他睜大了眼睛，讓我感覺自己朝氣蓬勃地活著。

有時週六我們也與東尼一起在歷史悠久的格里森拳館鍛鍊——拳王阿里與傑克．拉莫塔曾在那裡練習刺拳與勾拳。

我的第一場白領拳擊賽來臨，對手是位名叫露絲的女性，直到我上場前，東尼才提到她曾打過七次業餘比賽。比賽持續了三個回合，並打中數拳，但露絲狠狠擊中了我的眼睛與額頭，導致我連續兩週都無法戴棒球帽。

從那以後，我開始害怕被打到大腦受損，這種恐懼遠遠超過了我對自己不夠強悍的擔憂。於是，我開始尋找其他的救贖方式。厄爾還是堅持了一陣子，但最後也決定止步。後來，我們一起展開新冒險，包括申請加入聯邦調查局的情報人員。那是在九一一恐怖攻擊前的事，當時我對反恐工作抱著朦朧的夢幻想法。雖然我們通過了一項困難的筆試，但最終還是被列進了候補名單內，因爲聯邦調查局想要擁有更高學歷的應徵者，我們的新聞學士學位顯然不符合條件。

這一切都表明，我生命約半數的時間裡，厄爾一直是我挑戰新事物的夥伴，包括在二月某個寒冷早晨參加大西洋的北極熊跳水活動。因此，當我開始參加比賽，似乎很自然地認爲我們會一起參加。然而，隨著時間悄悄流逝，我意識到這不是我想與其他人同行的路，即使對方是我最好的朋友。

障礙跑競賽感覺像是我的祕密，儘管我與成千上萬的陌生人分享了這個祕密。當我在賽道上，沒人關心我在那個場地之外的身分，**比賽的孤獨本質是吸引我參加這項運動的其中一個原因，讓我覺得自己終於可以依靠身體，而且是只依靠這個身體**。與厄爾一起比賽很有趣，但我越認眞，就越想按照自己的節奏前進，而不是感覺自己像是在追隨這個象徵性的哥哥——無論是走進大海、踏上拳擊擂臺，還是翻越障礙牆。我不希望自己需要幫助時，他總是會在那裡扶我一把。

我告訴他這件事時，我們正站在一間會議室外，等待參加關於音訊與 Podcast 未來的小組討論會。在我們漫長的友誼中，這是我第一次在他身邊感到尷尬，第一次是在一九九〇年代中期的匹茲堡，那時我們剛開始以《華爾街日報》記者的身分來往。他問我是否曾考慮過我們的關係能夠超越友誼，他的臉一下子變得蒼白到我還忍不住問他是不是貧血了。

事實是，我想過。我先前的約會對象大多是男性，當時剛結束首次與女性的戀愛關係，我仍然不確定我的愛情會有什麼結果，但本能地覺得厄爾就像家人，是我可能想要但從未擁有過的手足，一旦開始交往，將不可逆轉地改變我們之間的互動。

現在我認爲那是我二十多歲時最成熟的一次，我選擇不把事情搞砸，相反的，我努力尋找合適的詞語來表達自己的感受，同時希望不要傷害這位我越來越在乎的人。最後，我開始語無倫次地說自己受寵若驚，但目前只想專注於工作，希望他能從中領會我的眞正意思，卻也清楚的知道，他大概並不能。

現在，數十年過去了，那個緊張時刻已經成爲我們共同的遙遠回憶，我試著解釋我獨自參加比賽的願望，那正是我的訓練迎來轉折點的時候，當時我的表現開始明顯地進步。

可以理解的是，他一直渴望與我一起參加斯巴達競賽之旅，並開始傳送訓練技巧與選手 Instagram 貼文的連結，討論我們未來可能一起參加的比賽。突然之間，我感受到壓力，一起參加數場比賽是一回事，但現在我覺得自己的這段私密旅程正被他人占據。此外，如果他突然變得比我優秀怎麼辦？我會因而意志消沉並放棄嗎？一想到這一點我就非常沒有安全感，但當時的我對自己正在做的事情還沒有足夠的自信，這樣的可能性並非不存在。

我們曾一起經歷的那些冒險，都遠不及障礙跑競賽對我來說的意義重大。我無法想像沒有這段經歷的自己，也不確定如果與他人分享，這分感受是否還會如初。我試圖表達這些混亂而矛盾的情緒，但我們正匆忙趕回 Podcast 會議，於是，我的話語再次變成像多年前那樣，毫無章法地傾瀉。然而，不管當時他是否感到失落，他都完美地掩飾了起來：「我只希望你快樂。」他說。對朋友來說，這已經是最無可挑剔的回應了。於是，我們再次繼續向前過日子。

你有什麼想法，就必須說出來

人生無法重來，但如果有這個機會，我就會更努力地實踐崔西·強森的建議，盡早意識到**我對障礙跑競賽的需求，其實是對自己過去經歷的一種回應。**

我的身體缺乏安全感。害怕無法控制自己離開地球的方式。如果可以重來，我會試著向我愛的人清楚表達這一點。我當時的沉默是一場冒險，若我的家人和朋友不是這樣的人，他們或許會做出錯誤的假設——以爲我想要一個全新的生活、全新的朋友圈，我的主題歌不包括他們。這些假設可能會導致一系列我們都會後悔的反應及影響。「**建立信任不難，但一失去信任，就幾乎不可能找回來，**」強森在初次採訪時告訴我們，「人們害怕將自己的感受告訴彼此，他們害怕別人的反應，但如果你有什麼想法，就必須說出來。」

由於麗莎的慷慨，引體向上單桿至今仍放在車庫裡，它不斷提醒著這種風險。我很不好意思地說，我們再也沒有談論過那根單槓，直到數年後我開始寫這本書。單槓到達的那天，她下班回家，我們煮了晚餐然後繼續過日子。一切都取決於我該如何解釋，而我也知道她正等著。

但我始終沒有開口。

「那個引體向上單桿，它就這樣出現，」她後來告訴我，「很多時候你對自己做的事隻字不提。我不知道你曾在谷歌搜尋『你能做到的最困難事情是什麼？』。我當時不理解，但我現在想理解。」

幸運的是，我周遭的人也開始向我發出他們需要什麼的信號，以換取他們默許我爲這項運動神魂顛倒、一個不包括斯巴達比賽的假期；我向母親保證我不會在賽道上冒不必要的風險，並清理耳裡的汙泥；Instagram 上有我真正家人的照片，不只是我的比賽家人。

然後，意想不到的事情發生了，情勢突然轉變。

當你關心的人經歷蛻變時，你不可能不審視自己的道路。也許，他們本就注定要挑戰自己的極限。無論如何，**我身邊的人也開始改變了。**

麗莎開始學習表演和配音訓練。乍看之下，這似乎與她做爲記者的工作相差不遠，但事實上，無論是對著攝影機向數百萬名觀眾播報新聞，還是站在舞臺上背誦臺詞，這一切都是一位曾在童年時，對自己言語表達極度缺乏自信的女孩的自我進化過程。

她的父親是一位成功的廣告文案作家與導演，他曾與包括林哥·史達在內的名人合作拍攝廣告。在家中無論是字面意義上還是象徵意義上，他都掌握了麥克風——父親經常主導家庭聚會，麗莎的笑話、想法、觀點都有他的影子。她尊敬他，當遇到職涯發展問題時，麗莎都會尋求父親的建議。

「我總是對於該說什麼及如何說正確的話感到不安，」她說，「父親花了許多小時訓練我，試圖增強我的自信，但我總是擔心自己會說錯話，或者我不會像他一樣那麼聰明。」

一九九〇年代初期的某個早晨，麗莎當時是《美國》雜誌的編輯，受邀參加菲爾賓與吉福德的美國廣播公司脫口秀節目，討論該雜誌的〈十大最性感單身漢〉報導。錄影前一晚她都沒睡，擔心自己張著嘴卻說不出話來；播出前，她坐在彩妝椅上告訴雜誌公關人員，等等將會是一場災難。

一直等到攝影機的紅燈亮起，也就是開始直播之前，麗莎都深信自己說不出任何一句話，但結果卻是……話語流暢。這二十多年來，她的觀點一直是建立在父親的論述基礎上，如今，她轉化成自己的話語和想法，而外面數百萬名觀眾正聆聽她的聲音。這是她職業生涯的一個轉折點，也是她自信心的一次大躍進。

對麗莎而言，學習表演是另一種方式用來對抗那些時不時仍會襲來的羞怯與不安。她會固定每週一次，在《路透社》的正職工作結束後，從時代廣場趕到巴羅集團表演藝術中心，然後在安·海瑟薇磨練演技的同一個空間裡花三小時學習，**「我不可能在更早的生命階段中做到這一點，因爲我沒信心，」**她說，**「在很沒有安全感下，能突破並轉變成另一個人，眞的是很振奮人心。」**

多年來，厄爾開車時總會經過貼在長灘消防車維修車庫的招募志工公告，他很想打電話應徵，但他並不相信自己能在那種體能需求極高的環境中「倖存」下來，所以一直都沒有去應徵。

然而，當我獨自深入障礙跑競賽的世界後，他終於下定決心了——五十五歲時，他成爲消防部門裡數一數二年長的見習消防員，與二十多歲的年輕人一起搬運及部署大型設備；週末參加演習，學習在煙霧瀰漫的房間裡摸索、移動爬行而不驚慌；學習將一個六十八公斤重的假人搬出著火的建築物。爲了表達尊重他的年齡及努力，其他消防員非正式地稱他爲小隊長，四年後他晉升爲分隊長。**擔任消防員爲厄爾的身體注入自信，那是他在家鄉還是個瘦弱的男孩時，就缺乏的自信。**

這也抵消了他在職場上日益增加的失望情緒，因爲他在新聞業的角色已經從尋找個人故事的創作者，轉變爲管理職，每天充滿了單調的會議、PowerPoint 報告、職場政治。

「我從沒想過自己能做到，」他談到消防時說，「不管在哪個年齡階段，心理上的挑戰都很大，但現在最難的是體能上的挑戰。有時候，到了第二天，全身都在痠痛，但我還是很熱愛這份工作，**它讓我覺得自己正在做一件很有價值的事，而這種感覺在工作中有時很難獲得。**」

現在我的世界必須適應他們的轉變，如果我想遠足或臨時安排共進晚餐，麗莎會在城裡待到深夜，厄爾週末沒空，他們各自有演員及消防員組成的緊密社群，分享這段經歷的人裡不包括我。

然而，他們的轉變讓我們的關係變得更平衡，隨著時間流逝，**新的熱情讓我們的生活再次煥然一新**，麗莎的床頭櫃上擺滿關於表演方法的書籍，抗衡我的耐力書籍與健身書籍。厄爾的桌上放著呼叫器，用來接收火警呼叫。我有時會在晚上與麗莎一起朗讀臺詞，協助她排練，厄爾與麗莎繼續輪流陪我參加比賽。

現在，**我們又成爲了學生。一起驅散了個人與集體世界中，中年單調的迷霧。透過這樣的過程，我們堅定不移、彼此相伴、一起成長**。

同時，我的父母也開始對抗緩慢的衰退歷程。他們成年後一直很活躍，會滑雪、滑水、水肺潛水、健行、升帆、拉船上的繩索。然而，其中一些活動在他們七十多歲的時候就自然地結束了，其中一個原因就是身體常見的磨損，包括我母親滑雪時，主要用來停下來的腿做了膝關節置換。他們鮮少久坐不動，仍然會去釣魚，照料兩公頃的土地，而且一天中的大多數時間都在活動。然而，看著我繞著他們的房子跑來跑去、把汽車輪胎綁在胸前固定帶上，然後把它拉到車道上，一定在他們心中留下深刻的印象。

我媽媽戴上了健身追蹤器、請了私人教練，這是三十年來，首度再度前往健身房。我父親更進一步，接受我的加拿大教練（是的，就是菲耶與潔西卡）短暫的指導，然後加入運動社團，裡面的成員都年輕得足以當他的兒女或孫子。數個月來，他都一大清早起床，和大家一起去附近的市政公園鍛鍊，直到他的T恤及運動褲都被汗水浸濕。除此之外，他還會在自家土地上割草、除草、劈柴，這些體力勞動讓他維持健康好狀態，同時也將自己鍛鍊得更強壯。

因此，正是在這種不斷變化的背景下，我迎來二〇一九年斯巴達北美錦標賽。

我的生活仍充滿對我早期主歌至關重要的人，我們都在改變，我們彼此激勵、彼此推動，相信我們最勇敢的行動或許仍未到來。

並非每一天都鼓舞人心，我們大多數時間都處在高原期，有時，我們因爲沒有好好傾聽，或是索取多於付出，而讓彼此失望；我們也會因自己的失誤而失望——一次跑步表現不佳的糟糕時刻；一場消防演練，在狹窄、煙霧瀰漫的房間裡，因焦慮感而導致恐慌；一堂表演課，因擔心父親中風後的健康狀況，讓思緒難以集中，導致獨白表現平淡無奇；一個寒冷灰暗的早晨，七十六歲的身體現況讓遛狗從一種樂趣變成了一項負擔。

儘管如此，**比這一切更強烈的是希望的微光**：希望我們還未到終點；希望即使我們確實已經長大成人，仍然能夠發掘更多可能性。

某天早上，厄爾傳來的一封簡訊完美地捕捉了我們的感受，那一絲希望之光，閃爍在他最後的驚嘆號裡：「早安，昨晚發生大火，我們半夜兩點十五分到達。我幫忙把梯子架到二樓窗戶，爬了上去，並打破窗戶衝了進去。我大約早上六點到家，累死了！」

15　趁做得到的時候，盡你所能

兩天內參加三場比賽。

那是菲耶、潔西卡和我爲西維吉尼亞州舉行比賽的那個週末所設定的目標。盛大的斯巴達北美錦標賽將於週六展開，那是二十一公里的野獸賽。菁英組選手（包括菲耶）奮力通過後，分齡組運動員將立即上賽道，那時菁英組選手已爲我們其他人破壞灌木叢與荊棘，並用快速的腳步壓實小路。

我的冠軍賽目標不大：完賽，不要成爲最後一名。這是我第三次嘗試參加這個長度的比賽，第一次結束這種距離的比賽時，我在醫療帳篷裡瑟瑟發抖。我的延伸目標是在第二天完成超級賽及衝刺賽，贏得斯巴達障礙跑競賽所謂的週末三色獎牌——意味著一年內完成三種主要距離的比賽（野獸賽、超級賽、衝刺賽），如果你連續兩天通過這些比賽，將獲得一枚特殊獎牌，因爲你在四十八小時內，跑了幾乎相當於四十二公里的馬拉松，並克服近九十個障礙。這在長跑史上微不足道，許多超耐力選手都會跑一百六十一公里以上的距離。

然而，我一年前從未參加超過五公里的跑步比賽，無法舉起與自己體重一樣重的東西。對我來說，完成這三場比賽，將會是我人生中「不可能的艱難挑戰」的一項重要成就。

麗莎因爲工作關係無法同行，所以厄爾擔任我這次的比賽軍師。我們在這段長達九小時、九百一十公里的旅程中輪流播放鄉村音樂，或者收聽關於長壽、健康議題的Podcast，一路穿越美國東部。

錦標賽當天早晨，我在凌晨四點三十分左右醒來，迅速沖了澡，套上長長的比賽襪與壓縮褲，然後勉強吃下我的標準賽前餐：希臘優格、漿果、燕麥棒，以及抹上杏仁醬的全麥麵包。在這麼早的時間進食本身就是一種意志力的考驗——我知道等一下會需要這些能量，但在這個不自然的時刻，實在不想吃任何東西。

厄爾緊握著一杯黑咖啡，駕駛在黑暗的道路上，前往比賽場地。他不是個晨型人，所以我們在車上並沒有聊太多。

「你感覺如何？」他終於發問。

「不太好，」我告訴他，同時從副駕駛座側邊的窗戶望向購物中心刺青店的閃耀燈光，「我不知道出了什麼問題，我覺得胃不太舒服。我想喝一些你的咖啡，但我擔心會出狀況。」

「一旦你上了賽道就會沒事的。」他說。

我們又開了一陣子。

「我爲什麼要做這件事？」我說。其實我不是眞的想獲得一個解答，因爲這也不算是眞正的疑問，「我們可以掉頭回去吃早餐，然後我就可以喝杯咖啡、去睡回籠覺。」

他笑了：「對，然後你就會後悔並恨我。想都別想。」

又聽了一會兒車上播放的音樂，看了一會兒購物中心的燈光。

厄爾看著我並輕聲說：「**記住，你這樣做是因爲愛。**」

朝著史上最佳選手之路前進

賽道沿著格倫吉恩的童軍訓練營地「頂峰貝泰保護區」延伸出去，我們停車的場地覆蓋露水，緊鄰著童子軍的帳篷區與洗手間，後者早已排起了長長的隊伍。這是一個陰暗多雲的日子，空氣相當潮濕，意味著障礙物將又濕又滑。西維吉尼亞州是出了名的「狂野與美妙」，不久後這點將獲得充分的展現，因爲賽道將帶我們穿過拔高的起伏地形、潮濕的岩石與樹根、水窪、荊棘、苔蘚、掩蓋坑洞的樹葉，這些坑洞甚至會讓人扭傷腳踝。

事實上，在比賽的最後一段濕滑的山徑上，任何一次的絆倒與摔跤將成爲今天女子菁英組冠亞軍之間的關鍵差距。我的教練菲耶，甚至在比賽途中差點撞上一隻橫衝直撞的小黑熊！當時她絲毫沒有放慢腳步，而這一幕被捕捉進比賽影片後，讓她獲得了YouTube 觀眾的一致讚賞：「眞是個狠角色！」

我們到達時，菁英組選手正排隊等待出發，我看到菲耶穿著亮藍色的運動內衣與短褲，站在女子組的前面。就像經驗豐富的棒球迷或足球迷一樣，現在我可以辨識出強者，其中包括將爭奪今天冠軍頭銜的兩名女性：來自美國的妮可·梅里克與來自加拿大的琳賽·韋伯斯特。琳賽的丈夫也是男性菁英組的優秀選手萊恩·阿特金斯。憑藉著兩次斯巴達世界錦標賽冠軍頭銜，她可說正朝著障礙跑競賽史上的最佳選手之路前進。

還有一位認眞的二十七歲新銳黑馬選手，同時也擁有哈佛醫學院學位的蕾貝卡·哈蒙德，她曾與菲耶一起登上哥倫比亞廣播公司節目《百萬美元里程》，並獲得一個很好記的綽號——「哈佛錘子」。

我很高興看到一名年長的男性菁英組障礙跑競賽選手也出現在起跑線上，他是五官輪廓分明的四十歲脊椎物理治療師萊恩·伍茲，他只比我小七歲，但仍能與鬥志旺盛的二十多歲與三十多歲的選手競爭，不讓他們輕易獲勝，這鼓舞了每位年長的選手。

這些經驗豐富的運動員中，還有一些人仍在菁英組榜上有名。女子組的五屆三項鐵人冠軍希瑟・戈尼克比我大一歲，她經常與菲耶、琳賽、妮可等人一起登上女子菁英組頒獎臺。儘管萊恩・伍茲與希瑟已經成為競技運動員有一段時間了，但想到他們仍然帶著經歷數十年磨損的關節，以及或許不再如年輕時銳利的視力，在這片險峻賽道上奮力奔跑，令我感到一種微妙的連結。

我站在人群後面，快速摸摸褲子口袋，確保拉鏈拉上，朵莉的狗牌安放在裡面，這已經成為我的習慣。我們呼喊斯巴達障礙賽的開場白，大喊三次「阿入」，然後出發。

比賽的前三公里對上半身造成很大的負擔，這立即讓我落後。我從潮濕的單槓上滑落，接著又在奧林匹斯障礙失手——這是一面近乎垂直的牆，你只能依靠手抓住東西來攀爬。我再次被近二點五公尺高的盒子障礙擊敗，而「斯巴達天梯」也沒有成功——這個障礙要求選手利用攀岩握點將自己拉上高牆。現在還不到上午九點。我已經確定要跳一百二十次波比跳，其他選手都在我前面衝刺，我滿懷渴望地想喝厄爾手上那一杯熱咖啡。

當意識到機會正在流逝，反而能果決判斷

某個時刻，我感覺到有人拍了拍我的背，那是科里，我在北卡羅萊納州認識的俄亥俄州心臟實驗室護理師。他開始比賽的時間比我晚，但現在已經超過我，他裸露的胸膛上沾滿泥巴，他對著我說：「加油，打敗他們！」

看到新朋友經過正是我需要的刺激，我終於開始找回最佳狀態。當我超越一些選手，扛著沉重的木頭涉水並走過泥漿路讓我恢復一些信心，搬運沙袋也是，讓我在不需要速度或肱二頭肌力量的上坡攀登發揮優勢。

有一段時間，我獨自在樹林裡奔跑，這既讓人不安（心想：「我偏離路線了嗎？」）又讓人陶醉，潮濕樹葉的氣味與現已熟悉的控制感開始在我體內流動。現在我在比錦標賽，距離手術不到一年，我仍生活在這個地球上，仍能自由地運用身體動作……選擇我的腳要踩在哪裡、選擇該如何跳過一棵倒下的樹、選擇我要跑得多快。

這種與宇宙合一的狀態持續約十五分鐘。

就在這時，我聽到了尖叫聲。

起初聲音很微弱，聽起來在遠處，但聲音越來越大。我慢跑上一座小山，看到一群

選手聚集在賽道的一側朝山下望去，那裡還有一位看起來很忙碌的比賽志工朝著對講機低聲說話，而下方的尖叫聲持續響起。

「怎麼回事？」我隨意地問，喝了一口水袋背心裡的電解質飲料。

「賽道上有一群黃蜂、大黃蜂或某種蜜蜂，牠們在螫人，」看上去四十歲出頭的一名男子回答，他健壯結實、禿頭、赤裸著上身，與科里一樣，胸口也濺滿泥巴，還有幾處擦傷，「一群人出現過敏反應，被拉離賽道。」

我的大腦開始快速盤算：我從小就對蜜蜂及蜂毒過敏，雖然還不到危及生命，但通常需要抗組織胺，也因爲會嚴重腫脹，所以有時還需要類固醇。

西維吉尼亞州的樹林裡，沒人會幫我注射類固醇，也沒人能遞給我一顆抗過敏藥。

「有別的路可以繞過蜂巢嗎？」我問那名男子，他正一邊吸著能量果膠，一邊敲掉鞋子上的泥。

「好幾個人正試圖找出一條路，」他指著在茂密樹林中偏離賽道，並緩慢蜿蜒前進的一些選手說道。

我腦中快速權衡了幾個選項：退出比賽並開車九小時回家，再次無法完成比賽；偏離路線但增加我完賽的機率；冒著被螫傷的風險繼續前進。謹愼的選擇一定是第一或第二個選項，然而，我花了幾個月的時間，不，是好幾年才來到這裡，站在西維吉尼亞州的樹林中、站在這個全身泥濘，而且赤裸著上身的陌生人身邊，他就像一塊熱鐵灼燒著我的判斷。

我不確定這是不是我最後的機會，畢竟，沒有人擁有預知未來的能力，但**當你清楚的知道，機會正一點一點流逝，反而越能清晰地做出判斷**。換句話說，趁做得到的時候，盡你所能。

「你要怎樣做？」我問那名赤裸上身的男人。

「我會用最快的速度跑過去。」他告訴我。

我的嘴巴回答得比大腦的思考速度更快：「好，我也是。」

他往下衝，我緊跟在後，暗中希望下面的螫人大軍會先螫他，然後放過我。我們以爲中間區域會有比較多選手被螫，所以努力靠近標示賽道邊緣的白色膠帶處。但是命運之神沒有站在我們這邊。五秒後，我聽到他尖叫並開始瘋狂拍打胸口：「我的天啊！我的乳頭，我的乳頭，牠們螫了我的乳頭！」

我已經來不及修改方向，突然感覺到右大腿燃燒起來，就像有人在裡面反覆扎針。我低頭一看——至少有五隻黃蜂附在我的緊身褲上。

我本能地想伸手去拍掉牠們，但是想起曾聽過的某則建議於是我強行忍住了——我記得，有些黃蜂可以不只螫人一次。如果我的手被螫了，那接下來的障礙賽就沒辦法抓握任何東西了。於是，我強忍著疼痛，讓牠們繼續螫我的腿，然後衝向河床，跪進冰涼的河水中。一隻接一隻，黃蜂終於鬆開了針，從我身上飛走。

大概還有十一、十二公里的路程，我不太確定自己目前所在的位置，根據目測，我的傷口很快就會開始腫脹，我可以爬回山上，試著讓一輛越野車載我去醫療帳篷，但是我仍然跪在水裡。突然間，腦海閃過小時候的一段回憶：某次我在父母旅居的小帆船邊游泳時，一隻水母纏住我的身體四肢。我哭著從水裡爬出來，把牠的觸手從手臂與大腿上扯下來。我們離海岸很遠，所以我父母用沾滿和水小蘇打粉的濕敷布覆蓋我的傷口幫助減輕疼痛。

雖然我現在手邊沒有小蘇打粉，但我周圍有許多冷泥漿。即使在腿部劇痛的干擾下，我自己都沒有意識到這段記憶成了一個優勢、一個平衡點。回想起當年被水母螫傷時，我們在船上臨時想出的急救法，我立刻伸手挖取河床的濕泥巴，然後將它塗在被螫的地方，壓進我的緊身賽褲裡。然後，我再度邁開步伐，開始奔跑。

躋身分齡組中間水準

這場比賽的其他部分在我的記憶裡已變得模糊，記得我在湖裡游泳，那讓我的腿感到涼快，也讓我趕上落後的一些距離，因爲對於在湖泊與海洋周圍長大的南方孩子來說，游泳本來就是一項基本技能。

隨著比賽進行，我又做了三十個波比跳，這迫使我不停地把被螫的大腿壓在堅硬的地面上。儘管如此，比賽的興奮感還是讓我到達了終點，他們割斷我的計時晶片並遞給我一根香蕉後，我前往清洗區，那裡只有一堆可汲取冷水的低壓軟管。我身上的多處螫傷全都腫了起來，厄爾陪我去了醫療帳篷，他們爲我提供抗過敏藥。

接著我們去確認比賽結果。

三十五名選手裡，我是第十六名。

「嘿，很棒。」厄爾說。

我逐漸意識到這則訊息：我不是最後一名，我已經在全國錦標賽中躋身分齡組的中間水準。

「對，」我說，「還不錯。」

有個男子站在我們後面，等著確認他的比賽結果，「你成功前進太浩湖了嗎？」他禮貌地問道，顯然是企圖讓我們快點離開。

「太浩湖？」我問他。但我誤解他的意思了：「不，我們來自紐約。」

「我的意思是你有資格參加太浩湖的比賽嗎？」他說，「世界錦標賽？」

我確實知道斯巴達有世界錦標賽，但我不太了解複雜難懂的資格規則，就連我的教練菲耶與潔西卡也無法加以解釋，潔西卡說這些錯綜複雜的規則「比我們的奧運代表隊選拔標準還糟糕！」

「我們要如何知道呢？」厄爾問。

「那邊有頂帳篷，你們可以去那裡詢問與登記。」他指著我們後方、靠近歡樂區域入口處的長長人龍。

我們離開終點線，讓出空間給他。「聽著，我不可能有資格，」我告訴厄爾，「我們回旅館吧，這樣就可以洗澡了，我的腿好痛。」（我眞正的意思是：我並不想抱太大期望）但他回我：「也許在這種大型比賽取得名次更重要，我們去看看吧。」

我不情願地跟著他，與一群全身是泥的人站在一起排隊，他們顯然以前曾在太浩湖比賽，正在分享關於高海拔及一些在冷水裡游泳的恐怖故事。

終於輪到我的時候，我將姓名告訴一位坐在電腦前、穿著紅襯衫的女士。

「你的名字怎麼拼呢？」她問。

「格、溫、多……」我拼完名字，然後以防禦的態度脫口而出：「我認為我不符合資格，但我，呃，嗯，我只是確認一下。」

「好的……格溫多琳，讓我們看看，今天是第十六名，」她說，點點頭，看著螢幕，然後微笑，「是的。恭喜，你已經成功進入分齡組選手的世界錦標賽。做得好，你想現在登記嗎？有折扣優惠。」

厄爾已經伸手拿出他的信用卡說：「是的，」他說，「她想。」

報名後，我們坐在草地上的陰涼處喝著啤酒，看著菁英組選手登上領獎臺。「史上最佳選手」琳賽．韋伯斯特與妮可．梅里克勢均力敵並險勝，「哈佛錘子」蕾貝卡．哈蒙德獲得第三名。我的教練菲耶在盒子障礙失敗了（跟我一樣），但跑贏了熊（不像我）之後，排名第四。四十歲的脊椎物理治療師萊恩．伍茲在高齡組獲得很高的分數，在男子菁英組排名第一。

明天我將完成十公里超級賽與五公里衝刺賽，並贏得我的第一枚週末三色獎牌，然後必須在車程九小時的返家路上，前往診所緊急治療我的腿，此時我的腿因為螫傷而留下一條充滿液體的大傷痕。

週二，我將返回工作崗位並更努力工作，盯著同樣的螢幕，坐在同樣磨損的會議室桌旁。有家務、洗衣、帳單需要處理；我的下一次皮膚科預約即將來臨，隨之而來的是另一次採檢，等待並擔憂，直到我們聽到電話另一端的「良性」結果。其中，我必須爲太浩湖比賽進行訓練，時間只剩五週左右了。

然而，目前這些都不存在。此時此刻，距離我的四十八歲生日還有幾天，我剛剛得知自己獲得參加世界錦標賽的資格，懶洋洋地躺在陽光下，我確實覺得這可能是我所屬的地方。

挑戰7

靜心沉澱的好時機

極度欺騙選手的其中一個障礙跑競賽挑戰是在貨物網爬上爬下，該障礙的斯巴達版本稱為A型架，它是巨大的金屬裝置，將近六公尺高，形狀像字母A，你可以從一側的黑色網狀織帶爬上去，然後從另一側爬下來。

乍看之下，你可能會想：「嗯，有什麼大不了的？」直到你開始攀爬，然後會發現織帶可能鬆動並且搖晃，大家都在上面的結果就是導致有人可能會不小心踢到你的臉。

一旦你到達頂端，可能會突然想：「哦，等一下，我懼高嗎？」如果是確定的答案，那就太晚了。

即使你不會因為高度或體驗別人鞋底的前景而感到不安，磨練你的A型架技術也是好主意，因為這項障礙往往是斯巴達終點線之前的最後一個障礙，如果你與競爭對手旗鼓相當，你爬上爬下的速度可能是致勝關鍵。

對很多人來說，包括我自己，關鍵是翻轉。你在A型架的頂端不是像梯子一樣將一條腿翻過頂部，然後嘗試爬下另一側，而是用雙手抓住另一側的網，運用腹肌，將整個身體翻過頂部，你可以沿著網子滾下去或滑行到底部，這樣速度快多了。

然而，如果你沒壓力且能抽出幾秒鐘的時間，建議你在頂端暫留一下，因為賽道的壯觀景色往往會展現在你面前，有時還會看到地形的景觀，包括山脈、野花、溪流、森林，當下面傳來熟悉的比賽聲，你會感到一絲敬畏。

如果你在這種激昂骯髒的運動中需要靜心片刻，那麼在高高的A型架頂端就是一個可以冥想的好地方。

16 年齡是祕密武器

「我的天啊。溫蒂，這眞是瘋狂。」我的教練菲耶站在我家，分析散落在餐桌上的裝備。

距離在太浩湖舉行的斯巴達世界錦標賽還有一星期，她與男友從城裡開車過來，利用我做的臨時裝備練習擲標槍。

自從西維吉尼亞州的比賽以來，我一直執行「通往太浩湖之路」的嚴格訓練計畫，該計畫旨在增強我對長時間攀登陡峭地形的耐受力，這樣一來，我就不會不必要地加重腿筋或腹股溝的負擔。

週一和週四，我會拿著啞鈴做多組踏步上箱、深蹲、反向弓箭步的動作，然後還有近十幾種不同的動作鍛鍊臀部肌肉，包括使用迷你彈力帶做單腳深蹲。

我每週長跑三次，搭配高強度的核心訓練，透過按摩滾筒舒展脊椎、在表面突起的小橡皮球上滾動雙腳。我也沒漏掉上半身，因為錦標賽的障礙可能更難。所以也在車庫裡做引體向上、雙臂懸掛、伏地挺身，中間夾雜拍手，並用毛巾提著十四公斤的壺鈴繞著房子增強握力。

每週有一天，我會去找皮特上障礙模擬課，並在課後花一些時間，拖著家得寶桶子在泥土路上來回走動。

總而言之，我在訓練日投入兩小時以上的努力，包括暖身與伸展運動。這種投入讓我的時間管理方式受到考驗——我嚴格要求會議要準時開始及結束，對飲食也很嚴苛，而且在比賽前完全禁酒。每個空檔都花在調整太浩湖比賽的裝備清單，這樣一來，就不會重蹈覆轍當時在紐澤西州比賽冷個半死的下場。

現在我的教練親自來了，我請她評估我整理的裝備。而她正在做的是，大笑。

菲耶是選手，她穿著短褲與運動內衣出現在起跑線上，相信自己的速度、運動能力、恆毅力能承受比賽時的任何環境。在她看來，桌上擺放的東西一定相當於避難裝備。我花時間投入的另一個優點是，盡我所能學習關於在寒冷、潮濕的環境下比賽的一切，包括穿著與移動方式，我已經閱讀了網上能找到的所有關於體溫調節的資料。

根據我的研究，我已經準備好了一套看起來合適的裝備，能讓我有機會完成比賽。

棉花不行，因爲它會吸水；羊毛較好，但潮濕時也會變重；防水的化纖織物通常效果最好，氯丁橡膠能形成一層隔離層，鎖住熱量，即使在潮濕狀態下也能保溫。最重要的是，我必須不惜一切代價保護四肢末稍。手指的圓柱形結構使其容易被冷空氣包圍，導致它們面臨冷傷害的風險，如果我無法靈活運動手指，就無法抓握障礙物。正如前面章節中我們的溫度專家肯尼菲克所說的：「**要善用現有的技術**。」

擺在菲耶面前的裝備是我詳盡研究的結果：防水氯丁橡膠襪子與褲子，搭配快乾羊毛內襯；我爲雙手準備特殊的氯丁橡膠烤箱手套，那是我在紐澤西州發現卡莉戴的那種。爲了讓我的核心保持溫暖，我購買了一件上衣，並在腹部周圍縫了六個口袋，用於容納暖暖包——就像人們去看足球比賽或滑雪時會用的那種；買了適合跑步戴的貼頭羊毛帽與湖邊游泳的泳帽以保持頭部乾燥。

我也買了一件打折的 Gore-Tex 超輕防潑水風衣，當然，還有我的水袋背心，裡面有電解質片、能量果膠、一些堅果醬包。我還拿出用於水上運動的防水小包，打算在可怕的游泳期間將很多衣服存放在裡面，因爲嚴格來說，選手帶上賽道的所有東西都必須跟著他們通過游泳障礙。

「我，呃，我覺得你會過熱。」菲耶告訴我，她用手指摸了一會兒防水氯丁橡膠，然後扔下它們，彷彿它們灼傷了她。我點點頭，臉有些紅。畢竟她是專家。

「好吧，也許我會帶其中一些去太浩湖，以防萬一。」我閃爍其詞，非常清楚自己原本打算帶桌上的每一樣東西。

問題是，在一般的情況下，菲耶所說的是對的，但我一直在追蹤比賽地區的氣象報導與極端天氣預測。一般來說，九月是在加州奧林匹克谷比賽的最佳時間，最高氣溫接近二十一度，最低氣溫在四到六度左右。然而，我後來發現，比賽當天的氣溫可能會接近冰點，甚至可能下雪。太浩湖比賽顯然因爲需要歷經一段短暫而寒冷的高山游泳而聲名狼藉，直覺告訴我要相信自己的判斷，並做好相應的準備，無論我們是二十八歲或四十八歲，都將面臨同樣的嚴酷條件，提前做好準備和備妥裝備是必要的。而裝備是我可以控制的東西。

這正是我們喜歡的挑戰

麗莎與我提前三天抵達北太浩湖地區，有益於我適應一千八百九十六公尺的海拔。根據斯巴達障礙跑的說法，在比賽的攀登過程中，我們將攀升至約兩千五百三十公尺，然後在奧林匹克谷的山脈間來回奔跑。

晚上，我研究比賽地圖、記下障礙的位置，看看我何時會最疲憊、何時能跑得更快，但大多數時間我都在練習穿著策略，特別是如何在游泳前脫掉多層衣服並將它們存放在防水包以便攜帶下水。麗莎在城裡買了兩條耐用的亮藍色登山靴鞋帶，這樣我就能用它們將防水袋牢牢繫在背上，確保游泳時不會脫落。

我在旅館記事本記下脫裝備的順序，然後在溫暖的旅館房間裡排練到滿頭大汗，直到我能不假思索地以正確順序將它們全部脫下並裝入包包裡。現在我們已經身處比賽地點，我親眼目睹山上每天的氣溫變化十分劇烈。

比賽前一晚，我打電話聯絡母親時，她透過電話告訴我：「記住，做好潛水計畫並按照計畫潛水。」這句話我從小就經常聽父母說起，因爲他們的潛水教練曾經無數次向他們灌輸這個觀念，但我一直沒有眞正理解它的意義——直到這次出賽。

隨著比賽週末的到來，斯巴達障礙跑會在星期五舉行國際遊行，這相當於奧運會的開幕式。來自世界各地的選手揮舞著各自國家的國旗，在小鎭上遊行。據報導，這次比賽共有來自五十九個不同國家的參賽者，包括印度、中國、丹麥、瓜地馬拉、馬來西亞、比利時、墨西哥和加拿大。

當我站在飄揚的美國國旗下，強風吹拂著旗幟，這一刻感覺如夢似幻。我不是一名在場邊旁觀的記者，而是遊行隊伍中的一員，並代表著我的國家。隨著鼓聲震天的隊伍向前行進，我忍不住想，會不會有人突然來告訴我走錯地方了，但這件事並沒有發生。

當我們用英文高喊口號，與來自世界各地不同語言的吶喊聲交織在一起時，一個熟悉的詞彙時不時會浮現出來——斯巴達賽場的起跑口號：「阿入！」

我們一路前行，來到主舞臺區，斯巴達障礙跑的創始人喬・德・塞納已經在那裡等著迎接我們，和往常一樣，他說話非常直接：「聽著，明天的挑戰會非常艱難，天氣會很冷。星期天也是，但這正是我們喜歡的挑戰。」他笑著舉起手臂，人群爆出歡呼聲。「我剛才打了一通電話，請他們把氣溫再降低二十度，我知道你們會喜歡的。」

喬的預測沒錯，週日，也就是菁英組與分齡組的世界錦標賽當天，我醒來後，透過簡訊、電子郵件、臉書獲悉比賽開始時間將延後兩小時，以利賽事主辦單位可以處理累積的冰雪。通常延後不是什麼大問題，但我所屬的組別目前改成中午十二點十五分出發，這意味著如果賽道特別難走，我們可能會在天黑時還未完成比賽，而且對我來說，這個可能性極高，因爲海拔挑戰對我的影響不小。

比賽也有明確規定，如果無法在規定時間內、戴著頭燈抵達某個檢查點，將會被強制退出比賽，以確保安全。我對裝備做了近乎瘋狂的細緻安排，但我沒有頭燈。

麗莎立刻開始打電話給鎮上的戶外運動商店，找到一家還剩下幾盞頭燈的商店，她向店員提供自己的信用卡號，請對方幫忙保留，然後立刻前往鎮上取貨。

麗莎離開後，我與皮特互傳了數封簡訊。皮特在紐約，自從我認識他以來，這是他首次對比賽沒有百分之一百一十的熱情。「注意安全，」他說，「我們在這裡爲你加油，但也要注意氣溫。記住，你不需要證明任何東西。」

他的話讓我停頓了一下，但我知道皮特說錯了，我確實有些事情需要證明，這份清晰感正是推動我走到起跑線，並走上那條漫長而陰冷的山路的動力。

內心深處，我想完成比賽的原因已經深深根植於心裡，它超越了可能面臨的任何不適。在非菁英組參賽的情況下，根本沒有獎金，而官方的比賽日影片也不會關注分齡組的競賽，儘管我們遵循相同的比賽規則。

兩週後，娛樂與體育節目電視網轉播比賽時，我們這些非菁英組選手在障礙賽中的勝利與波比跳失敗，也不會成爲焦點。然而，**對於四十八歲的我來說，還有其他理由讓我爬上那座山——這比任何獎品或鏡頭都更具激勵作用**。

我們大多數人都知道，外在動力（如金錢、權力）所帶來的激勵是什麼感覺。這與內在動力不同——內在動力更多是心理層面的，滿足我們的基本需求，比如好奇心、安全感。當我們受內在動力驅使時，目的通常與參與活動的「過程」密切相關，我們主要的獎勵就是享受活動本身，並將它完成。

我後來明白，這種內在動力是非常強大的，因爲它可能比獎牌或獎金等短暫的誘惑更能持久。

《繼續比賽》的作者傑夫·貝爾科維奇表示：「偉大的成年運動員未必是青少年時期表現最好的運動員。如果在你的首個賽季就贏得冠軍，或成爲最有價值球員，這樣的現象可能會帶來意義上的危機。**當你後來才開始從事某項運動時，它會迫使你有內在動機，因爲你必須更關注過程。**」

的確，對於許多人來說，根本沒有任何外在動力能讓我們離開溫暖的飯店房間，並將自己投入山上的數小時寒冷挑戰中。

每位選手都有自己的故事，而對我來說，這些故事就像是心中的一疊拍立得照片：一名小女孩在躲避球比賽中，躲在她最好的朋友身後；突然被叫上場罰球的籃球賽；一隻手緊緊掐住我的脖子，將我推到學校的置物櫃上；婦科醫師打了六次電話通知：「抱歉，但妊娠驗血結果是陰性。」；皮膚科醫師對我的診斷：「應該不會讓你少活幾年，但……」。

這些記憶的最終考驗來自於斯巴達障礙跑粉絲專頁發布的消息：儘管氣溫很低、積雪覆蓋，游泳障礙仍然進行。

我告訴麗莎，她不動聲色地看了我一會兒，然後提出更優雅的方式來擺脫未來的困境——一個若沒有堅定的決心，幾乎無法拒絕的提議：「我們可以就留在這裡，喝一瓶酒，欣賞雪花飄落。」

我微笑著說：「聽起來眞棒。」但我臉上的表情已經回答了我們兩個的問題。

她點點頭。「等你越過終點線之後，我們就這麼做。」說完這句話，我們不再多說什麼，收拾好我的裝備、走出門。

是的，我是即將攀爬那座山的人

低溫。

這個詞開始讓我心煩意亂，也是心中的刺。

氣溫接近零度，我們約前進了八公里，地面上有冰雪，偶爾有每小時三十二公里左右的陣風。

我們還剩下十二到十四公里，現在映入眼簾的是約四百公尺外的冰凍景色，上面散布著跳動的鮮紅小點。當我朝著他們的方向跑去，立刻認出了這些小點是什麼——穿著救生衣的人們正越過一座小湖泊，救生衣是爲了防止他們碰到冷水時腿抽筋或心臟發生突發狀況。約兩分鐘後，我將會是水中跳動的其中一個鮮紅小點。如果這是九月正常的氣溫，現在我會充滿信心，因爲目前爲止，我的比賽比預期來得好。

在起跑區，我與一位名叫莫莉·史塔爾的四十歲高中歷史、政治與經濟學老師聊了幾句，她也是菲耶和潔西卡的學生，還是一位有三個孩子的媽媽，同時也是一位經驗豐富的斯巴達障礙賽選手，完成過一百六十一公里的比賽。她讓我感到安心：「你只需要一直保持前進，別因爲寒冷就讓你停下來或放慢速度。」

然後比賽播報員開始拿我們四十歲至四十四歲及四十五歲至四十九歲這兩組開玩笑。「我稱你們爲成熟又性感的隊伍，」他透過麥克風大聲喊道。「成熟又性感，帳單已繳清，信用沒問題。」這打破了緊張氣氛，我與周圍的女性一起對他笑了笑。

一些人調整著手錶計時器，我則繼續把玩著我的舊手錶，對它我有著莫名的喜愛，並繼續調整帽子和手套。

大家此時心裡都明白：**是的，我們是那些即將攀爬那座山的人。**

在我們從起跑線開始的長時間攀爬中，我保持著自己的節奏，處於隊伍的中間，並試著緊跟在莫莉後面。

已經開始有選手在第二個障礙絆倒，這是位於陡峭斜坡中間一道高達兩公尺的牆，你必須對抗重力才能越過它，我成功了，也通過了高低交錯的單槓障礙。後來，我在提桶上下山頂的過程經過人們，心中默默地感謝鄰居忍受我在泥土路上練習數星期；我的一擲乾坤障礙甚至成功擲中目標，這讓我免於在冰水池中做波比跳的侮辱。

我也遇到了一些挫折，像是在帶刺鐵絲網下方爬的時候被纏住，外套與上衣被撕破了，皮膚也被劃破。就在數分鐘前，我彎著腰，腰彷彿在尖叫，吃力地搬運兩個十八公斤重的潮濕沙袋爬上陡峭的斜坡。

攜帶兩個沙袋是斯巴達勇士世界錦標賽障礙的其中一個變數。一般比賽只需要攜帶一個沙袋，但如果攜帶兩個，總載重幾乎是我體重的三分之二。我一步步地緩慢、穩定前進，記住莫莉的建議：持續前進。後來她告訴我，這是她比賽生涯中，唯一認真考慮退出的時刻。

男性的沙袋每個重達二十七公斤，他們邊搬邊咒罵著，其中一人還停下來彎腰哭泣，淚水在他滿是鬍鬚的臉上結成霜。當我後方的一名女性參賽者屈膝倒下，我們內心的痛苦終於被她倒下的聲音取代，我們一邊繼續前進，一邊朝著山上大喊：「醫療人員、醫療人員、醫療人員」，這是體育場內的口語示意，如此一來，比賽志工就會聽見並求助。

然而，總的來說，第一段賽程比我預期來得好多了。氯丁橡膠手套讓雙手保持暖和舒適，而且我一直保持著溫暖，導致我們最初的攀登過程中，我一度拉開防風外套的拉鏈，把它綁在腰上，想知道菲耶是否說得對，我會從裡到外都過熱。

成功拔除心中的刺

然而，現在真正的考驗來了：游泳。

後來我觀看斯巴達比賽的回顧影片，得知主辦單位幾乎整晚都在猶豫是否維持開放游泳障礙，思考會不會太危險，高層主管顯然遵循「二十七度規則」，這意味著氣溫與水溫加起來必須至少達到二十七度才能維持開放游泳障礙。今天的溫度就在這個數字附近徘徊，氣溫約負兩度，水溫約十度。鑑於這是世界錦標賽，他們選擇讓人們下水，並在游泳障礙的正對面開設額外的醫療設施。

游泳的目的不是要讓選手精疲力盡，而是要讓他們感受到刺骨的寒冷，再看看選手會如何因應逆境，「你進入水中時，必須進入近乎冥想狀態，」播報員在比賽回顧影片解釋，「因爲如果你沒做好心理準備，或是心態不正確，它絕對會壓垮你。」

我到達湖邊時，盡量不去看其他參賽者，當時許多人都站在結冰且覆蓋著雪的岸邊，我很清楚自己要如何進入水中。

現在莫莉正從水裡出來，「繼續前進！」她咬牙切齒地告訴我。她說得對，現在速度對於執行我的計畫來說很重要。首先，我脫掉外層衣服，包括防風上衣、保暖背心、長袖比賽上衣、口袋裝著暖暖包的特製上衣，脫到上半身只剩運動內衣。我仍穿著比賽鞋、氯丁橡膠比賽襪、褲子。最後一刻，我摘下溫暖的跑步帽，把馬尾塞進橡膠泳帽。

我裸露的肚子變成粉紅色，但寒冷讓我集中注意力。我把包括水袋在內的所有東西都裝在一個防水小包裡，整個比賽過程中，我一直把它放在口袋裡，就爲了這一刻。接著，我用兩條亮藍色的登山鞋帶將防水小包綁在背上。我的計畫是游自由式快速闖關，並且希望這個防水包夠堅固能讓我的外層上衣保持乾燥。

數名比賽官員在湖邊仔細監看激起水花的參賽者。我一邊感謝他們，一邊繫好救生衣，然後跳進湖裡。

我的肺部在水下似乎收縮成一對燃燒的李子，這比打敗我的紐澤西州浸水障礙還要糟糕，我唯一一次出現類似的感覺是在某個冬天早晨，我跟著厄爾在「北極熊跳水」挑戰中跳入大西洋，那天我數秒鐘後就回到乾燥的陸地，溫暖乾燥的衣服在岸邊等著我。

現在我有數分鐘的時間划水、繞著浮標轉一圈，然後返回岸邊，同時希望不要被其他游泳者踢到臉或腿抽筋。

許多選手緩慢移動並堅持游在內側水道，爲了繞過他們，我選擇一條更長的外側水道，這樣可以游得更快。一旦身邊沒有了拚命揮舞的手臂與雙腳，我就可以伸展長長的四肢，爲我在水中提供動力。這雖然很笨拙而且不漂亮，但救生衣會迫使我抬起頭，防水包也會持續產生阻力，儘管如此，我的移動速度相對較快，於是很快地就繞過了浮標，並且經過黃色橡皮艇上的觀察員，他們已經準備好幫助任何抽筋或搖搖晃晃的選手。

當我到達岸邊並開始接觸寒冷的空氣時，一名比賽監控員過來了：「你感覺如何？」

我吐出一些湖水，踏上湖岸，「再……好……不……過……」我牙齒打顫地告訴他，「想……再……來……一……次。」

他咯咯笑，「做得好。」

我邊跑上山邊解開防水包，在雪地裡找到一個沒有人的地方。離水後，風吹的感覺更糟。我知道時間緊迫，所以迅速打開防水包——幸好沒滲水。

我取出衣服，按順序重新穿上，很高興之前有做排練，因爲現在我的大腦陷入了無用的循環，就像這樣：「好冷……好冷……太冷了。」我旁邊的一位女士正勸另一位女選手移動，「你必須走了，不能就站在這裡。」但那名女孩哭著發抖，她的衣服濕透了，雙手緊緊抱住自己，徒勞地試著讓身體變得暖和，她的眼神閃爍著類似動物的恐懼，而且她沒有乾燥的衣服可穿。

「靠，」我聽到一名男子從水中出來時尖叫，「我的蛋蛋完全沒感覺了！」嗯，我茫然地想，我不必擔心這件事。我戴上帽子，重新穿上上衣，花了一點時間打開數個暖暖包讓它們開始發熱，然後把它們塞進特製上衣的口袋裡。儘管我穿著氯丁橡膠襪子，但裸露的手指和腳趾很快就失去知覺。我摸索外套的拉鏈一會兒，僵硬的手指不夠靈活，無法拉上只好任它敞開；雙臂伸進水袋背心，但我也無法加以扣緊。我用牙齒咬著氯丁橡膠手套並拉緊套好，開始跑步。

一切都將取決於接下來的五到十分鐘：取決於我的裝備是否按照計畫發揮作用，並讓身體變得暖和。我的腳趾在鞋子裡扭動、手指在手套裡扭動，試圖慢慢讓它們恢復活力，但大多數時候我只是奔跑，拚盡全力奔跑，繞著白雪覆蓋的岩石小徑跑下山，厚重的灰色雲層在我頭頂上方若隱若現。

有幾次，我經過坐在山坡邊上的選手，他們顫抖著等待醫護人員來接他們，其中一些人穿著短褲，大多數人都穿著厚重潮濕的衣服。我說了一些鼓勵的話，但我知道沒什麼效果，因爲我曾經歷他們現在的情況。

某個時刻，我開始注意到本地的植物，並抬起頭環顧四周。來自東岸的我從未見過眼前這種樹叢繁茂、狂野原始的美麗景象，但願麗莎也能在這裡看到這幅風景。「天啊，這裡眞是太棒了，」我經過雙手插在褲前的一名男子身邊時說道，姑且假定他只是在維持手指溫暖。

「看不了，」他說，熱氣從他的嘴巴呼出，「不想……跌倒。」我默默想著，嗯，你把雙手塞在褲子裡跑步，那才是問題。

我突然意識到一件事。

我不再想著寒冷。

事實上，我的腳趾不再痛了，上衣裡的暖暖包散發著溫暖遍布我的身體，我已能抓住外套的拉鏈並將其拉上。此時我已經前進約十公里，還有十一、十二公里要跑，但現在剩下的就是繼續前進、不要受傷。即使前方的每一項障礙我都挑戰失敗（我知道這不會發生），我仍能完賽。

我可能花了四十八年的時間，但能跑完一場世界錦標賽。這個認知就像燃料，支撐我接下來數小時的動力。最後的十七項障礙中，我失敗了三項，這絕不完美，但波比跳坑很擁擠，所以我不孤單。潔西卡提供給我的跑步訓練計畫正取得成效，我的雙腿很強壯，可以朝著選手村跑完最後兩公里。天色仍然滿亮的，所以我沒有使用頭燈。我輕鬆翻轉九十一公斤重的輪胎（現在默默感謝年輕的霍爾丹中學足球導師），並爬上A型架。

我離終點非常近，以至於無心欣賞景色，我快速翻越，衝向最後一個障礙。儘管菁英組選手早已結束比賽，但觀眾仍為我們其他人歡呼。我們跑步經過時，有好幾個人甚至伸手與我們擊掌。

當越過終點線時，我發現麗莎不在那裡。我在選手村徘徊並尋找她與菲耶，直到我終於聽到一道聲音呼喚：「溫蒂？溫蒂！」原來麗莎一直在醫療帳篷晃來晃去找我。「喔，天哪，」她說，把我拉進懷裡，「你完賽了！許多人因為寒冷而被拉離賽道。我一直非常擔心，你還好嗎？」

我用髒兮兮的氯丁橡膠手套擦了擦臉，然後回頭凝視著山腰，我想像那些拍立得般的過往，散落在繁盛的樹叢、植物上與冰冷的泥土上。「是的，我很好，」我在她肩上低聲說，「現在我們可以去喝那瓶酒了嗎？」

失敗時不要只圍繞在單一身分

直到我洗完澡，麗莎用眉毛夾優雅地取出刺進我腹部似乎是鐵絲網的東西，我們才確認了我的比賽成績。

「即使你是最後一名也沒關係，」她對我說，為我倒了第二杯酒，「你完賽了，許多人沒有，無論如何，你都很了不起。」

我的時間是五小時二十三分四秒。

我的組別排名是，三十二人裡的第十一名。

我們都盯著電腦螢幕看了一會兒。

「溫蒂，」麗莎說，將目光從螢幕上移開，「這太棒了，這是世界錦標賽。你不僅完賽，而且表現得很好，成績在完賽者裡名列前茅。」

我的手機響了，是菲耶。我還沒查看菁英賽優勝者的全部名單，儘管我在球場上聽說美國選手妮可・梅里克打敗堅不可摧的琳賽・韋伯斯特，奪得冠軍（事實證明，妮可游泳時也使用防水包存放衣服，比賽的回顧影片中，琳賽選擇看起來像黑色垃圾袋的東西）。

另一名美國人、前美國陸軍特種部隊隊員羅伯特．吉里安成功通過「一擲乾坤」，其他競爭冠軍的選手失敗，他取得領先地位，奪下男子組金牌（不將任何事情視爲理所當然）。

「嗨，菲耶，」我說，將目光從筆記型電腦上的數據移開，「比賽結束後，我去找過你，情況還好嗎？」

「天啊，那場比賽，那太殘酷了，」她說話像連珠炮，這是菲耶典型的說話速度，「關於寒冷，你說得對，我不得不在搬運兩個沙袋障礙退出，他們帶我去了醫療帳篷。我很快就睡著了，他們認爲我體溫過低。」

她接著解釋她的裝備不對，畢竟她比較專注於身體狀況，且依靠著這分天賦，所以她穿著短褲參加比賽，直到比賽開始前，她向菁英賽男子組冠軍羅伯特．吉里安借了一件外套，但這件外套對她而言太大了，起不了保暖作用，當她全身濕透地到了山上，身體就再也暖不起來。

「不管怎樣，這太可怕也太困難，我只是想打電話告訴你，如果你沒完賽，不要覺得自己像廢物，因爲我也沒完賽。對我來說，這是一場不可能完成的比賽，它擊垮了我。」

我坐在爐火旁邊的椅子上，試著理解教練告訴我的話，並說：「我做到了，我的意思是，我確實完賽了。」

極短暫的停頓，「太棒了，我爲你感到驕傲，」我聽到菲耶說道，她的聲音有些沙啞，「你的事前準備工作非常聰明，我在那場比賽失去幹勁，我完全專注於排名，一旦我感到很冷並知道自己無法登上領獎臺，就沒動力讓自己通過比賽，我完蛋了。」

我聽得出來菲耶在哭，我不知道承擔著從小到大體能出色的幸福與負荷是什麼感覺，但現在我確實知道未完賽的感受，及隨之而來且揮之不去的問題、關於你是否夠努力的問題。更重要的是，根據數十年的經驗，我知道**失敗時不要只圍繞在單一身分上**，換句話說，菲耶是障礙跑競賽菁英組選手，也是世界上極出色的選手，但她的身分意義遠不僅止於此。

「菲耶，」我輕聲告訴她，「你拿起電話打給我的情操眞的很高尙，我們完賽者能完成比賽是因爲你們對我們的訓練很棒，你是很優秀的教練。」

她沉默了一會兒，「謝謝，但你們都完賽了，因爲你們熱愛這項運動。它改變了我對比賽的看法，**我必須弄清楚自己想繼續做這件事的原因。」**

我還沒完成挑戰

那天晚上，麗莎睡著後，我從床上爬起來，獨自在客廳的瓦斯壁爐旁坐了一會兒。我的裝備散落在地板上，帶著白天比賽留下的損傷：褲子膝蓋布滿凝結的泥塊，外套腹部遭到鐵絲網割破，鞋子又濕又硬。

比賽結果最終確定時，我將在三十三名同齡選手中排名第十二，這是一年前我認爲不可能達到的成績。隔天早上我們將離開太浩湖，開車前往舊金山，麗莎的父親一年前中風的現實正持續，他醒來時，麗莎將陪著他。我們將帶她母親史黛拉去吃晚餐，努力找出我們都相信的話語來暗示未來不會充滿現下的絕望。

藉著壁爐微弱的燈光，我寫了一張明信片給自己，這是我的 A 型架時刻，我告訴自己要記住這一天的感受，並在一定會捲土重來的恐懼時刻，喚起對那座崎嶇原始山坡的希望與敬畏。

我告訴自己，要回想起背著沙袋衝下岩石斜坡的感覺，腳步穩健，充滿活力，旁邊還有其他運動員；我告訴自己，下次懷疑可能做到的事情時，要相信在七個月內從幾乎墊底的成績達到今日成績的能力，相信這樣的行爲在我離開時所代表的意義。

我寫下這一切，是因爲我知道這些感覺將快速消失。

睡前，我悄悄地將錦標賽的完賽獎牌放在水杯旁。我預期一旦頭碰上枕頭，就會立即入睡，但那沒發生。相反的，就像其他比賽日一樣，腦中開始重播遇到的困難，記下如何才能做得更好：「環環相扣」末端時，用雙手抓住吊環穿過繩索；挑戰讓人不知所措的二點五公尺盒子障礙時，腳要踩到適當位置；跑步下坡很好，但我還是過於猶豫要不要這麼做……

就這樣，信上的墨水尚未乾，我就開始將今天的成就與挑戰轉化爲知識與經驗並逐漸睡去。

而且我知道：我還沒完成挑戰。

第三篇

爲時未晚

當我們把中年視爲一個轉化的機會，
我們心裡某個深刻美好的東西會開始覺醒。
—— 奇普・康利，中年智慧學校「現代長老學院」執行長

17 四百七十天無鈴可敲

「今年是屬於你的一年，現在萬事具備。」

我開車前往機場時，與菲耶和潔西卡賽前通話。當時是二〇二〇年二月，太浩湖斯巴達世界錦標賽已是五個月前的事了，我正前往南方參加今年第一場斯巴達大型比賽。車子轉進甘迺迪國際機場時，兩位教練快速大聲地做最後提醒：「沿著直線跑；拿起一個最靠近賽道的沙袋，這樣就可以帶著它跑最短的距離；比賽前慢跑十分鐘，做一些短距離的快速衝刺熱身；奮力出發吧。」

她們的指導聲言猶在耳，我登上了飛往佛羅里達州傑克遜維爾的班機，不知道未來十四個月，這將是我的最後一場比賽。

這場比賽是全國系列賽的其中一場，一年前我參賽的成績是二十三名選手中的第二十名。然而，這次再戰，我的心態已不同。去年我看到未來的教練菲耶在最後一刻衝過菁英組女子預賽的起跑牆後，憂心忡忡地溜到所屬分齡組的後面，但這次我很興奮，好像我雄心勃勃地想去努力競爭，話說回來，除了競爭，比賽還能是爲了什麼？然而，直到這一刻，我仍沒想過自己體內會有競爭基因，至少在運動方面是如此。我第一次參加障礙賽時，唯一念頭就是不能死，之後的比賽，我只想變得夠優秀，以免從繩子上摔下來讓自己難堪。隨著我越來越進步，**我的野心更大，想要接受距離更長、更艱難的挑戰**，包括世界錦標賽——但只求完成比賽，不要最後一名就好。

九月的太浩湖比賽之後，我十月在坎貝爾堡附近比賽；坎貝爾堡是橫跨肯塔基州與田納西州州界的陸軍基地，也是一〇一空降師的總部。通常在劇烈跑步出現疼痛時，我會放慢速度保護自己，心想：好吧，名次不重要。但是，那場比賽中我明顯感受到自己處於領先地位，於是事情發生了變化，我扛起沙袋奮力奔跑、用最快速度攀上繩子、奮力追上別人，這對「非運動員」來說，是截然不同的感覺。

由於那場比賽地點沒有網路，所以主辦單位無法立即上傳結果。完賽後我也沒馬上離開，而是選擇加入公開賽跑第二圈，並且穿上重達六公斤的背心，通過每一項障礙。這是因爲場地就在軍事基地旁才有的附加挑戰。在返回飯店與麗莎會合的路上停車加油時，我才滑開 iPhone 查看分齡組的成績，看到自己**獲得銅牌**後，我差點將加油槍摔到地上。

我站在那裡，汽油滴在我沾滿泥的鞋子上，我盯著螢幕（儘管這次不是坐著），突然明白自己**或許能抱持更高的期待**，而不是只求完賽或不吊車尾就好，**我可以成爲眞正的競賽運動員**。

這個想法讓我既害怕又興奮，出發比賽並盡我所能地完賽是一回事，但與「我想努力獲勝」簡直天差地別。首先，這種不確定性讓我非常不安，再者，我這麼遲才改變想法，那是不是還會有其他事情等著我呢？這一刻，在這個南方加油站，四周散發著汽油味，我與中年殺手的戰鬥發生了重大轉變，我毅然撕破手中「堅持你已經擅長的事情」的慰藉物，而且正如我後來在離家約一萬一千兩百多公里的中東所發現的那樣，最後的結果與登上領獎臺或獎牌並無關係。

四個月後，我在佛羅里達州傑克遜維爾，獨自沿著十號州際公路行駛時，潔西卡的鼓勵「今年是屬於你的一年」在我耳邊響起，一切都感覺熟悉，艾瑞克．裘奇用沙啞嗓音吟唱著〈結束了，就是結束了〉，我一口一口地咬下手上抹了杏仁奶油的雜糧麵包，另一隻手握住方向盤，清晨覆蓋露珠的綠草香氣、跳火坑產生的煙霧、刺耳的搖滾樂全都融在一起。

我其實很緊張，但我並非一無所知。我參加十九場比賽後，身體已經很熟悉這種場合及比賽規則。我遵照教練的指導，盡責做了十分鐘的熱身慢跑與衝刺。早些時候，就連在浴室盥洗時，我都能聽到她的指令「奮力衝出去。記住，這是衝刺賽，你沒有時間追趕」。

當廣播呼叫四十歲至四十四歲組，以及四十五歲至四十九歲組的人集合，前往起跑線，我穿過人群走到前面。鑑於這是斯巴達全國系列賽五場關鍵賽之一，我很清楚最優秀的選手都來了，但當我看到科里．愛德華茲時，我的信心增強了，他是俄亥俄州的心臟實驗室護理師，也是我的Instagram好友。科里咧著嘴笑，一副「我準備好了」的樣子，在互相擁抱打氣之後，我感到安心不少，在等待起跑前，我伸展著四肢，而其他難掩焦慮的選手也在原地跑跳。當播報員開始流利而誇張地提詞時，我已經能完全融入，不假思索地回答。

「我是誰？」

「我是斯巴達勇士！」科里與我揮舞著手臂，齊聲大喊。

「斯巴達勇士，拿出你的決心。」

「阿入！阿入！阿入！」我們吶喊。

「比賽吧！」

排名第四名

比賽中我並不清楚當天所屬的分齡組具體有多少選手，主辦方線上登錄的人數是二十人，另一個體育追蹤網則顯示二十二人。無論如何，我比前一年的成績進步許多，差不到兩分鐘就能登上這場重要賽事的領獎臺。這是我第一次運用菲耶教導的方式奮力往前衝，並努力跟上科里的腳步。這並不容易，因爲他的速度很快。但只要能追上他，就有機會與同組的前幾名維持旗鼓相當的距離，所以我都沒停下來喝水，直到投擲標槍失敗。當我預期的失敗沮喪還沒來，疲憊的雙腿就已率先提出抗議，在懲罰圈裡搖搖欲墜地表達不滿，我氣喘吁吁地說著如今已經很熟悉的話語：「注意左邊」，提醒正與我擦肩而過的女士，她拍拍我的肩膀：「眞有你的！」緊接著我在有刺鐵絲網下，雙手雙膝著地匍匐爬向一座小丘，彷彿有掠食者在追捕我。我知道我的心臟就快爆掉了，同時也清楚終點已不遠。我的大腦只有一個念頭：「不要停，繼續跑，無論如何都別停下來。」

我不停地跑，直到越過終點線，在極度缺氧下，突然間我看到我的名字與那些同組的佼佼者列在同一頁成績單上，而且在未來一次又一次的比賽中，我都會看到這些名字：愛達荷州的金·科爾、田納西州的安潔麗娜·鮑里索夫、南卡羅來納州的安琪拉·墨菲、紐約州的裘蒂．墨索里諾。我很快就認出她們當中的許多面孔，知道她們是我試圖追趕或打敗的人。我會在長距離的比賽中與其中一些女性聊天，談論她們的工作、家庭，訓練方式與場地，無論是賽場上或賽場外，她們都是我學習的榜樣。舊金山甲骨文球場舉行的一場比賽中，我在四十五至四十九歲分齡組與蘿賓．萊加特旗鼓相當，之後我們在Instagram上互相追蹤，我從她所發布充滿激情、時而幽默的影片學到了不少訓練技巧。

甚至偶爾也會有意想不到的收穫，例如南卡羅來納州第一位高速公路巡邏隊女隊長塔拉．拉芬—克雷格就傳授我通過可怕的兩公尺半盒子障礙的技巧。塔拉穿著短褲裙參加比賽，她的丈夫比她小三歲，也是領她入門比賽的人。她通常是我在衝刺時距離最近的競爭對手，我很喜歡她，也很欽佩她在賽道上始終如一的風采。

我與這些女性的友誼並不平常，但隨著時間流逝，某方面來說，我對他們也有相當程度的了解，例如當她們的步態或接近障礙的方式發生微妙變化，我可以感覺到她們正艱難地前進。她們是在爬繩子之前停下來深呼吸或者直接跳上去？她們是帶著沙袋慢跑或步行？我們大致都了解彼此的優點與弱點，例如幾乎所有人都比我快，但隨著我變得更強壯，有時候我也能比她們更快地通過障礙。如果我們其中一人感受到另一人的疲勞，我們可能會從中激發能量，就像喝下葡萄糖。如果我們幾個人在比賽時擠成一團，有時也會互相督促地說：「讓我們超越那些男人吧。」

我非常敬佩她們每一個人。不只是因爲她們出色的體能，實際上，在一些比賽中，比起在年輕分齡組預賽前十名的男女選手，那些經常登上領獎臺、五十歲上下的女選手獲得了更好的成績。儘管如此，我最佩服的是這些女性在比賽時努力拚搏，表現出色，但在中年現實中應對著各自的混亂人生，幾乎所有人都經歷過棘手的醫療診斷、失去摯愛的人，或者在工作場所遭受年齡歧視；而且有孩子、伴侶、狗兒、貓咪、父母、員工等依賴我們的人與生物，甚至不得不因應更年期逼近的現實及隨之而來的疲憊、熱潮紅、肌肉流失、骨質疏鬆。事實上，如果我沒持續服用避孕藥預防子宮內膜異位症，我的訓練可能更困難，避孕藥的成分有助於減輕女性更年期因荷爾蒙失調導致的一些症狀。

麥特．戴維斯在他的Podcast《障礙跑競賽媒體》採訪許多逾四十歲分齡組的運動員。他告訴我，年長運動員爲這項運動帶來了新的觀點和激勵性，這可能是因爲他們越發覺得人生更接近結束而不是開始所產生的副作用。「我五十歲時，強烈地感受到那一點，我害怕極了，然後開始採訪這些四十多歲的運動員。他們**不再如過去那般健壯，但是仍然全力以赴，並爲此感到自豪**。聽了他們的故事，我內心發生了變化；那就像是，你有一份不錯的工作，也賺到了錢，是某人的丈夫或母親，或者其他任何角色，然後當身體開始變得遲緩，你會想著『人生還有什麼？』可是一旦**走出去，去做一些困難的事情，你就會再次感受到活力。**」

在返回紐約的班機上，我回想比賽的過程，很開心能認識這群女性，並且開始期待在下一場比賽再次見到其中一些人。

我想，或許菲耶與潔西卡說得對，這將是屬於我的一年。

只專注於當下你能控制的事

你猜接下來發生了什麼事？我們都經歷過，而且活了下來。根據一些零星的報導，在很遙遠的地方有種病毒會引發呼吸道疾病，嚴重者甚至會致命，聽起來似乎與日常生活相距甚遠。但數星期後，隨著這個「冠狀病毒」被發現蔓延到美國在內的許多國家，相關報導變成源源不絕的警告。專家表示，它可能人傳人地迅速感染，接著就像大壩潰堤般，足足兩年的時間，一場顛覆常識的國際衛生危機徹底淹沒我們。所有人都必須重新部署、縮減開支、重新學習幾乎所有的事情，包括購買衛生紙的手段、工作的方式、孩子受教育的場所，以及在人群中如何維護健康安全等最嚴峻的現實。

至於障礙跑競賽？嗯，不用說，二〇二〇年不是屬於我的一年，至少不是我開心搭著從傑克遜維爾返家的飛機上所想像的那樣。回到家，我小心翼翼地擦掉特製跑鞋縫隙裡及鞋帶上的泥土，看著乾掉的泥土化成汙水讓我感到熟悉與安慰，我的腦海中重播起比賽的實況，並在證明我很努力的證據流入草地時說再見，然後我把鞋子放在架子上晾乾，將近一年多的時間就此束之高閣。斯巴達主辦單位宣布停止賽事，我的比賽日程自然就空了。大多數衛生官員表示：滿頭大汗，用力呼吸，與其他人一起跳進泥坑……這絕對不行。不久後，斯巴達執行長喬・德・塞納開始在網上發布他的日常訓練計畫，該公司也推出虛擬比賽。障礙跑競賽社群充分利用了這一點，發表個人在家比賽的有趣影片：攀爬床上堆積如山的枕頭，抱著狗兒執行攜帶沙袋的障礙，或者將牙刷當成標槍投擲。然而，暗藏在這種詼諧氣氛下的是，少了明確的訓練目標：比賽。

無鈴可敲；這是我迄今爲止對內在與外在訓練動機最眞實的測試。如果獲勝或受到某種認可、活動獎勵是主要驅動力的話，那麼我與該活動的聯繫本質上十分薄弱，因爲世界脆弱又不穩定。

我認爲年齡在這裡是另一項優點，到了中年，我們挺過無數次的第一次，經歷過當時的脆弱與不穩定，儘管它可能讓人感覺陷入永無止境的痛苦，但總的來說，它也爲我們提供新的觀點。這也是艾力克斯・哈欽森在著作《極耐力》前幾章的內容：生活會突然出現很多障礙，我們年輕時較容易被打斷，並且說：「哦，好吧，我不打算實現目標，所以繼續做別的事情。」然而，再過數十年後，你就更容易了解，即使某些事情短期內並未順利發展，你後來仍能以某種方式重新開始。

我在新冠疫情爆發前就開始閱讀《駕馭沉靜》，作者是現代斯多葛學派年輕哲學家萊恩・霍利得，我記得他在其中一章提到古老的禪宗箴言「**砍柴，挑水**」，意思是**只專注於當下你能控制的事情，不思考過去，不擔憂未來**。我以前聽過這句話，但現在這句口號深深印在我的腦海中，就像手電筒在這個黑暗封閉的世界裡亮起來。

做吧，**重要的是事情本身，而不是結果**。

動就對了，動起來最重要

因此，在沒有任何比賽、成績或名次下，關於障礙跑競賽的一切都變成了「事情」、爲了練習而練習的單純行爲。我不用擔心下一場比賽，因爲根本沒有比賽，而我能做的就是訓練、沖洗、反覆操練。我做了這些事，甚至在泥土路上爲自己單獨舉辦模擬賽，站在砂礫上用腳趾畫出的起跑線上，我對著樹上的小鳥、松鼠和我自己提詞：

「斯巴達勇士，拿出你的決心。」

「阿入！阿入！阿入！」唯一的人聲傳來。

「比賽吧！」我指揮我自己。

然後我開始跑三圈一千六百公尺的路線，抱著一個沙袋穿過花園，扛起十八公斤重的鹽桶繞過山上那座高聳的藍色房子，在後院攀繩，在車庫裡做引體向上，一旦投擲標槍失敗，就做波比跳。完成後，喝上一瓶能量補充飲，將一枚衝刺賽完賽獎牌掛在脖子上。然後，一個人躺在車道上看著雲朵，沒有刺耳的搖滾樂，沒有餐車的嗡嗡聲，沒有領獎臺，但這讓我得以繼續努力，讓我得以與極度懷念的東西保持聯繫，甚至在夜裡也持續在數個重複的障礙跑競賽上較量，夢裡我在標示不清的賽道上迷路、受困於泥牆裡、試圖在突如其來的暴風雪中保持溫暖。然後期待著夢醒時我正穿過複雜的「環環相扣」，緊緊握住吊環，像獵豹一樣沿著小徑衝刺。

這種狀態持續了九個月，直到二〇二一年新年後，新聞出現疫苗與施打辦法的相關消息。斯巴達障礙跑競賽又開始更頻繁地出現在日曆上，我感覺自己更強壯、速度更快了，自我掙扎的時間也改善了。不久前，我在本地的非斯巴達障礙跑競賽「八小時超級維京錦標賽」測試自己的體能。比賽時，所有人都戴著口罩，直到跨過起跑線。那天我跑了大約五十公里，爬上一道三公尺的高牆，越過原木打造的平衡木，拖著大樹幹越過五塊板子一系列的垂直牆。我已經準備好回歸斯巴達障礙跑競賽賽道了。

然後，某天下午，我與《消費者報告》編輯團隊進行每週一次的視訊會議時，開始流鼻涕，感覺全身痠痛，體溫三十七點五度，顯示低燒狀態。第二天晚上，我在工作時發現自己嘗不出嘴裡的爆米花鹹味。接著，麗莎掌控全局，決定「我們都要接受篩檢」。但是我並不贊成，因爲當時篩檢呈陽性的例子不多，至少我們環境周圍的人都是如此，而篩檢必須事先預約，再開車前往州衛生單位設在大型停車場的臨時帳篷辦公室，並且得待在車上排隊等候。

「我們沒去任何地方，」我告訴她，「我們不可能染上新冠病毒。」

「你上星期做了年度乳房 X 光攝影檢查與超音波檢查。」她提醒我。

確實，我的確前往紐約接受這些檢查，但我全程戴著兩副口罩。儘管如此，麗莎仍堅持這麼做，所以我同意了。她也堅持要我在樓上隔離，而她與我們新養的小狗睡在樓下的客房，新寵物是活潑的查理士小獵犬及貴賓犬混種，體重九公斤。比起接受篩檢，我更不喜歡被隔離，但我勉強同意了。

她早於我拿到結果：陰性。「看到了嗎？」我告訴她，「沒事的。」儘管我頭痛，雙腳已經麻痺，腹部也長滿疹子，但我仍這麼說。數小時後，我收到簡訊，按下連結網址，螢幕上顯示出紅字的篩選結果：陽性。

「親愛的組員們：上週五晚上，我變成了統計數字——不是我一直希望的數字，例如『世界上四十五至四十九歲女性障礙跑競賽前十名。』相反的，生物參考實驗室寄來的電子郵件轉達，我已加入全球逾八千萬名確診新冠病毒患者的行列。

「人們對這種病毒感到好奇，這點可以理解，所以這就是我所知道的事。」

我將這封信透過電子郵件發送給工作人員，然後下班，接下來兩週，大多數時間我都獨自待在臥室，身邊放著脈衝式血氧機，因發燒而出汗發抖。我的雙腳麻木，血氧濃度低至九十左右，醫師告訴我，這已經達到前往急診室的臨界值（我沒去）。麗莎與小狗待在樓下；她戴上口罩，把食物放在我的房門外。一位疲憊的州衛生官員打電話取得我的數據，這種疾病仍然很新，有必要進行調查。當他問我是否感到胸痛與背痛，我回答「是的」，他的回答卻是「那不好，我不想聽到這種情況」。由於他打了太多通電話，聲音聽起來沮喪又挫敗，儘管我的感覺很糟糕，但我仍勸慰他要照顧好自己。我們通話結束前，他懇求我不要放棄，別死。

我預期自己的焦慮將全面爆發，麗莎也這麼認爲。然而，某些事已經改變，也許是因爲障礙跑競賽，也許是這種病毒並不像癌症診斷那樣讓我害怕。無論如何，**我第一次相信自己的身體，特別是心肺，相信它們很堅強，我會康復**。於是，我盡所能地繼續「砍柴，挑水」。第四天，我強迫自己在泥土路上步行五分鐘，這是兩週前我做模擬衝刺賽的那條泥土路，而現在我幾乎無力走回家。然而，我在第五天做了同樣的事，時間增加了五分鐘。第六天，我開始強迫自己在睡前跪趴著做十個簡單的伏地挺身。我記得關於肌肉流失及臥床休息的一切，而這足以迫使我爬出被窩。**動就對了，我告訴自己，動起來最重要**。

我找到了其他的訓練方法。我躺在床上，如飢似渴地閱讀詹姆斯·奈斯特的著作《3.3秒的呼吸奧祕》。我下載呼吸相關的應用程式，努力控制我的攝氧量與二氧化碳釋出量。我伸展身體，靜心冥想，聆聽障礙跑競賽的相關Podcast。

在確診兩週解除隔離後，我的身體虛弱、胸痛背疼，在會議中打起瞌睡。朋友與同事開始傳送關於「長新冠」的報導，我眞希望他們沒傳給我。我打電話給教練菲耶與潔西卡，她們意識到我可能已失去大量體能，然後我們想出如何制定緩慢恢復的訓練計畫。

目標日期：六月在俄亥俄州綿延起伏的泥濘山丘上參加半程馬拉松比賽。距離我上次敲鈴已經過了四百七十天，這段離開的時光對我成爲有實力的競爭者志向究竟有什麼意義？

挑戰❽

還有多久？直抵終點就對了

長距離的斯巴達障礙跑競賽中，通常設有「倒掛金鉤」障礙，這是一條懸掛在離地面約兩公尺高的長繩，挑戰規則是從繩子的一頭開始，攀附繩子前進約十四公尺，敲擊掛在另一頭的鈴鐺，且不能觸地或放手。這項障礙的設計靈感來自登山時需要在半空中橫渡兩地所用的方法，並以此命名。

有些人會爬上繩子，腹部平貼在繩子上，一隻腳勾住繩子，另一隻則懸空，把自己往鈴鐺的方向拉，但這需要夠靈巧，才不會往下翻，特別是在已經很累的時候。因此，包括我在內的許多選手都會倒掛在繩子上，頭朝前，雙手雙腳交叉移動，或者雙腳不動，單靠兩手交換把自己拉向前，但要注意腳容易過度摩擦造成灼傷。

無論採用何種技巧，你都能聽到另一頭的鈴聲叮噹作響。最初遇到這項障礙時，我會在中途停下來看看鈴鐺還有多遠，尤其在疲累的時候，會特別渴望知道何時才能抵達目標，但是這種停頓只是浪費力氣與時間，所以我後來都靠意志力征服疲勞，強迫自己不去理會嘲諷似地響個不停的鈴鐺聲。

事實上，中途察看還有多遠才能到達，一點意義都沒有。鈴鐺就在那裡，抵達了，就是抵達了，只要繼續拉動繩子前進，就會完成任務。

18 五十歲尋找心流

連續一週的降雨讓俄亥俄州加勒茨維爾鎮的田野及偏遠林地變得泥濘不堪，危險又髒亂。州政府才剛解除對新冠肺炎的限制，人們也摘下口罩。從很多方面來看，這都與二〇一九年有著詭異的相似之處，當時我首度來此地比賽，是爲了彌補在紐澤西州未能完賽的遺憾。如今這裡看起來就像世界並未停止運轉超過一年，顯然改變的只有經濟與就業市場。當我們開車進入俄亥俄州，厄爾和我目光所及之處，所有商家都貼滿徵人啓事，許多房子仍張貼著去年總統選舉的政治標語，吹捧著兩黨候選人。

就清晨我起床的時間來說，天氣算是暖和的，氣溫超過攝氏十五度。俄亥俄州的海拔不高，但大雨過後，可能會使比賽過程變得艱難。在開車前往比賽的路上，艾瑞克·裘奇及碧昂絲的歌曲再次陪伴我們。我異常平靜，已將典型的賽前緊張情緒遺留在八十號州際公路旁的萬楓旅館。

「你還好嗎？」厄爾問。他再次扮演軍師。自從引體向上單桿事件以來，我一直留心我期待麗莎參加比賽的次數。雖然開車七小時前往俄亥俄州的沿途風景優美，但這在她的待辦清單並非優先事項。

「很好，」我回答他，當我們經過一家又一家建築低矮的製造公司或零售商時，我默默地數著徵人啓事，「我眞的很好。」

車子繼續前進，有好一會兒我們沒再說話，這裡我們之前都來過。現在這種令人昏昏欲睡的旅程就和裘奇的比賽日歌詞一樣熟悉。「你還記得兩年前在歡樂區域做了三十個波比跳嗎？」厄爾問。

我笑出來，「記得，那位志工認爲我瘋了。」

菲耶與潔西卡已盡最大努力爲我做好準備，讓我能夠參加今天的半程馬拉松野獸賽。從二月開始，我感覺能再次跑步時，她們就逐漸在輕鬆的慢跑中增加短時間的快跑，隨著時間過去，快跑的時間越來越長。第一次練習的感覺很糟糕，雙腿疲軟沉重，就像是與身體分開般。確診新冠肺炎後，第一次眞正意義上的慢跑只有二十分鐘，即使是在平地以十二分四十五秒的速度跑一千六百公尺，我的心跳也會異常增快。通常下午兩點後，我就無法保持清醒，白天必須睡個一小時，晚上再繼續工作。

「你必須奮力拚搏，奪回失去的東西，」當我大聲抱怨自己的遲緩，並對著電話那頭吐出一大堆疑問後，潔西卡告訴我，「要回到原本的狀態總會比第一次鍛鍊體能更容易，**你的身體會記住**。保持耐心。」

因此，我再次將大腦的中央處理器交給教練，並按照她們的指示操作。五、六週後，情況開始穩定下來，她們持續加強我的訓練，跑步距離更長，舉起的重物越來越重，還額外定期加了波比跳。

砍柴，挑水

很快的，一種陌生的平靜開始潛入我的A型生活。這種平靜延伸到訓練之外，似乎打開我對世界其他地方的視野。事實上，我現在會注意到，**曾經看似平凡無奇的事物也充滿活力**。例如，我在切蕃茄時，可從刀子敲擊砧板的聲音中獲得古怪的慰藉；當我在樹林裡進行一般訓練，結束時會跪下來呼吸著潮濕的泥土，表達對周圍環境的尊重，而且附近溪流的水花也讓我的皮膚感到激動。毫無疑問，托新冠肺炎的福，死亡的預告正發揮作用。麗莎與小狗晚上的呼吸聲總讓我心靈平靜，以至於每晚入睡前都會想著：拜託，再過一天這樣的日子吧。當我們駕車開進比賽場地時，我還沉浸在這種禪定中，但一聞到跳火坑的煙，聽到震耳欲聾的音樂，看到周邊的攤販，如麥克硬派檸檬水、運動釀造、大麻二酚供應商，這一刻我感覺到：**我回來了**。

當登記處的志工沒聽清楚我的組別，並大聲地問：「你參加哪個分齡組？」這種禪味立即受到考驗。突然間，感覺到方圓四百公尺內的每個人都轉過來看著我。

「五十至五十四歲組。」我含糊地說，幾乎不敢相信自己會說出這句話。我實歲仍然四十九，但參加的是那一年將滿的虛歲年齡組。

「對不起，什麼？我聽不見你說的話。」這名年輕男子說，他皮膚光滑，鬈髮濃密，臉上沒有皺紋。

好吧。「五十至五十四歲組。」我大聲說，厄爾咧著嘴笑，移開了視線。人們盯著我看了一會兒，我假裝得意地舉起雙臂，「現在你們都知道我的年紀了！」

眾人發出笑聲，還有一些禮貌的聲援：「你看起來棒極了！」、「加油。」

我研究了一下灰色的腕帶，上面印著漂亮的粗體數字，代表將一起出發的參賽者年齡：五十至五十四歲、五十五至五十九歲、六十歲以上。接著，我想到這將會是我再次參加斯巴達比賽時，會配戴的最後一款腕帶——沒有比六十歲以上更年長的組別，想必也沒有多少人活到這個年齡仍能夠或願意這樣磨礪身體、參加嚴酷的極限運動吧。再一次，就像五年前的那個夏日清晨，當我醒來並在谷歌上搜索「你能做到的最困難事情是什麼？」我突然意識到，我現在離人生的終點更近了。

但是我並未因此而絕望，只是變得更爲平靜。我與厄爾擁抱道別後，戴上腕帶，加入一群不戴口罩的人們，他們正繞著圈跑步熱身，起跑前我最後一次前往氣味仍然清新的流動廁所。

進入專注境界

已故匈牙利裔美國心理學家米哈里・契克森米哈伊將「進入專注境界」描述爲「心流」體驗。在這種狀態下，行動與決策可以無縫且毫不費力地從A轉移到B，就像演奏爵士樂一樣。他相信，只要你能**在無聊（因爲沒有挑戰性）與焦慮（因爲挑戰性過高）之間找到最佳平衡點**，這種結合努力工作和娛樂的活動最能讓人感受到心流與隨之而來的幸福感。

契克森米哈伊自一九九〇年創作啓發性著作《心流》以來，這個術語廣被流傳，但現在我們對這種最完美意識狀態（無論做什麼，時間會加速或減緩）的探索，稱之爲「進入專注境界」、「跑者高潮」或「高峰經驗」，其中一個關鍵原則是行動與意識融爲一體，無論你的任務是什麼，在這種合一**的狀態下，精神表現與身體表現都會急速提升。**

我在寫作時，確實感受到進入專注境界的時刻，但是從來沒有因爲身體勞動而感受過，這可能是因爲我沒有用對技巧來正確因應挑戰。一所中年智慧學校「現代長老學院」就坐落在墨西哥下加利福尼亞半島陽光明媚的海濱，旨在協助人們因應中年後的生活而傳授心流課程，創辦人之一就是撰寫《中年的選擇》的奇普·康利。他告訴我：「我相信隨著年齡增長，心流變得更重要，因爲我們必須從現實的重擔（很容易累積）中走出來，走向令人驚嘆的境界。」目前，康利的學院、新創公司、公司會議室等場所都普及化心流課程，其目的在於提高創造力、決策能力、績效等。然而，對我而言，我最終尋找開啓身體心流與「奇蹟」鑰匙的地方不在教室，而是位在有刺鐵絲網、體臭汗味與洶湧的泥漿之間。

人生第一次站上運動頒獎臺

在比賽的前八百公尺，我就已感受到有點不同。首先我注意到，不再透過螢幕而與眞人一起活動的感覺超棒。某種程度上，新冠肺炎讓我們許多人都感到孤獨，在訓練期間，沒有皮特或任何人在身邊攞盪、爬行、呻吟，讓我十分空虛。從二十一公里的起跑開始，我由樹林中增加的人氣感受到一股讓人難以抗拒的活力，就像吃了興奮劑一樣。

事實上，每一片嫩綠色的葉子、長滿青苔的岩石、沾黏在小腿上的泥土、鳥兒的鳴唱似乎都在我的腦中留下印象。在靠近的障礙進入視野之前，我都能先聽到它獨特的聲音，例如聽到旋風單槓旋轉桿的嘎吱聲，我會想起如何利用握把越過它；手掌敲擊單槓時發出隱約的嗡嗡聲；倒掛金鉤繩索末端的鈴聲持續叮噹作響。即使我沒通過盒子障礙，還不能攀爬那座兩公尺半的滑溜牆面時，我仍然微笑著接受處罰。

這場比賽，是我第一次注意到南卡羅來納州高速公路巡邏隊女隊長塔拉穿著褲裙比賽，當時我還不認識她，印象上認定她是「跑步裙小姐」。她整個賽程都與我並駕齊驅，幾乎無法甩掉她，直到我被一根突出的樹根絆倒，頭撞到了一塊岩石，兩人才拉開距離。我坐在地上，搖了搖頭後，站起來繼續跑。

這次跌倒激勵了我，我開始跑得更快，直到終於追上「跑步裙小姐」。某些時候，我可以看出她更仔細地選擇落腳的位置，這意味著她已經有些疲累。就在那時，我踏出了一步，超越她，這是我第一次眞正將自己與競爭對手放在一起比較，意識到機會並加以利用。老實說，我對此感覺有點失禮，違背了父母的教導。

我在挑戰牽索越坡時，沒能在第一次彈跳就抓住繩索。像這種距離較長的野獸賽中，繩索通常更短，於是我深吸一口氣，拚盡全力地彈跳起來，勉強抓住一根繩子，肚子撞到牆後，接著就快速跑起來，翻過牆頂。這之後就沒剩多少障礙了。我通過了一擲乾坤，再越過 A 型架，跳過火坑，就完賽了。

一直到我找到厄爾，用冷水沖洗乾淨，吃了一根香蕉、喝上一罐能量補充飲，並在醫療帳篷中快速消除腦震盪（服了一些止痛藥）後，我才檢視結果——**亞軍，銀牌**。

自從開始斯巴達障礙跑旅程以來，這是我第一次，不，是**我人生中第一次站在體育賽事的領獎臺上**。一時間，我有點恍惚，半信半疑，「先別傳簡訊給我爸媽或麗莎，」我告訴厄爾，「它或許只是暫時的結果，你知道的，結果有時會改變，也許我數錯了波比跳之類的事。」

頒獎典禮由最年輕的分齡組選手開始，所以厄爾與我在烈日下站了一會兒，試圖尋找陰涼處等候結果。由於我的不自信使我非常緊張，導致我在聽到播報員說出「第二名來自……」並喊出我的家鄉時，急急走向領獎臺絆倒了，留下經典畫面。

事實上，這不是勢均力敵的比賽，因爲新冠疫情還沒完全解封，所以我這組只有六人參賽；之後的比賽，也跟這場一樣，五十歲以上的選手，尤其是女性並不多，甚至有過只有一位超過六十歲的女性參賽者，或者沒人參加。讓衰老的身體參加路跑，跟要年長者比照所有選手都得在有刺鐵絲網下爬行，並拖著十八公斤的沙袋穿越山脈與泥漿是兩碼子事。俗話說，戲棚下站久了就是你的。的確，**這個年紀取得優勝的祕訣之一就是：成爲最後一名站著的人就行**。

根據這天的最終結果，我落後第一名約十九分鐘，她是來自佛羅里達州聖奧古斯丁的南希．內夫，她健康又苗條，我非常懷疑她根本沒滿三十歲。我領先跑步裙小姐約十四分鐘，她獲得第三名。當我們一起站在領獎臺上，拿著獎牌合照，我看到俄亥俄州護理師科里在人群中，站在厄爾旁邊爲我歡呼。

我告訴自己，**記住這一刻，你可能永遠不會再站在這裡了**。

然後，儘管我的頭還很痛，和厄爾回到旅館後，我們還是開了一瓶香檳慶祝。第二天還有兩場比賽，但我並不打算在跌倒（或香檳）之後再參加比賽。至少在入睡時，我這麼告訴自己。

我清晨五點口渴醒來，萬楓旅館的空氣冰寒，我伸了個懶腰確認一下哪裡疼痛——全身都痛。我的額頭出現一個小腫塊，顯然停賽期間讓我的恢復能力大不如前。我靜心冥想後，喝了大量的水，再度沉睡，導致我夢到自己正試圖在童年好友露易絲（在躲避球比賽保護我的人）的家裡找到浴室。我的雙腿在床單下抽搐，直到早上七點三十分才醒來，當時夢裡的我在一場比賽中掉下懸崖，強大的衝擊力讓我變得警覺。有那麼一刻，我躺在那裡，想著在開車回家之前就先這樣休息一天。

然後我拿起手機，打電話給厄爾。他口齒不清，聲音痛苦，就像不小心喝了通樂一樣（他不是晨型人）。「早安，」他低沉沙啞地說，「讓我猜一下。你想去參加比賽。」

第一枚金牌

下午五公里衝刺賽的起跑線比前一天的長距離野獸賽更擁擠，昨天我這組的得獎者南希與跑步裙女士也都來參加，而且早上也已完成了十公里的超級賽。知道這個事實多少安慰了我，因為在聽著開場提詞的同時，我的雙腿狀況讓我覺得自己可能會步行走完一半的賽程。

我是誰？

準備好，拿出你的決心？

比賽吧！

「比賽吧！」之後，一些無法解釋的事情發生了。我的雙腿不受大腦指揮地跑了起來，或者更準確地說，我的雙腿跟大腦合而爲一了。我一開始就衝得極快，領先同組的女性，而且不久後開始超越男性。我通過了滑溜的單槓，不假思索地改變技巧以避免摔倒，然後敲響鈴鐺。我的手臂反射性地將我舉高越過牆壁，**我感覺自己的力量無限**，彷彿過去十四個月被壓抑的不確定性及孤獨感都透過汗水從我的毛孔排了出來，只留下乾淨純粹的力量。稱此爲「進入專注境界」也好，或稱心流也罷，無論是什麼，我已經五十歲了，這是我最靠近最佳身體狀態的時刻。

時間會自行摺疊，我們可能已經跑了五分鐘或一小時，我不知道，直到我挑戰最後的障礙時，發現賽道上一條掙扎的蚯蚓。突然間，任何掌管我身體的力量都瞬間流失，我退回到單純的溫蒂身分、一位獸醫的女兒。兒時，我經常從鄰里街道上撿起死掉的鳥兒與松鼠，然後埋葬它們。我停下腳步，轉身捧起這個身體冰冷的生物，小心地將牠放回樹林裡，這樣牠就不會遭到踐踏。

「你到底在做什麼？」我彷彿聽到教練菲耶在尖叫，「你將獲得這輩子第一次的冠軍，而你正在移走一條蚯蚓？」

在她言猶在耳的斥喝下，我重新回到比賽，衝刺完成最後的挑戰，成功通過一擲乾坤，跳過火坑，越過終點線，乾淨俐落的完賽，完成每個障礙，還救了一條蚯蚓。我低頭看著Swatch手錶，指針已經在比賽的某個時刻靜止，之後我才得知，我與最接近的同組競爭者南希僅落後七分鐘，而她贏得昨天的比賽與上午的比賽。

感覺像在做夢，很不眞實。當我看到厄爾，他恰好在終點線附近徘徊，我的大腦再次回到現實。「天哪，」他說，「你已經回來了，你還好嗎？發生了什麼事？」

我敲了敲休眠的Swatch錶面。它陪了我二十一場半的比賽後，進入時間凍結的宇宙，永遠停止滴答作響。然後，我在告別陪我征戰多時的腕部機械夥伴的憂傷中，轉向厄爾，嘴裡說出像是外語的陌生語句。

「**我表現超棒**。」

一小時後，主辦單位把一枚金牌掛在我的脖子上。

19 無論年紀，堅信自己可以做到一切

標記我的 Facebook 貼文寫了一行打趣的話語：「溫蒂，我已看到你的未來！」在文字下方，來自北卡羅來納州大學教堂山分校的朋友喬．巴斯張貼了一個網址，報導的標題是「八十三歲女性成爲最年長的泥巴硬漢選手」，內容講述一名頭髮全白的密蘇里州婦女在有刺鐵絲網下，腹部貼地滑行，周圍是一灘黏糊糊的泥漿，照片中她的身體與笑臉上的皺紋布滿泥漿。

我盯著那張照片，注意到那名女士的動作十分靈活。我研究她的爬行技巧，但更吸引我的是她的笑容，我認識那種表情，是「**對，我眞的在做這件事！**」的微笑。這篇報導稱她是「泥漿蜜德莉」。據報導，她是完成五公里泥巴硬漢比賽最年長的人，泥巴硬漢是另一種障礙跑冒險競賽，比起更個人主義的斯巴達障礙跑競賽，它通常更注重團隊合作與同志情誼（二〇二〇年，斯巴達障礙跑競收購了泥巴硬漢）。

某種緊緊纏在我胸口的東西鬆開了，讓我感到前所未有的放鬆。是的，就是這個，

我想，這就是我八十多歲可能的模樣，與緩慢衰老相反，是令我振奮的未來樣貌。

幾個月前，我在 Instagram 看到一篇同樣鼓舞人心的貼文，內容是八十歲的保羅・拉茜斯最近完成了第十次斯巴達三色獎牌賽（一年內跑完三個主要距離比賽：二十一公里、十公里、五公里賽）的壯舉。保羅是位海軍老兵，一年內就參加了十次三色獎牌賽，照片中的他舉著一枚碩大的十次三色獎獎章，頭上戴著的帽子寫著「無堅不摧」，看不出衰老的樣子，仍彈性十足的肱二頭肌感覺快要把袖子撐爆。

照片上，他也露出了微笑。

最令我動容的是，他們的動作一點都不像高齡者。我訓練時受過一些輕傷，得到專業的運動醫學專家幫助後，一直在思考這個問題。其中一位專家是彼得・杜根，他是紐約脊椎治療師，同時也是具有證照的肌力與體能訓練專家。他的診所牆上掛著奧運運動員、鐵人三項運動員、職棒大聯盟、國家足球聯盟、全國運動汽車競賽職業選手的簽名照及新聞剪報，但他也治療像我這樣的凡夫俗子。

某次，我不小心踩到一顆小橡皮球，造成足底筋膜撕裂，所以去找杜根治療。進行診療時，他對我說：「你的動作像年輕人還是老年人？我們應該都有這樣的朋友：七十五歲了，動作卻像年輕人；另一位四十歲了，動作卻像老人。」他敦促我練習在多個平面上移動，不僅是向前、向後，還包括左右移動、側弓步、軀幹旋轉弓步、側跳等。他很肯定地說，無論是日常活動或障礙跑競賽，這些動作都是如年輕人一樣行動的關鍵。

這讓我開始思考，成爲泥漿蜜德莉或保羅．拉西斯的道路上，我處於什麼位置？過去五年，我的運動表現完全顚覆了我的歷史，以前像小鳥一樣的身材，現在有了扎實的肌肉輪廓，不可否認的，我感覺比三十五歲時更強壯、更敏捷。我利用障礙跑競賽挑戰極限，讓我對老化的未來有了清晰的體認，這是我過去從沒想過可能會發生的事。我如何衡量與判斷自己到了蜜德莉或保羅的年齡，也能像他們那樣行動、取得成績？爲此，我轉向科學尋找答案。

透過訓練，增加最大攝氧量

如今，越來越多的測試與工具可以測量身體對年齡的反應。除此之外，它們可以追蹤我們的肺適能、肌肉量、骨密度、關鍵血液生物標記，爲我們提供行動藍圖。

七月某個悶熱潮濕的早晨，我開車前往紐約市特殊外科醫院的蒂施體育表演中心，樂觀且身材苗條的運動生理學家凱特．貝爾德在我臉上綁了一個服貼的口罩，讓我感覺有點像電影《捍衛戰士》的戰鬥機飛行員。

她指導我走上跑步機，口罩連著管子，管子再連接到推車上的電腦。接下來的四十五分鐘，這個奇妙裝置將測量我的耗氧量與二氧化碳排出量——這是代謝表現概況分析的一環，其中包括乳酸概況及最大攝氧量測試。

最大攝氧量測試被認為是心肺適能的其中一項黃金衡量標準，與壽命相關。它分析有氧能力，亦即身體吸收、運輸、使用氧氣進行劇烈身體活動的能力。正如貝爾德向我解釋的那樣，基本上，我的最大攝氧量數值將衡量「我的引擎尺寸」。

運動專家表示，許多因素都可能影響最大攝氧量，包括基因、性別、年齡，雖然人們普遍認為最大攝氧量將隨著年齡增長而下降，但你可以透過訓練，盡可能保持高水準的最大攝氧量。

測試期間，每隔四分鐘，貝爾德就會扎我的手指採集血液樣本，分析乳酸概況，這將幫助了解我的身體在不同強度的運動下，運用精力的方式與疲勞的狀況。乳酸未快速增加的情況下，我能做的事越多（節奏越快、力量越大）就越好。

她解釋這一切時，我點點頭，《捍衛戰士》的口罩上下晃動。

我們以每公里八分十七秒的速度緩慢開始，四分鐘後，我跳下跑步機，讓貝爾德快速扎我的手指，然後再重新跳上跑步機，她稍微加快跑步機的速度，同時請我透過指向一張圖表上的等級，來估算自己感覺的運動強度。

我們就這樣重複做了九次，前八次讓我感覺很好，當下播放著凱莉．克萊森的歌曲〈堅強不死〉，再加上貝爾德在一旁爲我加油，讓我更能堅持下去。接著，我們從每公里五分六秒的速度調至每公里四分五十一秒，我的體能開始達到極限，四分鐘的段落結束後，我的心率徘徊在每分鐘一百八十次左右，並示意停止測試。

「我想你會對結果感到滿意的。」貝爾德說道。我癱坐在椅子上、全身汗流浹背，慶幸自己在測試前多擦了一點止汗劑。

根據先前的研究，我知道我的最大攝氧量結果通常會分在以下五個類別的其中一個：低水準、低於平均水準、高於平均水準、高水準、菁英水準，每個類別都根據十年跨度的生物性別與年齡組校準。我的結果讓我躋身於五十歲至五十九歲年齡組、四十歲至四十九歲年齡組，甚至三十歲至三十九歲年齡組的高績效陣營。

此外，當我在能力範圍內用較快的速度跑步，我使用的氧氣量與菁英跑者大致相同，這顯然是好事。

然而，仍有改進的空間。隨著年齡增長，我的最大攝氧量自然下降，若能提高最大攝氧量，緩衝能力也會隨之提高。貝爾德提供給我的最終報告還指出，我清除乳酸的速度很慢，這可能會損害我邊跑步邊爬山、短距離衝刺、通過障礙所需的精力爆發後的恢復能力。我將報告轉發給教練菲耶與潔西卡，如此一來，她們就能依此調整我的跑步訓練清單。

潔西卡與我注意到我的跑步節奏（每分鐘邁出的步數）特別慢，這可能會對我的表現產生負面影響，之後我下載了節拍器應用程式，並在跑步時聆聽，這讓我感覺自己有點像《彼得潘》裡，吞下時鐘而發出滴答聲的鱷魚。

（備註：你不必使用最大攝氧量測試設施進行肺適能的總體評估，有個免費的「庫柏測試」也可以做到這一點。你可以用最快的速度跑十二分鐘，然後將你的距離代入數學公式，確定你的相對最大攝氧量分數。市面上一些健身手錶與追蹤器也有最大攝氧量的測量功能。）

在日常生活訓練自己

現在我有肺適能的運動計畫，但我的肌肉與骨骼呢？該如何發展？

首先，我尋找一位擁有雙能量X光吸光式測定儀的醫師，來進行DEA掃描，以檢測我的骨密度、體脂肪含量和除脂體重（包括肌肉）。許多人都知道骨密度的重要性，隨著年齡增長，醫師可能會進行相關測試；但現在我們也明白，肌肉同樣至關重要，因爲它能幫助我們抵禦年齡帶來的衰退。

如果肌肉質量和力量下降，跌倒的風險就會增加。這可不是件小事，因爲跌倒是六十五歲以上成年人受傷及因傷害死亡的主要原因。

醫師在我的DEA掃描報告中寫道，我的身體狀況「處於巔峰狀態，除脂體重與骨密度均保持良好平衡」。當我們開始討論結果時，醫師笑著說：「我要告訴所有醫事人員，他們應該開始準備參加障礙跑競賽了。」

然而，仍有改進的空間。

中年時期，特別是女性，額外的肌肉量往往有益，因爲隨著年齡增長，維持肌肉量將變得更加困難。一年後，在持續訓練和參加比賽後，我再次找醫師進行掃描，發現自己的除脂體重（包括肌肉）增加了一點五公斤，且均勻分布於全身。

我猜測這種進步可能歸因於以下事實：

一、菲耶督促我將增加體重納入力量訓練計畫；

二、我開始嘗試「負重步行」，而這項愛好起初是受厄爾影響才接觸的。負重步行是指背著加重的帆布背包（通常是後背包）行走或健行，它在成為大眾運動前，長期是軍方主要的訓練項目之一，可以增強肌肉力量與心肺適能。現在，我會在遛狗時背上背包，因為這是額外鍛鍊的好方法。

然後是握力，它不僅對日常生活至關重要，例如打開很緊的瓶蓋或摔倒時支撐自己，甚至已被證明與全因及特定疾病死亡率之間存在關聯。然而，現代人經常低頭滑手機，這對提升握力毫無幫助，甚至可能讓手部肌力變得更弱。

我在網路商店下單購買了「握力計」，並盡可能地用力擠壓五秒鐘測試，液晶螢幕上的數值告訴我，就我的年齡而言，我雙手的握力介於「正常」與「強大」之間。看起來還不錯，但我為自己設定了一個目標，一定要達到「強大」，並加倍努力做了一些握力訓練。

如果要測試握力，你也可以練習懸掛在桿子上，就像我與朵莉在北卡羅來納州社區公園的引體向上單桿做的那樣。懸掛至少三十秒通常被認為過得去，一分鐘以上更好，我與朵莉定期練習時，我的成績只有一百秒出頭。

追蹤自己的身體反應

這種呼吸訓練與力量訓練對我的整體代謝健康有何作用？我在開始參加比賽前，血壓曾偏高，現在已經降至收縮壓一百零六毫米汞柱、舒張壓七十二毫米汞柱，膽固醇、三酸甘油酯、載脂蛋白B、脂蛋白(a)等關於心臟的關鍵生物標記血液檢查結果都顯示非常健康。一些結果是因為基因遺傳，而有些則歸功於我的後天努力。

如果你想深入了解這些生物標記，或者想找一本指南來評估並改善自己的長壽潛力，我推薦彼得．阿提亞醫師與記者兼作家比爾．吉福德合著的《超預期壽命》，這本書用淺顯易懂的方式解釋了這些概念，幫助你與醫師討論、制定健康計畫。

然而，我的血液檢查結果中仍然有一項接近臨界值——血糖，儘管我的飲食不包括含糖飲料、糖果，只攝取適量的加工食品，但有時仍徘徊於糖尿病前期範圍。多年來，許多不同的測量結果都顯示血糖升高，包括我的空腹血糖、糖化血色素、果糖胺值。大多數醫師都對這種輕微升高的情況不以爲然，「少吃巧克力」是常見的忠告——但我很少吃巧克力。我知道如果不加以控制，長期下來可能會引發許多問題，例如糖尿病，最終將損害神經、血管、組織、器官……我不想走到那一步。

「怎麼會這樣？我運動量這麼大，吃得這麼健康！」我一直這麼問醫師。即使在紐約市，甚至是擁有良好健康保險的人來說，讓人滿意的答案不多。顯然，我們的身體對食物的反應可能大不相同，所以健康管理並不是一體適用的標準模式。

然而，現在你可以透過連續血糖監測儀來追蹤自己的身體反應。這是一種小型穿戴式裝置，能測量不同的食物、運動、睡眠和壓力對血糖值的影響。我曾經在斯巴達障礙賽的菁英運動員身上見過這種裝置。

於是，我在一家公司線上註冊爲期三個月的訂閱服務（許多公司提供這種服務）。他們直接寄送監測裝置給我，並配給我一位營養師，我開始每天透過手機應用程式追蹤自己的血糖值，並記錄所有的飲食內容。

結果令人十分驚奇。我非常喜愛的水果果昔等打成液態的水果，會讓我的血糖值飆升，然而，當我吃整顆莓果時，這種情形就不會發生；即使貝果上面放的是健康鮭魚，但它仍讓我的血糖值升高；加了大量白飯的壽司？事實證明，白飯是血糖升高的另一項原因。

此外，每個人的身體對食物與攝取量的反應不同。數個月來，我嘗試各種食物並調整飲食，了解自己對哪些穀物的耐受性較高（例如大麥），高脂肪與蛋白質的食物（例如雞蛋）通常不會讓我的血糖值顯著升高。我也發現如果血糖值飆升，降低血糖最可靠的方法就是快走二十分鐘。

建立自己的「維修小組」

猜猜什麼不會讓我的血糖值飆升？黑巧克力。

數個月後，我重新測血糖，所有結果都在正常範圍內，其中一個指標糖化血色素現在已經夠低：五，醫師甚至還在報告上把它圈起來，並在旁邊畫上一個驚嘆號。

如果不是因爲參加障礙跑競賽，進而開始關注並研究自己的健康狀況，我不確定自己是否會主動追尋這些額外的健康資訊。或許，我會對那些臨界值的健康指標不以爲意，把它當做中年不可避免的衰退現象。而這樣的忽視，可能會讓我的健康狀況惡化，甚至變得更糟。

弄清楚這一切需要時間嗎？需要；花了錢嗎？花了一些，但最終數百美元與佩戴血糖監測儀數個月很可能爲我避免和節省了許多問題及未來的醫療費用。當然，這些數字都不能保證任何事情，但某種程度上，它們確實讓我掌握了健康的主導權，也讓我找回了在罹患黑色素瘤後所失去的控制感。

隨著時間的推移，我開始將幫助我維持健康的專業人士視爲我的「維修小組」。在賽車比賽中，維修小組負責更換輪胎、加油，確保車輛在賽道上順利運行。而在人類的耐力賽中，這個角色則是提供補水、食物和動力的團隊。換句話說，我的維修小組就是一群「人體技師」，他們的職責是優化、保護，甚至在我受傷時協助修復我。

但最終，開車的人還是我自己。

這個小組的成員橫跨多個專業領域，包括心臟科醫師、婦科醫師、皮膚科醫師、牙醫師、胃腸科醫師、驗光師、脊椎治療師、精神科醫師、兩名物理治療師，我甚至有一位耳鼻喉科醫師，他曾經幫我吸出深埋在耳朵裡的泥巴——那是我在浸水障礙中弄進去的（聽起來有點噁心，我知道）。

擁有健康保險確實讓這一切在經濟上變得可行。主動預約檢查、不對自己的健康掉以輕心，則是我自己該負的責任。

彼得．阿提亞在其著作《超預期壽命》列出他在晚年仍希望身體能做到的事，他也曾與病人討論這個議題。我第一次聽到他在某一集 Podcast 提到這項清單後，就開始在我的「別讓你的農作物死掉」筆記本寫下我的一套晚年身體目標：

一、堆木柴

二、站著脫襪子與褲子（顯然，一次只脫一條腿）

三、不靠雙臂就從椅子上站起來

四、在冰雪中行走五公里不跌倒

五、提起並清空一袋十八公斤重的軟水鹽晶

六、如果我二十三公斤重的狗生病了，我能將牠抱到車上

七、未完待續……

奇怪的是，我最初的清單不包括障礙跑競賽。這可能是因爲當時我從來沒想過八十多歲的人還能在賽道上，除非有人背著他們。

然而，這是我還沒與泥漿蜜德莉聊過。

我也還不知道「求生意志」研究前。

相信自己可以做到

蜜德莉回電給我，她仍然有點氣喘吁吁，「抱歉，我錯過你的電話，我剛剛出門打匹克球。」

她告訴我，她在八十歲時完成第一次五公里的泥巴硬漢賽，在此之前，她曾支持兒子丹尼參加世上最強泥巴硬漢賽，那是一場時長二十四小時的障礙耐力賽。這位母親看著兒子繞著密蘇里州開普吉拉多跑的每一圈，不經意地告訴他：「我眞希望自己年輕時也做過這種事。」

她記得丹尼說：「媽媽，如果你想做的話，我會確保你能做到。」

戰帖已下，蜜德莉報名當地基督教青年會的個人訓練，當時她已經每天步行三公里，但還想增強上半身力量，幫助自己克服牆壁和重物搬運的挑戰，她持續了四到五個月。爲此還去看了醫生，確保醫師不擔心她參加這場比賽會影響健康。「他開心得拍手歡呼。」她回憶道。

蜜德莉從六十五歲開始，在一家自動販賣機公司工作了十年，這份工作需要她將重達十四至二十三公斤的硬幣袋舉到肩膀的高度，然後將它們裝入機器裡，蜜德莉說她對於完成第一個泥巴硬漢賽很有信心，而且也在丹尼的協助下做到了。

我向她請教關於在臉書上看到她在有刺鐵絲網下爬行的照片，照她這個年紀，那樣行動不是很困難嗎？

「不難，」她實事求是地說，「只要你的身體放低，別讓頭髮卡住。」

最後一道問題：儘管年紀大了，但她是否相信自己幾乎可以做到任何事情？

「大多數時候，」蜜德莉回答，「是。」

求生意志

二〇〇二年，耶魯大學研究員貝卡．雷維與同事發表一項研究結果，激起媒體的廣泛關注。該研究重新檢視美國針對二十世紀末老化情況的詳細研究結果。從一九七五年開始，研究團隊採訪參與者關於健康、工作生活、家庭、對老化的看法，提問包括「你是否贊同隨著年齡增長，你越來越沒用？」該研究被稱爲俄亥俄州老化與退休縱向研究，雷維與研究人員採用這些研究結果，並將其與死亡數據重疊。

她的發現成爲頭條新聞：對老化抱持較正面看法的老年人，比那些較不正面看待的人平均多活七年半。即使將年齡、性別、社會經濟地位、孤獨程度、功能健康狀況納入考量，而其中被認爲促成更長壽命的間接因素之一，就是所謂的「求生意志」。

耶魯大學公共衛生學院流行病學教授雷維，繼續研究老化的信念對我們的健康可能造成的影響，並在一項又一項的研究中發現，比起那些抱持較負面看法的老年人，抱持較正面看法的老年人有著較好的身體表現及認知表現，他們更可能從嚴重殘疾恢復健康，記憶力更好、走得更快，甚至更長壽。雷維指出，至少全球已有十個研究團隊複製並驗證了這種正面老化信念所帶來的生存優勢，她在著作《不老思維》中，詳細記錄了研究歷程。

我親眼見證了這些研究結果在我家上演。我父親七十七歲時，他爬上金屬屋頂進行高壓清洗——過去二十年來他一直這樣做，沒有發生任何事故，但那次他滑倒了，摔了下來。

現在你一定在想：「你七十七歲的父親在屋頂上做什麼？」那麼你正好爲我接下來的觀點鋪好路了。無意冒犯，但我父親對於人們認爲「七十七歲的老人應該做的事情」根本不感興趣；坦白說，我母親也不感興趣。他們兩人仍然喜歡在黎明時分起床，讓狗待在溫暖的床鋪裡，然後在一天開始之前，前往有時波濤洶湧的海灣，在沿海水域捕撈西班牙鯖魚及扁鰺。他們就像泥漿蜜德莉一樣，仍然相信自己幾乎可以做到任何事。因此，我父親在屋頂上轉身時滑倒，從三公尺高的地方掉到下方的混凝土車道上。

別因年紀，錯過一切

他摔落時，後腦杓在車道上留下了一大片血跡。當時是母親聽見狗狂吠，才發現他靠在停車棚的牆邊、神情恍惚。接下來的數小時，在混亂恐懼、不確定的情況下，當一輛救護車將他匆匆送往創傷中心時，不只一個人向我母親說我父親應該死了或者有腦損傷或者至少會癱瘓。

然而，他活下來了。甚至還能走路，並且在醫師對他進行掃描時，頭腦清楚地與醫師對話。儘管他的骨盆和頸椎第二節分別骨折了兩處，但他仍然自己走出創傷中心，直接上我母親的車，當天就回家了。

在康復期間，父親迫不及待地想恢復他的日常活動，例如開拖拉機照顧自家兩公頃的土地、劈柴，以及搬運漁船上的重型馬達。最後，是母親半開玩笑地威脅要和他離婚，他才勉強戴著護頸在家靜養了一個夏天。而我寄給他打發時間用的拼圖？他完全沒興趣。

一年半後，北卡羅來納大學醫學院一位受過哈佛大學訓練的著名整形外科醫師，對我父親的頸部進行電腦斷層掃描，讓人驚訝的是，他宣布我父親已經痊癒。

求生意志、早上起床的一個理由、期待的活動……雷維指出這些力量都是延長壽命的可能機制，我父親良好的體適能有助於保護他嗎？當然有。

有一次，在兩個月的時間裡，他用獨輪車攪拌了十九個棧板的混凝土，建造了一道防波堤，以保護他們的土地免受海水侵蝕。粗略計算下來，這相當於大約七百九十八袋水泥，每袋重三十六公斤，總共約二十九公噸的重量。蜜德莉也是如此，從六十五歲到七十五歲期間搬運沉重的硬幣袋、每天步行三公里，以及現在經常進行三個小時的匹克球比賽。此外，兩人還有另一項非身體上的共同特點，那就是**無論年齡如何，他們都認為自己幾乎可以做到任何事**。

麗莎的父親中風後，某種程度上，失去了他獨有的特質：他有能力用長長的故事吸引觀眾、爲女兒提供職涯建議、好好打扮自己、開車，最重要的是，他失去行走與使用慣用手的自由。儘管如此，他仍多活了五年，比任何醫師認爲他能存活的時間都要來得長。

他重新學習如何刷牙和梳頭、用左手吃飯；他唱著喜愛的歌曲，回憶起每一個字；

他不斷向結縭五十九年的妻子訴說他很愛她；每次麗莎和妹妹或他的外孫連恩走進門時，他都會高興地流淚。即便現在由史黛拉主導餐桌上的對話，他仍然偶爾能機智地插上一句話，讓家人驚喜不已。當他最終離世時，正值麗莎的母親接受雙重冠狀動脈繞道手術後七個月，許多人警告麗莎，她的母親很快也會走下坡。「這種情況總是會發生的。」人們說。然而事實並非如此。八十三歲的岳母和我的母親一樣，開始每週三次去健身房鍛鍊，計畫與女兒們一起前往希臘展開一場冒險之旅，並積極參與當地的公民協會會議。

接下來我想分享蜜德莉向我們每個人發出的最終行動號召，無論我們正考慮做什麼困難的事，無論它可能讓我們多麼害怕，無論我們幾歲。

這位在地球上活了九十年、爬過倒置的牆壁、背過沉重的沙袋、爬過有刺鐵絲網下泥漿的女性說：「我想說的是，如果人們對某件事感興趣，無論自己是否真的能做到，都應該嘗試一下，這樣他們才能知道自己真的行。而且，這樣也能讓自己不留遺憾。」

「我討厭說『哦，丹尼，我這個年紀做不到這件事』，並且錯過這一切。」

換句話說，**如果你懷疑自己是否還能做一些大膽的事情，現在可能仍爲時不晚。**

挑戰❾

終點也是起點

跳火坑是很常見的挑戰，名稱包括野蠻挑戰賽的烈火或崎嶇瘋狂障礙賽的放火狂等。但是在斯巴達障礙跑競賽中，就直接稱做「跳火坑」，而且幾乎都是最後一項障礙，因此很自然的，只要選手願意，在抵達終點線之前，主辦單位會安排拍下他們在最後關卡令人嘆為觀止的照片。

菁英組選手通常很低調，主要也是因為他們多半都曾拍過，而其他選手多半會抓住這個機會表演，有的人會在跳過木頭與火焰時側踢，或是在跳躍的同時將一根手指指向天空（我就是）。有些人則與夥伴或朋友手牽手，也有人會做出古怪的表情並伸出舌頭扮鬼臉。一般來說，火焰的大小會因地點及天氣條件而異，但不論如何，選手們大多都會跳得很高，畢竟這是真的火焰。

我們人類往往會用驚嘆號標記困難事物的結束，這是向我們的汗水（不論真實或隱喻）、我們的奮鬥，或許還有我們的痛苦致敬。此外，儘管結束標誌著完成，但同時也提出了無可迴避的問題：接下來呢？停下來慶祝或可拖延回答這個逃避不了的問題，即使只是幾次心跳的時間。

斯巴達障礙跑偶爾會在結尾出難題，提示你**越過終點線並不代表你真的抵達終點**。志工會指著額外一千六百公尺的跑道，問你是否願意再跑一圈，之後再接受完賽獎牌、抓起一根香蕉，然後放鬆。那一圈並不是非跑不可，它不會影響你的比賽結果。

然而其中隱含的寓意是：當然，你已經精疲力盡，全身泥濘，或許還有瘀青及痠痛，每個人都是。但，你真的完成了嗎？或者你準備好再努力一點？你想知道再多跑一千六百公尺是什麼感覺嗎？你還有體力嗎？

我很喜歡這額外的一千六百公尺跑步，因為這讓我感覺**終點也可以是新的開始**。

20 到終點線就懂

一陣沉默，我好奇她是否沒聽到我說話。接著她說：「等一下，抱歉。你說你想去哪裡？」

她聽到了我的話。

我清了清喉嚨，試圖用一種漫不經心的語氣來掩飾我剛才那句話的眞實意圖，但這層僞裝很快就在麗莎耳中消失了。

「阿布達比，」我緊張地重複，「阿拉伯聯合大公國。」

糟糕的一步。我的妻子在路透社工作，那是一家國際新聞機構。

「我知道阿布達比在哪裡，」她平靜地說，而且比我應得的語氣更體貼，「但讓我把這件事搞清楚，你想去中東，現在，當我們仍處在新冠疫情時？」

現在是二〇二一年十月，斯巴達障礙跑競賽首次在美國以外的地方舉辦世界錦標賽，距離紐約超過一萬一千多公里的地方——那些著名的史詩級沙丘曾是許多電影的拍攝點。我一直閱讀有關這場比賽的資訊，據說其中有一座名叫「恐怖之丘」的沙丘，斯巴達官方稱其斜度高達五十度，幾乎直衝雲霄近三百零五公尺。錦標賽的比賽項目是一場二十一公里的半程馬拉松「野獸賽」。

我看過一段影片，斯巴達競賽創辦人喬·德·塞納從一架直升機走下來（在四十一度高溫下仍穿著斯巴達長袖運動衫），來到這座名為莫瑞布沙丘（Moreeb Dune）的巨大沙坡前。

「我不知道哥吉拉或金剛能不能爬上去。」他感嘆道，「這眞是讓人難以置信。」鏡頭轉向這座沙丘時，它確實看起來像一道煩人的紅橙色垂直牆。

我想在這座沙丘上比賽。

俄亥俄州那場比賽中，我曾經體驗到的「心流」時刻並非偶然。自那場金牌賽之後，我又七度站上頒獎臺，並在美國全國系列賽分齡組（五十歲至五十四歲組）的年度總排名排名第八。當然，並不是每場比賽都能進入「心流」狀態，大多時候我都在掙扎。

斯巴達障礙賽將佛蒙特州基靈頓稱爲美國最困難的比賽場地，我在漫長的攀登過程極費力地前進，其中一段山坡被稱爲「死亡行軍」（我知道這個綽號很可怕），因爲它的攀爬長度爲一點八公里，攀爬高度約爲四百五十七公尺。

比賽中還有一項讓我崩潰的游泳挑戰——需要游到橋下進行「泰山鞦韆」，你必須攀爬一條鬆垮的繩梯，然後濕漉漉地穿越幾條單獨的繩索，才能敲響另一側的鈴鐺。

那天，我在所屬組別的十二人裡排名第六，處於中間名次。

儘管每場比賽都有它的艱難之處，但每一次站上起跑線，我對這項運動的歸屬感都變得更加深厚。新冠疫情期間，皮特關閉了白原市健身房，搬到北卡羅來納州，也就是我父母住處附近。我與皮特一起在北卡羅來納州的菲耶特維爾比賽，一起越過起跑線，這是我第一次能夠跟上這位優秀的前教練的腳步，並在二十一公里野獸賽及第二天的五公里衝刺賽獲得年齡組第二名。我在西維吉尼亞州再次於兩天內參加三場比賽的週末三色獎牌賽，慶祝我的五十歲生日，在分齡組十公里賽與五公里賽獲得第三名，旁邊是現在很熟悉的金．科爾（金牌）與安潔麗娜．鮑里索夫（銀牌）。有一次，我飛快爬過有刺鐵絲網，三名年輕男子恭敬地為我讓路，並歡呼：「加油，女孩，加油！」

有史以來，最特別的一場「完美比賽」

現在，迎來甜蜜的五十歲生日禮物。

佛蒙特州基靈頓，二〇〇一年九月十一日恐怖攻擊事件二十週年之際，我在前一天經歷野獸賽七小時十九分二十四秒疲累的無盡攀登後，第二天醒來時神清氣爽。出於好玩，我與厄爾一起跑了較短的五公里賽，一起笑著穿過山丘。

比賽最後，我挑戰了「奮力一搏」——這是一項需要用繩索將沙袋拉到空中的力量型障礙。我嘗試舉起男子組的重量，並成功完成，隨即獲得一群觀賽女性熱烈擊掌祝賀——她們的丈夫當時正苦苦掙扎著完成這項挑戰。不過，那些丈夫並沒有與我擊掌。

最後，我終於完成了可怕的盒子障礙！這一刻帶給我一種贖罪般的滿足感，因爲這正是在紐澤西州的那條半馬賽道——兩年半前，我曾因爲準備不足，被寒冷與潮濕擊敗，被迫退賽。這一天，我用腳趾夾住繩子上的結，這有助於我攀爬，從而成功征服了盒子障礙，這也爲我帶來所屬分齡組的銅牌。我在臺上接受獎牌，同時凝視著場地另一邊的醫療帳篷，兩年半前的四月，我在那個寒冷的日子進入了醫療帳篷。如今，盒子障礙是我特別喜愛的其中一項障礙。

我透過每場比賽，以親身實踐（有時是臉部朝下的）的新鮮方式體驗美國，甚至是我的家鄉北卡羅來納州；透過前所未知的方式熟悉國家的土地、氣味、地形，這是開車經過或參觀一般旅遊景點時無法帶來的體驗。

但最特別的一天，也是我心目中的「完美比賽」，發生在八月初的北卡羅來納州米爾斯普林，地點是藍嶺山麓的崔恩國際馬術比賽暨展覽場。斯巴達障礙賽將這裡稱爲「最強比賽」場地，主要是因爲南方的酷熱氣候，以及比賽預告中提到約三百五十三公尺的爬升高度。

週六，我與皮特一起參加了十公里比賽，中途耗盡體力，在十名選手中排名第六，落後安潔麗娜·鮑里索夫與塔拉·拉芬–克雷格（又名跑步裙小姐）。第二天早上，我回來參加五公里比賽，並在分齡組十一名參賽者中獲得第二名，但獲得獎牌不是令這一天變得特別的原因，事實上，我甚至沒站上領獎臺。

七十六歲那年，獲得完賽獎牌

五公里比賽之前，我注意到當時七十六歲的父親正敏銳研究終點線附近的障礙（當時他還沒從屋頂滑落並摔斷脖子與骨盆），他正在觀察名爲「螺旋」的奇特障礙，由一系列金屬桿和有機玻璃製成的面板組成，這些板子以不同角度排列成巨大的X形，選手們必須在不碰觸地面的情況下通過。我媽媽與麗莎仍在旅館睡覺，爸爸與厄爾那天一大早就開車與我一起前往比賽場地。

「你覺得如何？」我小心翼翼地問他。依我對他的了解，他對此感興趣，不只想當觀眾而已。

他揉了揉臉，吸了吸鼻子（吸鼻子是他的習慣動作）。

「那麼，我完成早上的比賽之後，今天下午你想和我一起參加五公里的公開賽嗎？」我問。

他點點頭，很認眞地說：「想，我認爲我們應該這麼做。」

停頓片刻。

「但在我們完賽前，別告訴你媽媽。」

我參加五公里的分齡組比賽時，爸爸買了一件斯巴達T恤，這樣他就不會毀了媽媽前一晚爲他準備的粉色Polo衫。當頒獎典禮在沒有我的情況下進行時，我和父親便在這炙熱的仲夏陽光下，出發參加公開組比賽，時而慢跑，時而步行。我父親因爲長年修整庭院、維持船隻平衡，駕駛穿越波濤洶湧的水道，體能狀況很好。他輕鬆征服了「奮力一搏」。在一段泥濘不堪的森林路段中，他扛起一個重達二十七公斤的沙袋前進，前方的一群選手開始接連滑倒、摔跤，結果他也跟著一起跌了下去，膝蓋被劃破一道大傷口。

當我開始發愁時，他卻揮手示意要我走開，只用水澆濕傷口，便再度開始移動。我們爬上一座陡峭的山坡，曝曬在陽光下，後方兩名二十多歲的男子不停抱怨著炎熱的天氣與攀爬的坡度，最後我轉身對他們指著父親。

「他七十六歲了。」我告訴他們。抱怨聲停止了。

有一張照片是我與父親在這間馬術中心一起在終點線跳火坑。我思考這本書的書名時，想到的就是那張照片與我父親。現在他睡覺時，床頭燈上就掛著他的完賽獎牌。

唯有親身經歷，才能真正領悟

這一切讓我更加確信，自己在德雷福斯技能獲取模型上又前進了一步。我已經不再是新手或初學者，而是達到了「勝任者」的階段——在許多比賽中，我不只是參賽，而是有機會爭奪分齡組的前幾名；而在某些特定技能上，例如投擲標槍或搬運重物，我可能已經達到了「精通者」的第四階段。

《極耐力》作者艾力克斯·哈欽森四十歲出頭時開始攀岩，他對我提出反思：**「做不好某件事很有趣，因為這意味著你可以變得更好。」**但他也說，這些話聽起來只是理論，除非你真正去體會它。而這，就是我現在的感受。

然而，這場阿布達比的比賽與這些無盡的沙丘卻是另一回事。憑藉這一年來多次站上頒獎臺的成績，我已經獲得了世錦賽的資格。然而，在全球疫情期間遠赴中東，並在世界最大沙漠之一與國際頂尖選手競爭，讓我覺得自己正在把心智地圖上那根寫著「不可能」的大頭針再往外推遠一點。在這片沙丘之中，一定藏著什麼值得學習的東西——直覺告訴我，唯有親自踏上這片土地，才能真正領悟。

我與麗莎坐下來聊了一個多小時，我向她保證，如果她不願意，我就不會前往。她告訴我，她不想阻止我去做對我來說很重要的事，但她害怕我有可能再次感染新冠肺炎，並被隔離在這麼遙遠的地方，或者更糟的是，如果我受了重傷，而她找不到我該怎麼辦？我向她承認，這些事情確實讓我有些緊張，但更讓我害怕的是錯過這個機會，因爲這感覺像是一生只有一次的時刻。她想和我同行，但也不想在她父親生命仍有危機的時候離開他、前往那麼遠的地方。我們不停討論，整理各個選項的利弊。整個過程有挫敗感，也有一些淚水，但比起過去——譬如那次我在引體向上單桿前完全封閉自己，期待她讀懂我的心思並理解我的想法——這次已經是很大的進步了。

最終，我們達成妥協方案。她留在這裡，我前往阿布達比，但前提是我能說服厄爾與我一起同行。

於是，我打電話給厄爾，把整個計畫講給他聽，然後靜靜等待他的回應。他消化著我的請求，以及我願意全額支付他旅費的提議。

「嗯……」他緩慢地說，「我們已經去過西維吉尼亞州、俄亥俄州、佛蒙特州，為什麼不去中東？我會去。」

麗莎沒說錯，新冠疫情下，為全球旅行做好準備仍然是件很不簡單的事，除了預訂航班、旅館、租車、找到合適的電器轉接頭及變壓器等正常旅行待辦事項之外，還有一個問題是要弄清楚我們在登機前四十八小時的核酸快篩辦法與地點，這比上傳疫苗接種證明到特殊的應用程式來得容易，該應用程式將允許我們進入阿布達比某些公共設施。

我在麗莎的堅持下購買額外保險，以防我們感染病毒、必須遭到隔離，或者萬一我不知怎的受重傷，她必須飛越地球來找我。此外還有文化細節，雖然繁華的鄰城杜拜相當悠閒，但阿布達比在一些方面仍然較為傳統，舉例來說，如果我想參觀壯麗的謝赫扎耶德大清眞寺，就必須戴上頭巾。

同時，我對比賽裝備也有詳盡的規畫。高溫與沙子是我的一大挑戰，我研究了在沙漠上跑步，了解到我需要一種叫做「鞋套」的裝備來覆蓋鞋子，防止細沙滲進襪子，並因此導致腳趾磨出水泡。我花了數小時將鞋套的魔鬼氈固定在一雙舊比賽鞋的鞋底上——這完全是浪費時間，正如我即將在一點六公里時所了解到的（我應該把鞋套縫上去）。我不能冒險讓皮膚在沒有保護的情況下長時間暴露在燦爛的陽光下，所以研究了具有紫外線防曬係數的最佳運動服，最終買了一件亮藍色的反光長袖上衣，廣告說這是釣魚時穿的衣服。我還找到了防紫外線係數五十的白色棒球帽和淺色圍脖（它可以兼做我的清真寺頭巾），還有一些薄手套保護雙手免受陽光照射。

雖然不太好，但還是要出發

我與厄爾在十一月二十五日感恩節抵達甘迺迪國際機場準備出發時，我已經準備了一份長達十七頁的谷歌文件，其中包含旅行筆記。結果，爲我安排進行核酸檢測的藥局在最後一刻取消預約，這讓我急忙開車九十分鐘前往紐約市的一家診所，該診所能在半小時內提供結果。當我們在阿提哈德航空辦理好行李托運後，在機場的酒吧裡狼吞虎嚥地吃下微溫的火雞、蔓越莓醬和填料，並打電話給家人祝他們感恩節快樂，隨後登機，準備乘坐晚上八點二十分的航班。

我們的飛機起飛約三十分鐘後，我聽到厄爾說的第一句話是：

「喔，這不太好。」

他正使用飛機上的無線網路，在手機上查看某些內容。他舉起手機，讓我看美國有線電視新聞網的粗大標題：「Omicron是含有大量突變的新型變種新冠病毒，引發旅行禁令，並引起科學家的憂慮。」

引擎轟鳴時，我們看著對方，開始了前往世界另一端的十二小時三十分鐘旅程。「現在為時已晚」這句話我們沒說出來，但那就是我們的想法。

「要喝雞尾酒嗎？」經過的空服員問。

我們同時回答：「要。」

把握機會，盡情體驗一切

利瓦綠洲附近的比賽場地觀眾區非常壯觀，沙灘上鋪著色彩繽紛的地毯，上場選手所屬的國家國旗插在我們將爬上爬下的莫瑞布沙丘下方的地面上，觀眾區到處都是紅色、白色、綠色（阿拉伯聯合大公國的國旗顏色）的懶骨頭椅子，還陳列了漂亮的茶壺，男人穿著阿拉伯聯合大公國的傳統服飾，包括長及腳踝的飄逸白色衣服與頭巾四處走動，擴音器傳出瓊．傑特的〈我愛搖滾〉，接著是阿拉伯音樂。

這裡絕對沒有泥漿，有的只有沙子。放眼望去，到處都是紅黃色的沙子，一望無際，還有陽光、萬里無雲的天空。明天是十二月四日，我將與分齡組的其他參賽者一起比賽，但我們提前一天抵達沙漠，觀看菁英組選手出發比賽，包括我的教練菲耶，她在阿布達比一直與我們住在同一家旅館。

過去一週，厄爾與我在阿布達比及杜拜觀賞我們能看到的一切，杜拜是包羅萬象的巨大遊樂場，包括建築、船隻、派對、購物中心、冒險運動。我們分別參加了一次大清眞寺的祈禱儀式，參觀了阿爾瓦坦宮總統府，並在寬廣的巴布鋁沙姆斯沙漠度假村觀看了日落，那裡有鷹獵訓練並提供駱駝騎行。

我們必須在每個公共場所出示顯示新冠「無感染」綠色狀態的應用程式才能進入，這個國家的預防措施、檢測、口罩要求都非常嚴格，我認爲這可能是自新冠疫情開始以來，我們去過最安全的地方。年紀漸長後參加比賽有另外一項實際的優勢，那就是可能擁有更多可支配收入，能夠停下來花多點時間享受周圍的環境。我不知道自己是否會再回到中東。於是我們每天都早起、晚睡，盡情地欣賞、吃喝，學習一切能夠體驗的東西。

然而，是時候做我來這裡要做的事了。

那天吃晚餐時，我在 Instagram 上觀看琳賽・道恩・韋伯斯特獲得第三個世界冠軍的影片，旁邊是她的丈夫萊恩・阿特金斯，他贏得男子菁英組預賽冠軍。菲耶排名第七。但我感興趣的不是誰獲勝，而是尋找更多的優勢。我注意到許多菁英組女選手投擲標槍都失敗，除了安妮・杜貝，她的標槍成功擊中最右邊的目標，然後摘下銀牌，我將此設定爲目標。厄爾耐心地聽我分析那些影片，並試圖復元這個夏天我顯然忘記帶上的冷靜。

然後我試著入睡，但並不順利，因爲整晚我都在應付腦袋裡不斷浮現的問題：我的水分充足嗎？我的腳筋和跟腱會卡在沙子裡嗎？我的鞋套有用嗎？我能在沙地裡跑步嗎？我會是第一名嗎？還是最後一名？

大約凌晨三點，腦袋裡的那隻猴子累了，不再在我的神經元上無目的地盡情擺盪，最終昏睡過去。我也終於入睡了。

也許有機會獲勝

「它的終點在哪裡？」這就是我在這座沙丘底部的想法，這甚至不是喬・德・塞納數個月前在Instagram影片裡談到的「可怕」、「難以置信」、「我甚至不知道哥吉拉或金剛能不能爬上去」的莫瑞布沙丘。我已經痛苦地爬了約二點四公里，後方聽起來像是俄羅斯人的一名女子，像是用語言狠狠地把我那非常痠痛的屁股（稍後會詳細介紹）踢上沙牆似的，「走，走，走，女士。」當我艱難地沿著沙丘走時，我曾在某個時刻灰心地想，也許她認識操場上那位小女孩——炸薯條。每一步都是一場平衡賽，我得小心不讓自己往右邊傾斜，摔進歡樂區域。

不，現在我已經前進約十五公里，站在「攀登懸崖」障礙的起點。紅黃色的沙牆綿延約一百二十公尺，直達蔚藍的天空，我只能辨認出頂部有著我們必須抵達的彎曲的黑色繩索區域，將自己一路拉到頂部。我看到前面的競爭對手每一步都陷得很深；聽見當他們的雙手壓入滾燙的沙子、試圖獲得力量時發出的呻吟聲。數輛越野休旅車停在底部，志工與工作人員隨時準備將做不到的人拉離賽道。

就在我開始攀爬前，做了個鬼臉，下意識地摸了摸背部。一陣劇痛直接往上穿過尾椎骨，直達下脊椎。

呃。

讓我倒回片刻。

儘管沒有到難以前進的地步，但我仍努力設法在最初的十公里中撐住，對我來說，在深沙裡跑步比在泥巴裡跑步更困難。我們離開起跑線的那一刻，我意識到在沒有堅實底部的地形上前進是極其困難的事，無論做了多少次海灘慢跑或雪地越野跑訓練，都無法讓我做好準備，迎接這片綿延不絕的細沙。當我與這片沙地搏鬥第一點六公里時，感到非常吃力，直到我最終屈服於它的牽制，找到一個能讓我以較慢但更自然的步伐繼續前進的節奏。

一切順利，但有一次我沒有看著前面的選手，反而是低著頭前進，突然間，意識到自己已經偏離賽道。環顧四周，只見到相似的沙丘，沒有人，沒有比賽標記，一切看起來都一樣，只有紅黃色的沙。我迷失方向，突然有種在離家千里之外的異國沙漠迷路的強烈感覺。然後，我看到山丘上有一小抹紅色身影，那是另一位選手的袖子！我加速趕往那個地點，重新加入隊伍，自那次之後，我就不敢再低頭了。

我前進約十公里時，感覺不錯。我在最後一刻決定穿著水袋背心跑步，裡面裝滿了兩套五百毫升的水及電解質，而不是配戴裝了一套水的腰帶。它得到了回報，因爲這裡沒有任何遮蔭處，而且供水站也不多。我不知道自己在所屬分齡組的位置，但認爲我可以在接下來的十一到十三公里取得一些眞正的進展。我突然想到，也許我有機會登上領獎臺。

四十法則

然後是奧林匹斯障礙，接下來的事情發生得太快了，以至於我不知道確切到底發生了什麼事。我脫下手套，小步快跑到該障礙的一面牆壁，那是一道很滑的黑色表面，幾乎與地面垂直，有鏈條、攀爬支撐點、洞，可以讓你越過牆壁敲鈴。我抓起兩條鏈條，雙腳牢牢地踩在牆上，腳跟向下剎住，蹲下，然後向後傾斜。

接著我感到一片迷茫：我應該在牆上，但相反的，我卻仰躺在地上，一股灼熱感開始從我的尾椎骨向下蔓延到雙腿，然後沿著脊椎蔓延到頭部。我知道這種感覺。二十五年前，當我在新年前夕走下浸滿啤酒的舞池，堅硬鞋跟撞到階梯，然後就像這樣落地時，我曾有過這種感覺，當時酒精一直麻醉我的知覺，直到半夜起床去洗手間時，立刻跪倒在地。第二天早上，一位年輕的急診室醫師爲我做了 X 光檢查等相關體檢，判斷是尾椎骨骨折。爲了跑步不受傷，我花了近三個月坐在《華爾街日報》辦公桌前的特殊座墊上。

現在的我在阿布達比的沙漠中央，大腦正迅速地整合資訊。我看著雙手，它們黏糊糊的，顯然在我之前，一定有手掌沾滿汗水與防曬霜的人使用過這些鏈條。我必須快速地罰一圈，這樣就不會再浪費時間。我站起來，踏出第一步，在那痛苦的時刻，我的比賽抱負、登上領獎臺的希望、精心準備的裝備計畫都碎裂了，飄散到沙漠的某處，在酷熱中消逝。

「懲罰圈在那裡。」年輕的志工熱心指向她的肩膀後方。

我點點頭，咕噥一句近似「謝謝」的話。

我一瘸一拐地謹慎繞著圈走，開始計算數字。還有將近十一公里的路程，我還能再前進嗎？我大老遠飛來這裡，怎能不再前進十一公里呢？即使我之前有機會，但現在的我也拿不到前三名了，這一點我相當清楚。這一刻，我能理解教練菲耶在二〇一九年太浩湖世界錦標賽期間的邏輯，當時她登上領獎臺的機會破滅後，持續計算繼續前進的利弊，最終做出合理的答案是退出。

然後另一個數字突然出現：百分之四十。

許多年前，我剛踏上障礙跑競賽之旅時讀過一本書，作者是前海豹部隊隊員大衛．哥金斯，內容講述他克服了童年時期的嚴峻逆境，成爲著名的耐力賽運動員，隨後又成爲廣受歡迎的演講者，演講主題涵蓋紀律、勇氣、毅力——那本書的書名是《我，刀槍不入》，當時我帶著近乎敬畏與懷疑的心情仔細閱讀。哥金斯表現出非凡體能，忍受了我所無法理解的痛苦，達到哥金斯做到的事可能就像我在魯卜哈利沙漠中，找到巨大冰冷的奧林匹克游泳池來浸泡我的尾椎骨一樣。然而，儘管如此，他書中的某個部分一直縈繞在我的心頭。

四十法則。

你認爲自己已經完成時，其實你只做到自己能力的四成。

如果哥金斯正確，我接近懲罰圈終點時，我的體力仍有六成滿；就算沒有六成，至少還可能剩下四分之一或三分之一。也許這就夠了，這樣我就不會從未衝過那條終點線，不會帶著「未完賽」的結果回家。此外，我知道退出比賽後挫敗地搭車到醫療帳篷的感受，無論接下來數小時我會有多不舒服，那都不是我現在想重溫的事情。

如果我能走路，就能完賽。

我能走路。

我想登上領獎臺嗎？想。

知道它現在已經完全脫離了我的掌控，感覺很糟糕嗎？是，老實說，這比我能想像的情況還要來得糟糕。

「你長大後想做什麼？」

五年前的一場晚餐聚會上，一名喝了琴酒的男人問了一名健談的女孩這個問題，讓我嚇壞了，因爲某種程度上，那時我已經在敷衍對待自己的人生，默許自己隨著慣性慢慢逝去。我相信身體只是陪伴我走這條路，而它總會讓我失望，永遠無法令我驚豔。而且，我對這項事實幾乎無能爲力，但事實證明，我要做出選擇，選擇度過時間的方式、選擇願意學習與忘記的內容、選擇放棄與不放棄的時間、選擇克服恐懼的方式、選擇是否與我愛的人分享我的感受。

我在魁北克有霉味的旅館地毯上、在我垂死的狗身邊嘗試做五個虛弱的伏地挺身，那是一個選擇；尋找皮特是一個選擇；起床去上課，這時焦慮像繩子一樣將我綁在床墊上，這一樣是一個選擇；我從繩索上摔下來之後，完成第一場斯巴達障礙賽，這是一個選擇；我經歷了紐澤西州殘酷的未完賽結果，並追蹤菲耶與潔西卡後，決定不退出障礙跑競賽，這也是一個選擇。

新冠疫情期間，我在泥土路上舉辦模擬比賽；遠離社群媒體進行訓練；在太浩湖比賽前盡我所能學習關於體溫調節的一切；每三個月去看一次皮膚科醫師；累積我的健康維修醫療群；決定我所攝取的食物與睡眠時間，這些都是選擇。

我可能無法完全掌控自己的命運，因爲我已經五十歲了，很可能不會再活五十年，**死亡不可避免，但在那一天來臨前，我有一些控制權，而且，我們都有。**

現在還有另一個選擇要做。

我伸手進短褲，掏出那天早上塞在口袋裡、兩片髒兮兮的止痛藥，吐口水在藥片上，洗去沙子與棉絨，然後吞下它們。那一刻，我重新調整目標：完成比賽，並且不要成爲最後一名。

然後我瞥了一眼沙丘，向中年殺手伸出中指，完成懲罰圈，再回到賽道。

五公里後。

現在我爬上「攀登懸崖」障礙，注意到旁邊的參賽者已經脫掉鞋子、穿著襪子攀爬，我明白他這麼做的原因。我在家裡花費數小時把鞋套的魔鬼氈黏在比賽鞋上是浪費時間，深沙的力量會導致魔鬼氈失效，鞋套翻了起來，結果就是鞋子裡跑進許多沙，我必須每八百公尺就停下來清空鞋內的沙子，減輕腳趾的壓力。我在比賽結束時，終於脫掉襪子，腳趾布滿破掉且流血的水泡。然而，比起回到家讓大腸直腸外科醫師檢查我的尾椎骨傷，這只是輕微的屈辱。

儘管如此，我在這裡。

自從奧林匹斯障礙後，我一直沿著賽道快走或慢跑，並通過另外七項障礙，甚至按照計畫選擇最右邊的目標後，成功通過標槍投擲障礙。我的水分充足，所以不必經常停下來喝水。現在我一心只想抵達頂部的黑色繩索。我低下頭，盡量不去想任何事情，只是把一隻腳從沙子裡拔出來，放在上方稍遠的地方，然後另一隻腳再做一次。如果我到達頂部，那麼比賽中最困難的環節就結束了，我可以完成最後約六公里的距離。

每走一步，我的思緒就稍微脫離身體其他部位的不適，這種自我和痛苦的分離與我在俄亥俄州的經歷不同，但它仍然很強大。我也知道參加這場比賽的許多人可能受到某種傷害，我見到一些選手只是路過某些障礙，甚至沒嘗試完成它們。是的，這是作弊，但監視賽事的志工也覺得很熱，他們很難跟上每個人的步伐，或者他們也許認爲我們這些大幅落後的人已經沒機會登上領獎臺，所以就睜一隻眼閉一隻眼。

和中年殺手和解

一步一步地，我終於抵達黑色繩索區域，抓住一根繩子，把自己拉到沙丘的頂部，我在那裡放鬆地躺在地上，再次開始清空鞋子裡的東西。

下午其餘時間大多充滿著有節奏感的模糊記憶：我與任何會說英語的人聊天，並完成剩下的障礙，包括攜帶一個重達二十至二十三公斤（現在男女攜帶的重量相同）的沙袋在沙丘上來回移動。接著，突然之間，我又回到莫瑞布沙丘的頂部，俯視著歡樂區域及終點線。

現在，我們要衝下之前爬上來的地方、我與後方大喊「走，走，走，女士」的女子所待的地方，其他選手們紛紛這樣做並雀躍歡呼，他們看起來就像在雲層中跳躍一樣。我走下邊緣並加入他們，然後停下來，退後一步，站在一旁。

我告訴自己：「**看看你現在的所在之處**。」

從這裡開始，宛如蛋白霜的沙丘在下午三點的陽光下仍閃閃發光。我的視線回到過去，回到抵達這裡前所做的所有選擇。無論從字面上或背後的意義上，這裡感覺與北卡羅來納州的小型體育館及綠色足球場相去甚遠，那裡有位骨瘦如柴、鬥志旺盛的小女孩，努力在體育界找到一席之地。朵莉的狗牌一直陪著我，就像我參加的每場斯巴達比賽一樣，只是現在它在拉上拉鏈的褲子口袋裡，而不是像我第一次比賽那樣塞在運動內衣裡。跑者跳過我右邊的山頂，高興地跳躍奔跑到終點。

統計結果後，我在七位同齡的完賽女選手裡排名第六，不是最後一名；我與第三名（得主是五屆鐵人三項冠軍希瑟．戈尼克）及領獎臺只有約十二分鐘的差距，我知道我在沒摔倒的情況下可能有機會得獎。我參加比賽的時間已經夠久了，知道每個人都有好日子與壞日子，包括今天在這條熾熱賽道上的所有人。

我曾嘗試，只不過沒獲勝，但這不意味著我不再嘗試下一次世界錦標賽，而且還有更多東西要追求。五年半前的晚餐聚會後，當我驚慌失措地醒來時，無法完全領悟這些事。今晚我將酣睡，完賽獎牌放在旅館床邊的桌子上。

然而，我現在不思考這些事，事實上，我甚至沒想到障礙跑競賽，我正思考的是今晚與厄爾要去哪裡吃晚餐；正思考時差與可以打電話給麗莎的時間，要求她再寄一張小狗的照片給我；正思考著要寄給我父母關於這場比賽的電子郵件內容，尤其是我該如何向媽媽解釋我的尾椎骨情況，讓她不至於過度擔心。同時，我也想知道我們車庫的施工進度、電工是否已完工。

許多再普通不過的日常，在我搜尋「你能做到的最困難事情是什麼？」之前就已經存在了，但現在有些東西改變了，無論我的人生接下來會出現什麼主歌，它都不會是我曾經想像的那樣。**故事已經改變，我不知道誰能徹底打敗中年殺手，但至少現在我覺得**

我們之間應該已經達成某種和解。

我深吸一口氣，向前踏出懸崖，閉上眼睛片刻，然後縱身躍入雲端。

當事情不如預期時，該如何調整心態，並滿足現況？

如果夠幸運的話，我們一生中可能會找到一種方法，克服曾以爲不可能克服的障礙。當我們這樣做的時候，某些傷害、悔恨、渴望的悶燒火焰可能會永遠熄滅。我透過障礙跑競賽，拯救了那個虛弱小女孩，也就是我；不僅拯救了我的童年，還讓我成爲更快樂的成年人，雖然明白死亡終將來臨、是不可逾越的障礙，但我走向死亡時，不再感覺到自己還有未開發的能力。

「我們不是精疲力盡，就是生鏽，每個人都是這樣。」這句引言經常被認爲出自西奧多．羅斯福之口，羅斯福接著說疲憊不堪是他的選擇，而那也是我的選擇。選擇這條路的過程中，我成爲從未預期成爲的人；如果我有更多的時間，可能會擁有更多身分。

最近我一直嘗試其他類型的比賽，包括快速公路賽、半程馬拉松越野賽、更多非斯巴達的障礙跑競賽，也許我最終將變得夠強壯，可以參加五十公里斯巴達超獸賽或二十四小時耐力挑戰，例如世上最強泥巴硬漢賽，甚至喬・德・塞納的死亡競賽。或許我到了泥漿蜜德莉的年紀，仍能完成五公里障礙跑競賽；或者我會完全轉向，我們的車庫裡有些舊的飛蠅竿，上面積著灰塵，我對它們一直很有興趣。

然而，仍然有些高牆將不可避免地過於陡峭、無法攀越，並寫著「不可能」三個字，我們必須與這個事實和平共處。我這裡說的並不是關於人類的體能或耐力，因爲確實存在一些罕見的人，他們不斷突破人們對「可能」的認知；我也在比賽中遇過這樣的人，他們是眞實存在的。

我的意思是，接受我們還是小女孩或小男孩時，對自己長大後的期許，不是每個都會實現，而且我們必須找到另一條道路，避免遭到失望的火焰吞噬。或許，這正是障礙賽教給我最深刻的道理之一：**當事情沒有按照計畫或夢想發展時，如何轉向、調整，並學會滿足於現狀？**

到了終點線，就會懂了

阿布達比的比賽結束數個月後，我在某個涼爽早晨回到紐澤西州山區的斯巴達賽道：三年前，我就是在同一個場地退出，當時缺乏經驗打敗了我，兩年後我以銅牌救贖自己。昨天，我在野獸賽上再度獲得銅牌。然而，今天早上，我經過成人登記處，走向小勇士賽。

「你準備好了嗎？」我問一名瘦高的十二歲金髮男孩。他像緊張的小馬一樣四肢發抖，這是他第一次參加斯巴達小勇士賽，帶著敬畏與一些恐懼看著障礙，我想，這就像是他應該要有的模樣。

這名男孩的父母與他的手足朱利安站在聽不到我們說話的地方，爲我與強尼提供一個獨處的空間。他的媽媽達西雅是我大學以來最親近的女性朋友，雖然強尼擁有她出色的數學頭腦與競爭精神，但可怕的巧合是，他是我身體與情感的分身——我們走在街上時，人們會說這個不是我兒子的男孩長得很像我，這讓我們兩個都笑了。這團火焰，我依然能感受到它的熱度。

然而，今天我們都很專心。

「記住，確保你一開始時就位在人群最前方，」我告訴他，「你的速度很快，所以努力往前衝，這是一場短距離比賽，運用你的速度，如此一來，挑戰障礙時就不會被卡在其他選手後面。」

他點點頭，緊張地瞥了一眼其他孩子。他速度快、精瘦強壯、競爭力強，十二歲時是田徑越野校隊唯一一名七年級學生，這些天賦讓他天生適合這項運動。儘管如此，他還不知道這一點，我能感覺到他在最後一刻未說出口的疑慮正冒出來。「爲什麼我要做這件事？我已經很擅長田徑越野賽跑了，爲什麼不堅持下去就好？」

我試著在他提問之前回答，「強尼，」他望向我的眼睛。

「到終點線就懂。」

〈結語〉新的主歌

T恤是灰色，正面印著一隻可愛圓胖的藍綠色生物，它戴著凶猛的斯巴達面具，正跳過一團火焰，圖案下方是「SmartNews」字樣。

AJ從一個袋子裡拿出T恤，分發給我們十個人，我們十個人正四處走動，調整公開賽的黑色頭帶，並在搖滾音樂響徹整個加州薩利納斯的賽場時伸展身體。除了AJ之外，我所有的新同事都即將參加他們的第一場斯巴達障礙賽，其中一人笨拙地擺弄著計時晶片帶上的鎖扣時，我告訴他：「我在第一場比賽中把它弄壞了，所以必須把它綁在鞋子上跑步。」

我們T恤上的生物叫做地球君。地球君代表著地球，是這家晚期科技新創公司SmartNews的吉祥物，該公司使用人工智慧與人性化輸入整理應用程式的新聞與其他資訊。我今年五十一歲了，是公司其中一名年長的員工，這一天我是年長選手，其餘選手的年齡都介於二十八歲至四十六歲，他們平日教我工程、生成式人工智慧、大型語言模型、產品開發。

我加入公司已經九個月，大多數時候都忙著處理各種新語言（包括技術術語與日語，因爲公司總部在東京），建立以透明、國際時間、數位通訊工具Slack爲基礎的工作文化。我在 Slack 創造自訂表情符號「AROO！」後，使用 Slack 感覺更自在了。

正如大多數新創公司一樣，未來充滿不確定。當你讀到這篇文章，該公司的商業模式可能已經截然不同，我也可能已經不在這家公司工作。

然而，這是我長久以來覺得最有趣的工作。

在《消費者報告》時，我其實已經相當滿足了。我擔任高層管理職位，薪資在新聞業中算是不錯，還能穩定地爲 401(k) 退休福利計畫存錢。我帶領一支運作良好的團隊，他們幾乎可以獨立工作，大致上我也獲得了同事和上級的尊重。這是一份讓人進入中年後會開始思考「嗯，我能不能就這樣待到退休？」的工作。隨著這種想法的出現，難免會開始妥協——應該挺身而出質疑某項決策，還是低調行事、順勢而爲？應該爲了一份需要投資才能成長的創新型電子報奮戰，還是乾脆放棄？

跳脫舒適圈，推向更高的挑戰

一年前的某個星期五下午，執行長邀請我去她鄉間的家共進午餐，只有我們兩個人。她的丈夫烹飪時，我們帶著她的狗去散步，然後坐在一個湖邊休息。

「你一定想知道我為什麼叫你來這裡。」她說。

「嗯，我想我不會被炒魷魚，因為你提供了午餐。」我笑著回答。

「不，」她笑出來，「我一直在思考你的未來，我想和你談談可能的新職位。」

她接著描述了一條未來可能成為執行長的職涯路徑——或許不是在《消費者報告》，但可能是在其他地方。這個新職位是幕僚長，直接向她匯報工作內容、將深度參與公司的戰略決策，參加每一場董事會議，並做為她在重大決策上的顧問。這確實是一個很好的提議，也是難得的禮遇，畢竟這位執行長一向以嚴格和精明著稱。

我點點頭，消化著這些資訊，然後看著水面說：「那是一隻烏龜嗎？」這大概可以算是求職歷史上最莫名其妙的回應之一。

這句毫無關聯的話，是我大腦快速跳過障礙的一種方式。而這個「障礙」，則是我的困惑。按照我多年來重視的所有職業標準，我本應該感到興奮才對。我應該開始計算這份工作如何能讓我安穩地工作直到退休；我應該在回答時更具政治智慧。

「烏龜？」當我回到家跟麗莎說起這件事時，她滿臉疑惑，「你眞的這樣回？」

然而，數個月前，我收到了來自《華爾街日報》前同事的電子郵件，此人是里奇．雅羅斯洛夫斯基，現任職於 SmartNews，他是數位先驅，曾協助推出《華爾街日報》的網站。

他試圖吸引我接任他的職位，領導該媒體的內容團隊。這份工作的職責範圍較小，穩定的 401(k) 退休金將被不確定的股票期權取代，職稱也不如現在這麼亮眼。我將因時區關係，不得不在深夜開會，還需要學習適應一個全新的產業。但與此同時，我將與尖端科技接軌，並與一群充滿野心的年輕領導者合作，他們會把我從中年舒適圈推向更高挑戰。

我與執行長共進午餐幾週後，同意加入 SmartNews，從《消費者報告》辭職。

振作，重新設定目標並前進

我坐在南卡羅來納州哥倫比亞市雅樂軒飯店炎熱的庭院裡，打電話辭職，第二天早上，天還沒亮我就醒了，穿好比賽鞋，開車前往紐貝里。我在潮濕陰沉的空氣中奔跑，在一場十公里斯巴達障礙賽與塔拉（跑步裙小姐）並駕齊驅，僅比她早二十七秒越過終點線，最終獲得第二名（第二天，她在五公里比賽以兩秒之差擊敗了我。）我也沒聽從泥漿蜜德莉的建議，沒在爬有刺鐵絲網時保持趴低的姿勢，結果我的襯衫與肩膀在第一場比賽時被割破了。這些傷疤到現在仍然清晰可見，感覺就像轉變的痕跡。

讓我們來解決這個顯而易見的棘手問題：如果我沒參加過障礙賽，我的事業能否飛躍發展？如果你已經讀過這本書，而且沒直接跳到最後，你就會知道答案。我很可能會繼續留在《消費者報告》工作，從財務與就業保障的角度來看，這本來就是風險較小的選擇；如果我有個就讀大學的孩子，那麼留在原來的工作或許是正確的決定。無論如何，留下來無疑是最安全的道路，這條道路與我的身分及成功的意義緊密相連。

然而，正如我的前同事、《下一篇！生活和工作中的重塑力量》作者裘安·利普曼對我說的那樣：「擁有另一個身分其實就是保護你自己。」她說得對，我是障礙賽選手，我的身分就像盾牌，可以抵禦艱難決定帶來的一系列假設所造成的攻擊。因爲現在我知道離開舒適圈的感覺：摸索著爬行，直到抵達一片空地，然後再次開始奔跑，速度比你想像得還要快。我知道長期背負重擔、不知道何時才會結束，而且還要繼續前進的感覺。

當一切都變得糟糕，我知道如何振作起來，重新設定目標與期望，然後重新開始前進。

我感謝這項殘酷而美麗的運動帶給我的這些禮物。

讓我為你說個故事吧！

我與 SmartNews 同事在更輕鬆的公開賽人潮中，以團隊形式跑步並互助。那天早上與前一天我已經參加了比賽，並在分齡組的兩場比賽都獲得銀牌。我們不時停下來，互相協助翻越牆壁，鼓勵彼此克服障礙。

大家一路上歡笑與拍照，我在攀爬繩索時指導他們，當我們的行銷主管 AJ 奮力爬到繩子頂端並敲響鈴鐺，我為他鼓掌。我們揮汗如雨，汗水浸透胸前印有地球君圖案的隊服，最後我們手牽手，一起跨過終點線。

當我們一起沿著一條開闊的泥土路慢跑到最後一點六公里時，我跑在二十八歲的勇敢女性阿妮的旁邊，今天她在攀爬牆壁時展現驚人的靈巧。嚴格來說，我的年齡足以當她的母親。我們轉過一個彎，她突然抬頭看著我。

「溫蒂，我敢說，你成長過程中總是第一個被選進校隊。」她說道，同時側身避開路上的坑洞。

她親切的假設飄過來棲息在我肩膀上，就像一隻年邁的惡魔低聲說著一個我不再渴望的虛假眞相。

我笑了出來，惡魔倒在我們後方布滿塵土的道路上。

「阿妮，」我對她微笑，「我爲你說個故事吧！」

Eurasian Publishing Group
圓神出版事業機構
用心與你對話．視野無限寬廣
如何出版社
Solutions Publishing
www.booklife.com.tw
reader@mail.eurasian.com.tw
Happy Learning 217

永不嫌遲：在任何年齡突破自我的力量

作　　者／格溫多琳．邦茲（Gwendolyn Bounds）
譯　　者／廖綉玉
發 行 人／簡志忠
出 版 者／如何出版社有限公司
地　　址／臺北市南京東路四段50號6樓之1
電　　話／（02）2579-6600．2579-8800．2570-3939
傳　　真／（02）2579-0338．2577-3220．2570-3636
副 社 長／陳秋月
副總編輯／賴良珠
責任編輯／張雅慧．歐玟秀
校　　對／林雅萩．張雅慧．歐玟秀．柳怡如
美術編輯／李家宜
行銷企畫／陳禹伶．黃惟儂
印務統籌／劉鳳剛．高榮祥
監　　印／高榮祥
排　　版／陳采淇
經 銷 商／叩應股份有限公司
郵撥帳號／ 18707239
法律顧問／圓神出版事業機構法律顧問　蕭雄淋律師
印　　刷／祥峯印刷廠
2025年5月　初版

定價 470 元　　ISBN 978-986-136-735-4　

據哈佛大學2015年最新研究成果，我們懂得如何進入細胞核修復受損的染色體，成功逆轉老化。
原本存疑的我在執行半年後，也驚訝見證許多效果，這堪稱是我見過抗老化醫學裡最簡便、最快速的天然療法。

——《啓動身體的抗老系統》

國家圖書館出版品預行編目資料

永不嫌遲——在任何年齡突破自我的力量／格溫多琳．邦茲（Gwendolyn Bounds）作；廖綉玉 譯.
-- 初版. -- 臺北市：如何出版社有限公司，2025.05
384 面；20.8×14.8公分. --（Happy Learning；217）
譯自：Not too late : the power of pushing limits at any age.
ISBN 978-986-136-735-4（平裝）

1. CST：邦茲（Bounds, Wendy） 2. CST：自我實現
3. CST：中年危機 4. CST：自傳 5. CST：美國

177.2　　114003284